[美] 史蒂芬·柯克兰 著 陈明 译
Stephane Kirkland

巴黎的重生
一个现代大都会的兴起

Paris Reborn

Napoléon III, Baron Haussmann, and the Quest to Build a Modern City

中国科学技术出版社
·北京·

Paris Reborn: Napoléon III, Baron Haussmann, and the Quest to Build a Modern City
Copyright © 2013 by Stephane Kirkland
First published in the United States America by St. Martin's Press.
Simplified Chinese translation copyright © 2024 by China Science and Technology Press Co., Ltd.
All rights reserved.

北京市版权局著作权合同登记 图字：01-2024-2784

图书在版编目（CIP）数据

巴黎的重生：一个现代大都会的兴起/（美）史蒂芬·柯克兰(Stephane Kirkland) 著；陈明译.
北京：中国科学技术出版社, 2024.8. -- ISBN 978-7-5236-0803-6
Ⅰ. K565.9
中国国家版本馆 CIP 数据核字第 2024QU9768 号

策划编辑	申永刚　陆存月　屈昕雨	责任编辑	孙倩倩
封面设计	周伟伟	版式设计	蚂蚁设计
责任校对	张晓莉	责任印制	李晓霖

出　　版	中国科学技术出版社
发　　行	中国科学技术出版社有限公司
地　　址	北京市海淀区中关村南大街 16 号
邮　　编	100081
发行电话	010-62173865
传　　真	010-62173081
网　　址	http://www.cspbooks.com.cn

开　　本	880mm×1230mm　1/32
字　　数	248 千字
印　　张	11.5
版　　次	2024 年 8 月第 1 版
印　　次	2024 年 8 月第 1 次印刷
印　　刷	北京盛通印刷股份有限公司
书　　号	ISBN 978-7-5236-0803-6 / K·452
定　　价	69.00 元

（凡购买本社图书，如有缺页、倒页、脱页者，本社销售中心负责调换）

序　言

对于巴黎的建设，路易-拿破仑·波拿巴从一开始就怀着雄心壮志，立志要将其改造成世界上现代化水平最高、功能性最强的城市。在这座新城中，狭窄拥堵的街道将被宽阔便捷的大道所取代，以适应现代交通的运行；优雅的女士可以免受污泥浊水的困扰；新的社区也将拔地而起，以容纳日益增长的人口。总之，他希望通过建设这座城市，展现他在总统任期内所崇尚的秩序和现代化原则。作为实用主义兼理想主义者，路易-拿破仑决心亲自监督该构想的实现，以确保其成功。

但这位彼时的"王子总统"，即未来的拿破仑三世，此时还不知道，自己后来挑选的塞纳省省长让-雅克·贝尔热（Jean-Jacques Berger）并非最佳人选，无法帮助他实现该构想。当然，他也没有预料到未来会遇到怎样的困难和挑战。不过，令人难以置信的是，路易-拿破仑最终得偿所愿。在他的推动下，巴黎成了现代化功能性城市的典范，时至今日仍被视为城市美的象征。

在大多数描述中，尤其是在英文文本中，巴黎的重建基本围绕着乔治-欧仁·奥斯曼（Georges-Eugène Haussmann）男爵展开。而实际上，拿破仑三世才是第二帝国时期巴黎转型的开启者和推动者。所以，如果不能领会他在这次重建中的重要作用，那么我们就无法把握整个故事的来龙去脉。并且，从更深层次上来说，巴黎的成功转型离不开诸多社会、文化和经济因素的共同作用，以及许多个人的贡献。因此，如果单纯以奥斯曼男爵作为故事的开头和结尾，我们就会陷入历史学陷阱，流于记事，而错过了故事的精彩之处。

当然，从我们的角度来看，巴黎的转型很难被视为一项完全正面的工程。它是在专制高压下完成的，付出了巨大的人力和文化代价。从某些方面来看，这种专制政权下的产物，与20世纪独裁时期极端利己主义的城市转型非常相似。但不可否认，这次重建将巴黎打造成了世界上最伟大的城市之一，每年吸引数百万名游客前来观光游览。巴黎的美丽和魅力毋庸置疑，其作为工业时代主要城市的功能性也是人们有目共睹的。

如今，城市环境质量和可持续性发展已经成为当务之急，巴黎的转型则成了历久弥新的案例。这是历史上最奢侈的一次城市改造，蕴藏着惊人的经验和教训，既具启发性，又有警示作用。这次改造不仅引人入胜，而且发人深思。

目 录

第 一 章	凡尔赛的阴影	/001
第 二 章	多变的世界	/011
第 三 章	工业时代的梦想家	/031
第 四 章	"王子总统"与巴黎	/043
第 五 章	新帝国	/057
第 六 章	绝佳人选	/085
第 七 章	大刀阔斧	/097
第 八 章	建造帝国	/113
第 九 章	庆祝新城	/133
第 十 章	一片废墟	/151
第十一章	《1.8亿法郎协议》	/167
第十二章	新城崛起	/185
第十三章	扩都与新纪念碑	/203
第十四章	四面楚歌的省长	/225

第十五章	巴黎摇篮，夷为平地	/ 245
第十六章	衰落先兆	/ 257
第十七章	魅力与衰败	/ 269
第十八章	最后之战	/ 297
第十九章	共和国首都	/ 323

结语	/ 337
参考文献	/ 341
致谢	/ 359

第一章
凡尔赛的阴影

第一章　凡尔赛的阴影

塞纳河上，大小船只往来不绝，载着来自各省的葡萄酒、木材、石材和面粉，以及殖民地的糖、丝绸和香料等外来商品。河流上下的各处码头上，工人们系好船只，忙碌地卸着货物。在河滩广场周围，挤满了手推车、马车、牛和行人。不远处的巴黎大堂集市上，商贩们从推车上卸下蔬菜、肉、鱼和奶酪，堆在地上叫卖。河流对岸的左侧，神职人员和神学院学生穿着教士长袍来来往往，书商站在店门口推销售卖，信差们马不停蹄地派送着信件。城里，裁缝、鞋匠、铁匠和箍匠正忙着手上的活计。这是1749年的巴黎，当时欧洲大陆最大的城市，一片热闹非凡的景象。

那时，巴黎繁华昌盛，引人注目，象征着法国权力中心的西岱宫、卢浮宫和杜乐丽宫皆坐落于此。城中各式教堂美不胜收，陈列着各类雕塑、彩色玻璃和其他艺术品。市政厅高耸入云，颇有文艺复兴时期的风格；荣军院的巨大穹顶熠熠生辉；四国学院的独特外墙与塞纳河遥相呼应。

然而，来自干净整洁的荷兰小镇或英属北美殖民地的游客

巴黎的重生

可能会惊讶地发现，巴黎并非一座整洁有序的城市。这里的空气污染非常严重，饮用水存在安全隐患，交通混乱，十分危险。显然，这座城市缺少一些基础设施，如像样的市场、充足的桥梁、规整的堤防和稳定的供水等。尽管巴黎是一座繁忙、充满活力的城市，但其自诩为世界上最精致、最干练的国家的首都，还是有些名不副实。

不过，在法兰西王国的王冠上，那颗闪耀的明珠却并非巴黎，而是一座规模要小得多的城镇。这座小城位于巴黎西南部约 10 英里（1 英里 ≈ 1.61 千米）处，一个世纪以前还默默无闻，如今却是当之无愧的传奇——凡尔赛。

凡尔赛是为国王路易十四及其宫廷所建，以凡尔赛宫为中心对称分布。近百年来，法国最著名的艺术家和工匠一直致力于将这片无人沼泽打造成欧洲大陆最辉煌的地方。来自世界各地的游客无不惊叹于它的宏伟壮丽，竞相在自己的国土上进行仿建。

凡尔赛的建造是为了远离充斥着动荡与暴力的巴黎街道。这在很大程度上也源于路易十四年少时的经历：10 岁时，这位年轻的国王就不得不两次逃离首都；14 岁时，他在巴黎城外的高地上目睹了自己的军队冒着巴士底狱的炮火，这使他在离开 13 个月后得以重返巴黎。经历了这些事后，路易十四深刻地认识到，巴黎民众很容易被心怀不满的王子和公爵操纵，威胁君主制的稳定。为了避免类似情况的发生，1682 年，他决定将宫廷迁至凡尔赛，以远离巴黎的影响范围，从而独掌大权。

在建筑领域，除了凡尔赛，路易十四还作出了其他重要的

第一章　凡尔赛的阴影

贡献，包括建造荣军院、四国学院以及萨尔佩特里尔医院等。1676年，路易十四下令拆除巴黎的城墙，改建宽阔的大道，这就是林荫大道的起源。这些大道后来成了巴黎最受欢迎的公共空间。

然而，路易十四的曾孙路易十五继位后，却并未对巴黎的发展和改善作出任何贡献。在其统治期间（1715年至1774年），对于城市环境存在的诸多问题（如交通、治安和卫生问题），他都漠不关心。当时，法兰西的国土横跨路易斯安那州到印度，而路易十五只顾躲在镀金的宫殿里，忙着处理宫廷事务和外交事务，尤其是沉迷于与妙龄女子风流快活。

18世纪中期，巴黎的政治环境乌烟瘴气。城市治安官甚至敢公然挑战王权，拒绝执行国王颁布的新税种。坊间流传着国王和其情妇蓬帕杜夫人（Madame de Pompadour）的讽刺歌谣，内容粗俗恶毒。海军部部长莫尔帕伯爵（Count de Maurepas）因涉嫌撰写或哼唱此类歌谣而被逐出巴黎。哲学家德尼·狄德罗（Denis Diderot）因提出可以通过理性而非教条的方式研究人体的运行机制而被关入文森城堡的地牢。

而此时，在巴黎一条狭窄的街道上，有一幢摇摇欲坠的房子，里面住着一位智者。他求知若渴，喜欢探讨具有争议性的话题。后来，随着时间的推移，这条街被拆除了，取而代之的是歌剧院大街。这位智者本名弗朗索瓦-马利·阿鲁埃（François-Marie Arouet），但他更广为人知的名字是伏尔泰。

伏尔泰是土生土长的巴黎人，他深信公民责任，对自以为是的人深恶痛绝。他热爱巴黎这座城市，正如他热爱秩序和正

义的理念。他无法容忍人们对肮脏的环境视而不见。于是，他在1749年撰写了《美化巴黎》（*On the Beautification of Paris*）一文，总结了自己对巴黎的构想。

"我们需要建立公共市场，"伏尔泰写道，"修建真正能够喷水的喷泉，设计规范的十字路口和演艺大厅。同时，我们需要拓宽狭窄肮脏的街道，挖掘被埋没的古迹，打造新的旅游景点，以供游客参观。"[1]

伏尔泰在流亡英国期间，目睹了英国资产阶级如何改善自己的城市环境。他因此批评巴黎人只会怨天尤人而不采取实际行动，认为他们没有理由不效仿英国人。早些年，他曾写道："巴黎人竟然不通过内部征税来改善城市环境，为房屋供水，建造公共剧院、广场和喷泉等彰显价值的设施，真是可耻至极。想让巴黎人热爱公共利益，无异于痴人说梦。"[2]

伏尔泰坚信，改善城市环境是一项值得投资的工程。巴黎是一座勤劳之城，创造了大量的物质财富。新建公共工程可以带来大量的就业机会，刺激未来的经济发展。在他看来，相比于修建凡尔赛或为了国王的威望发动战争，修缮巴黎无疑更值得投资。

在资金方面，伏尔泰提出了一种实用的方式，结合了地方税收、市政府借款、国家补贴以及私人捐款。他断言，通过整合这些资源，"我们可以在十年内，将巴黎打造成为世界奇迹"[3]。

伏尔泰将巴黎与伦敦进行了比较："当我们还在争论是否要建'巴黎皇家广场'时，英国人已经建成了一座广场，还在泰晤士河上修建了一座桥。"在文章的结尾，他再次将法国与英吉

第一章　凡尔赛的阴影

利海峡对岸的对手进行了比较：

> （1666年）伦敦突发大火，整座城市被吞噬殆尽。当时，欧洲各国预测重建伦敦至少需要20年的时间，而且即使建成了，也会留下火灾的痕迹。然而，英国人只用了两年就完成了重建工作，并且重建后的伦敦更加壮观，出乎所有人的预料。难道我们一定要等到巴黎陷入绝境才开始修缮吗？难道只有当半个巴黎被毁灭后，我们才会想起重建一座更加宏伟、功能性更强的城市吗？现在，我们只需要花费不到千分之一的成本，就可以将巴黎修缮得更为实用与辉煌。此外，这项工程还将为法国带来荣耀，为巴黎增添无上荣光。不仅如此，它还将促进艺术的发展，吸引来自欧洲各地的游客，为国家带来财富，同时也为那些无数以乞讨为生的人提供工作机会……可以说，这项工程将为国家和人民带来无限的好处，真正做到利国利民。这就是这项提议的效果，虽然巴黎人对修缮的过程并不关心，但最希望看到修缮后的结果。我们希望能有一位充满热情的人来肩负起这项使命，愿其有开明的思想去规划，坚定的意志去执行，以及足够的信心去实现！[4]

在这篇文章发表之际，伏尔泰在法国皇室中的名望正日渐式微。对于这位大文豪，路易十五一直嗤之以鼻。而现在，伏尔泰又失去了国王的情妇、有权有势的蓬帕杜夫人的青睐，更

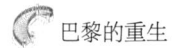巴黎的重生

加走投无路。伏尔泰认为此时接受普鲁士国王腓特烈二世的邀请,前往柏林是一个明智的选择。当路易十五批准他的出境签证时,他嘲笑道:"我的王国又少了一个疯子。"[5]

25年后,在1744年5月的一个深夜,国王路易十五驾崩,他的遗体从凡尔赛被运往圣但尼的皇家墓地。由于害怕愤怒的巴黎民众会在冲动之下作出过激行为,队伍只能在夜幕的掩护下绕路前行,真是一场诡异的跋涉。

新国王路易十六是路易十五的孙子,继任时年仅20岁。面对日益紧张的局势,路易十六及其政府试图夺回对法国的掌控权。为此,他们开始采取行动,试图使巴黎走上现代化道路。

建设工作首先选在两个新的街区展开。一处是奥德翁,查理·德·怀利(Charles de Wailly)和玛丽-约瑟夫·皮尔(Marie-Joseph Peyre)在此设计建造了美丽的奥德翁剧院。另一处是昂坦大街,这里原本是一处洼地,但到了18世纪80年代中期,巴黎的高端住宅区已经落户于此,巴黎的第一条人行道也在此建成。与此同时,沙特尔公爵(Duke of Chartres)重建了皇家宫殿,并在中央花园周围建起了商店画廊。皇家宫殿很快成了巴黎人生活中不可或缺的场所。

1778年,路易十五去世4年之后,83岁的伏尔泰终于获准重返巴黎。当时,巴黎的环境仍然非常糟糕。另一位作家路易-塞巴斯蒂安·梅西耶(Louis-Sébastien Mercier)曾这样描述这座城市:

> 如果有人问我,一个人怎么能在这样一个乌烟瘴气

第一章 凡尔赛的阴影

的地方生活呢？与屠夫、皮匠和皮革工人一样，呼吸着四处弥漫的腐烂蒸汽，居住在下水道、粪堆、染坊之间。巨量的木材和煤炭燃烧释放出源源不断的烟雾和蒸汽，生产铜和金属的车间喷出无数的砷、硫和沥青颗粒。如果有人问我，人们怎么能在这样的深渊里生存呢？这里的空气无法流通，只能在迷宫般的房子里打转，六英里外的人甚至都能闻到空气中的恶臭。对此，我只能回答，是因为巴黎人早已习惯了潮湿的雾气、刺鼻的蒸汽和肮脏的泥浆。[6]

当时有人批评说，巴黎的财富都集中在富人的府邸，整座城市看起来欣欣向荣，到处都在建造房子，却没有一分钱流入公共空间。富人的时尚品位越来越刁钻，崇尚高档丝绸、褶边、扑粉假发、香水和金鞋，与遍地的污水、腐烂的垃圾和令人作呕的恶臭形成了强烈的对比。有钱人出行时都选择坐马车，而穷人则只能穿着木鞋在大街小巷奔波。

1786年，法国政治局势紧张，国王路易十六颁布了一项法令，拨出3000万法郎的预算用于修缮巴黎。当时，法国已陷入严重的经济危机，路易十六此举表明了政府对城市建设的重视。但更为急切的是，他们意识到如果继续向巴黎人民征税而不施予任何物质回报，将产生极大的政治风险。但我们永远也不知道这一举措会带来何种后果，因为不久之后，经济危机进一步加剧。仅仅3年半后，路易十六就被推上了断头台。

作为一个充满活力、人口不断增长的城市，法国大革命前夕

 巴黎的重生

的巴黎已劣势尽显。市中心位于塞纳河右岸，房屋密集，只有狭窄的街道和小巷将它们隔开。要从东边到西边，就得知道如何穿越这座迷宫。从北到南，虽然有圣但尼和圣马丁两条街道，但都非常狭窄，而且只能通往塞纳河。而要穿过塞纳河，就要小心翼翼地穿过工人阶级聚居的西岱岛。当然，这座城市还有几条宽阔的大道，比如林荫大道和香榭丽舍大街，但它们都在市中心之外，作为散步场所当然备受欢迎，作为交通要道却并不实用。

按照伏尔泰的逻辑，如果法国君主能够管理好这座王国最大的城市，那么巴黎的发展会变得截然不同。在整个18世纪，许多著名设计师，如皮埃尔-亚历克西·德拉梅尔（Pierre-Alexis Delamair）、皮埃尔·帕特（Pierre Patte）和查理·德·怀利，秉承着建造凡尔赛、波尔多交易所广场和巴黎协和广场等城市传统精神，为修缮巴黎提出了许多审慎的建议。如果这些计划得以实施，那巴黎将成为法国古典城市中独树一帜的大型城市典范。目之所及，有序的街道和广场将为整座城市营造出独特的风貌。然而，在君主制下，只有少数建筑物展现了高质量城市的风貌，而城市的大部分区域则被放任不管。

未能满足日益增长的城市需求对巴黎未来的发展产生了重大影响，同时也引发了民众的强烈情绪，他们认为巴黎需要进行大规模的重建，而非渐进式的改变。然而，由于未及时进行更多的修缮工作，君主制——尤其是路易十五的政府——为几年后巴黎面貌的残酷突变奠定了重要基础。

但是，率先来临的却是另一场革命，这场革命将彻底改变巴黎城市重建的性质。古老的巴黎即将进入工业时代。

第二章

多变的世界

第二章　多变的世界

1837年8月某个炎热的一天，路易-菲利普国王的妻子玛丽-阿梅丽王后（Queen Marie-Amélie）、她的两个女儿以及各大臣和政要齐聚巴黎北部新建的蒂沃利车站。现场气氛十分热烈，他们走近正在站台等候的火车，迈进车厢。伴随着蒸汽和机械的巨大轰鸣声，发动机快速运转，车轮缓缓转动。火车驶离了站台，穿过了乡村，经过长达13英里、共计26分钟的旅程后，最终到达了圣日耳曼昂莱。这次旅程标志着法国第一条客运铁路线的通车，也象征着巴黎工业革命的开始。

对于这次经历，火车上的人无不目瞪口呆：

> 车上的每位乘客都用自己的方式表达了乘车时的感受。有人惊讶道，虽然速度如此之快，但自己呼吸平稳，仿佛在地面上慢走；另一人欣喜若狂，因为他没有感受到任何颠簸，就好像坐在自己的卧室里；还有人说，速度太快了，即使在3英尺（1英尺≈30.48厘米）开外，也没有时间分辨沙滩上一只蜜蜂大小的昆虫，或

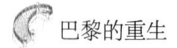 巴黎的重生

者认出一位朋友的面容。最后,还有人高兴地注意到,当这一长串没有马的汽车冒着烟驶过乡民们时,他们惊讶万分。伴随着轻微的嗡嗡声,火车一闪而过,几乎瞬间就消失在远方。另一些人则更为严肃地宣称,这项发明将带来无法估量的好处。[1]

埃米尔·佩雷尔(Emile Pereire)是巴黎-圣日耳曼昂莱铁路线的主要负责人,他的经历也颇具传奇色彩。

埃米尔出生于波尔多的一个葡萄牙裔犹太家庭。他的父亲是一名海事保险经纪人,虽然勤勤恳恳,但也只能勉强维持生计。1806年,埃米尔的父亲去世,留下了两个小男孩和怀着第三胎的妻子。不久后,他们的第二个儿子夭折了,母亲和两个孩子陷入了极度贫困的境地,只能依靠波尔多犹太社区的慈善救济来维持生活。

1822年,22岁的埃米尔来到巴黎,经亲戚介绍,在当时刚刚兴起的财经报社找了一份记者工作。次年,他的弟弟艾萨克(Isaac)也加入了报社。兄弟俩聪明能干、求知若渴,并且勤奋努力,很快就成了业界翘楚。1830年,埃米尔获得了一份令人艳羡的工作,成了巴黎证券交易所的经纪人,在法国最有权势的银行家詹姆斯·德·罗斯柴尔德(James de Rothschild)的公司拥有了一席之地。此外,兄弟俩还经常出入亨利·德·圣西门(Henri de Saint-Simon)思想圈子,接触到了有关经济学和理想主义的远大思想。他们雄心勃勃、热心事业、志向高远,撰写了一系列关于储蓄银行和法国金融体系现代化

第二章 多变的世界

的文章。

很快，佩雷尔兄弟就被当时最伟大的工程——铁路给吸引住了。随着世界进入大规模高速长途运输的新时代，一场革命即将颠覆整个世界。埃米尔和艾萨克决心领导这场冲锋。从坡度、剖面图再到轨道车辆，他们深入研究了铁路网络的每一项技术以及财务方面的知识，成了法国铁路发展的积极倡导者。

经过兄弟俩的不懈努力，1835年7月9日，他们在巴黎和圣日耳曼昂莱之间修建铁路线的计划终于获得了法律批准——努力得到了回报。在创建公司、建设新铁路线的过程中，他们遇到了许多法律、技术和施工上的挑战，需要克服许多令人生畏的障碍，包括筹集资金、解决法律问题、攻克技术难题等。不过，埃米尔展现出了一位优秀的管理者和谈判者的才能。在他的领导下，圣日耳曼线仅用了两年时间就成功建成并开通。此事一出，立即引起了轰动。

这条铁路线，连同国内其他地区修建的货运线路一起，引发了一场关于铁路系统的辩论。有人预计，将原本相距甚远的市场连接在一起，将带来难以想象的经济利益；还有人预见到铁路可以在全国范围内迅速调动部队，从而带来巨大的军事优势。然而，也有一些人质疑这么多路线将耗费巨大的资金，担心整个项目是否只是昙花一现。为此，1842年，法国众议院就全国铁路网的建设展开了讨论，并通过了相应的法律，从而为这项工程奠定了基础。首项重点城际线路——巴黎到诺曼底鲁昂及巴黎到南部奥尔良的两条铁路，于次年5月先后两天正式落成通车。

巴黎的重生

继而,关于巴黎火车站的选址问题又引发了争议。埃米尔主张只在市中心建一个火车站,让所有线路直达此站,以方便市民和旅客。然而,这一观点立即遭到了各方的批评和反对:逐渐赢得巴黎重要新线路特许权的公司都希望能拥有自己的车站;巴黎的酒店和餐馆老板也主张分别设立车站,这样路过巴黎的旅客(如从加来到里昂的旅客)就会被迫留在巴黎过夜,从而下榻酒店,光顾他们的餐馆生意;政府人士、警察和居民则更倾向于将新火车站设在市中心之外;工程师们也声称,从技术角度来讲,避开市中心操作起来会更为简单。最后,埃米尔决定将他的车站(今天的圣拉扎尔车站)与诺曼底线的车站合并起来。不过,此后的每个铁路公司——北线、东线、里昂线、奥尔良线和西线——都建造了自己的车站。因此,今天我们所熟知的法国铁路布局就此诞生,6个车站圈住了当时的城市边缘。

与18世纪80年代的巴黎相比,此时的巴黎已经发生了很大的变化。这在很大程度上要归功于拿破仑一世的治理,他在1799年到1814年统治法国,随后在1815年再度短暂执政。

拿破仑一世对巴黎雄心壮志。在很长一段时间内,他是第一位将巴黎视作政治目标核心及彰显其治下荣耀的统治者。他希望将这座当时只有50万人口的城市,打造成一座能容纳200万人口的大都市,成为帝国当之无愧的首都。

拿破仑经常与画家雅克-路易·大卫(Jacques-Louis David)一起在城里散步,听他详细描述过去几十年里为巴黎发展提出的建议和策略。另一位文化名流维旺·德农(Vivant Denon)向

第二章　多变的世界

拿破仑解释说：多年来，建筑师们一直有着雄心勃勃的计划，但苦于无法实现；如今，在巴黎大展宏图的机会来了。德农对拿破仑表示："和其他举措一样，这项工程将使您青史留名。"[2]

1804年拿破仑一世称帝后，他开始致力于城市建设。城里的建筑工地接连拔地而起，河流两岸都建了河堤，取代了原来泥泞的河岸，同时还建造了五座新桥。此外，卢浮宫也进行了扩建，增加了带有小拱门的卡鲁塞尔广场；马德莱娜教堂也进行了重建；波旁宫所在地国民议会的外墙进行了翻新；卢森堡宫被改造成了参议院的所在地；原先守卫兑换桥北端的防御塔大城堡也被拆除。最引人注目的是，城市西部入口处的一座巨大凯旋门也在施工中。

除此之外，拿破仑还解决了许多民生问题。他采取有力措施，成功解决了巴黎的供水难题，重启了长期搁置的乌尔克河至巴黎130公里（1公里=1千米）的运河计划。现在，这条运河通过圣马丁运河注入塞纳河，为城市的经济和发展作出了巨大贡献。此外，他还兴建了多个市场和其他公共设施，开辟或拓宽了约60条街道。另外，他还在城郊建立了一个大型屠宰场，为1828年9月15日市中心赶牛禁令打下了基础。

拿破仑一世统治时期，最具标志性的城市项目之一是里沃利街及其周边街区。为了打造这个黄金地段的知名项目，拿破仑委任了他最喜欢的建筑师夏尔·佩西耶（Charles Percier）和皮埃尔·方丹（Pierre Fontaine）。他们制定的一系列严格的建筑规则，包括拱廊的设计方案，使整个社区既整齐划一又不失个性，因此被誉为欧洲最杰出的城市规划之一。

拿破仑一世对巴黎的规划和建设还有更大的野心。其中最宏大的一个想法是在夏乐山上建造一座宫殿，从现在埃菲尔铁塔的位置横跨塞纳河。这座宫殿将比欧洲所有的宫殿都更加伟丽，且一直延伸至布洛涅森林。该项目于1811年获得法律批准，并且已经开始了基础建设，但最终出于种种原因而未能完成。

尽管项目数量众多，范围广泛，但拿破仑统治时期为此付诸的努力仅仅是个开始。在他之前，政府对城市发展的投入实在太少了。拿破仑倾注了大量时间和资源去满足早前被忽视的基本需求。但最终滑铁卢战役来临，拿破仑只能放弃权力，再度宣布退位，之前的所有努力便成了这座城市变革的前奏。

****

在拿破仑一世退位后的20年里，在城市建设方面，当局几乎没有取得任何进展。尽管这座城市发展迅速，但它仍然缺乏成功过渡到工业时代所需的许多基本条件。直到1830年革命后，路易–菲利普国王掌权，新一代开始涌现，而他们对这些问题会更加熟悉。

七月革命的其中一位主角是勃艮第贵族克劳德–菲利伯特·巴特洛·德·朗布托伯爵（Count Claude-Philibert Barthelot de Rambuteau）。1833年，他被任命为塞纳省省长，负责管理巴黎及周边地区的行政事务。他在这个职位上一待就是15年，直到1848年才被换下。

朗布托衣冠楚楚，举止得体，是一位备受人民推崇的省长。他出身高贵，热衷社交，有着来自法国最显赫家庭的强大人脉网络。尽管他出身贵族，但政治觉悟在当时却属前列。他年轻

第二章 多变的世界

时便献身帝国,凭借着高超的人际交往技巧,荣升为拿破仑一世的私人秘书。在帝国的晚年,朗布托曾担任省长,但1815年波旁王朝复辟后,他却选择回到勃艮第的庄园,在宁静的乡村度过了十多年时光。1827年,朗布托被选为代表[①],再次登上政治舞台。在引发1830年革命的事件中,他扮演了不可或缺的重要角色。

自担任塞纳省省长以来,朗布托一直致力于改善和建设现代化巴黎。虽然他所在的政府并没有准备好承担这样艰巨的任务,但他仍旧坚定地推动着巴黎实现现代化,使其成为一座既实用又卫生的城市。但这项任务看似永无止境。

19世纪30年代和40年代,文人们开始对"巴黎位移"的现象深感担忧。这座城市的交通变得异常拥堵,旧街区脏乱不堪,安全问题也逐渐频发,导致精英们开始离开老城区。在西部和西北部较富裕的新街区中,新的影响力中心已经崛起。人们开始担心,巴黎最终可能会分裂成两座城市——老城区只会沉浸于它的肮脏之中,而新街区则将继续繁荣发展。

为了应对这一威胁,许多市民团体和个人提出修建新要道来联通老城区,将城市的不同部分紧密联系在一起。有人提议沿着圣但尼街、圣马丁街或在两者之间修建南北向街道;有人

---

① "代表"是指选举产生的立法议会代表,原称为"代表",后于1848年更名为"人民代表",1851年又恢复为"代表"。1830年至1848年,立法议会被称为众议院,1848年至1851年则被称为国民大会。

 巴黎的重生

建议延长里沃利街或修建与之平行的东西向街道；还有人提出在左岸修建东西向街道。然而，当时这些提议都没有落实。但朗布托省长确实新建了一条街道，它穿过了巴黎最混乱的市场之一——巴黎大堂，成为当时老城区最宽敞、最现代化的街道（如今以朗布托省长的名字命名，称为朗布托街）。

朗布托完全重建了从玛德莲广场到巴士底广场的林荫大道，并在老城区之外修建了新的街道。并且，他还增设了人行道，极大地改善了行人的城市体验。此外，他还带来了另一项创新：采用煤气灯公共照明系统，彻底改变了城市的夜间面貌。①

朗布托最伟大的工程之一是重建协和广场。这座广场最初由昂热-雅克·加布里埃尔（Ange-Jacques Gabriel）于1755年为纪念路易十五而设计，但在法国大革命期间被用来执行死刑，其中包括国王路易十六和王后玛丽·安托瓦内特（Queen Marie-Antoinette）。为了掩盖这个地方的政治分裂意味，路易-菲利普国王决定在此树立埃及总督穆罕默德·阿里（Mehmet Ali）送给法国的方尖碑。1836年至1846年，雅克-伊格纳斯·希托夫（Jacques-Ignace Hittorff）重新设计了协和广场，增设了雕塑和喷泉。同时，朗布托再次携手建筑师希托夫，从1838年开始将香榭丽舍大街改造成现代化城市大道。

19世纪40年代初，随着新铁路网的铺设，车站的建设计划变得更加清晰明确，朗布托充分意识到车站在城市中的重要地

---

① 在本书中，我们使用"立法议会"这一称谓，来指代1852年到1870年的立法机构。

位。随着每个新车站位置的确定,他开始着手重建周围的街区,修建新的道路,为成千上万的乘客提供更好的服务。如今,车站已成为城市的重要入口。1847年,决定建造巴黎东站时,他提议修建斯特拉斯堡大道。这条大道将向南通往林荫大道和市中心,为城市的发展奠定重要基础。然而,直到他担任省长的最后时期,这个新街道网络也只建成了一小部分。但他无疑为这座城市未来的发展打下了重要基础。

朗布托的另一项重要创新是绿化的推广。在他担任省长之前,巴黎的街道上几乎没有树木。一些公园虽然对公众开放,但也都是私人所有。他在自己的庄园里做了很多绿化,因此对树木有着深厚的感情。他在巴黎的街道两旁种植了大量的树木,并且引进了公共花园。其中第一座公共花园建于1844年,位于巴黎圣母院东侧和南侧,原址为1831年被火灾烧毁的巴黎主教宫殿。

尽管朗布托在历史上的知名度并不高,但在他所处的时代,人们普遍认为他是一位勤勉、积极作为的省长,努力推动了许多重大改进:

> 1830年革命之后,巴黎的美化工作再次启动。杜乐丽宫和杜乐丽花园发生了翻天覆地的变化。部分堤岸得到拓宽,北岸也种上了各类植物。此外,还建成了四座崭新的桥梁。马德莱娜教堂已经落成,协和广场重获新貌,卢克索方尖碑高耸在广场中心;香榭丽舍大街尽头的凯旋门已经完工,奥赛码头和艺术中心的宏伟建筑也

已竣工。巴黎所有需要修缮的公共建筑均已得到修复。同时,许多中世纪纪念碑的修复工作正在进行中。规模庞大的街道排水工程正在有序推进,煤气将在全城得到普及。私人建筑质量的提高也在一定程度上改善了居民的健康和生活舒适度。一些重要项目正在进行,今后每年可能还会有更多的项目。在这场由国家主导的重建进程中,政府处于领导地位,公共事务所承担的任务不仅已经启动,而且已经完成。[3]

经过这次修缮,巴黎的入口变得更加雄伟壮观,至少对从英吉利海峡或大西洋对岸的西边游客来说如此。穿过阿让特伊和白鸽城周围的村庄,旅客们来到纳伊平原。远处,新近落成的凯旋门富丽堂皇、高高矗立,标志着巴黎的入口。顺利通过凯旋门和检查站后,旅客们开始下行至香榭丽舍大街。从这里可以看到翻新的协和广场,远处郁郁葱葱的杜乐丽花园,更远处国王的住所杜乐丽宫。到达协和广场后,右手边是协和大桥,横跨塞纳河,直达众议院的所在地波旁宫,这里也是时尚的圣日耳曼街区。你也可以继续沿着正前方的杜乐丽花园,穿过造型优雅的拱廊式里沃利街,去往旺多姆广场。如果向左转进入皇家大道,朝着以罗马神庙为原型的马德莱娜教堂方向前行,很快就会来到林荫大道。这是一个令人惊叹的入口,与世界上其他城市迥然不同。

林荫大道曾是巴黎的防御工事,经过路易十四的改造,如今已成为城市生活的核心。这些大道体现了优雅、轻松和狂欢的巴黎式风格,定义了一种生活美学,成了巴黎超越自我的代表。每天,这里都在上演着人生戏剧。你可能会与老朋友重逢,也可能与敌人遭遇;你可能谈论商业大计,也可能畅聊改变世界的梦想。

> 在这些风景宜人的步行街上,随处可见两排椅子。来自不同街区的名士会在此坐上几个小时,欣赏周围热闹的场面,觉得很有趣。在意大利大道上,常常可以看到一些时髦人士坐在椅子上——他们坐着马车前来,在此坐上一两个小时,让马车等在一旁;每把椅子的租金是1苏①,但他们总要花费2苏,因为还要买一份托尔托尼店里的冰饮,这家店以冷饮闻名巴黎。夜幕降临时,林荫大道会变得格外壮观:无数座剧院亮起了绚丽的灯光,咖啡馆前的灯火轻轻摇曳,商店的灯火照亮了整个建筑群;树木、马车、音乐和歌声,与宫殿式的房屋和精致的咖啡馆相互交织,让人宛如置身童话世界。[4]

19世纪40年代,巴黎人的生活多姿多彩。上流社会——由公爵、侯爵和伯爵及其夫人等组成的队伍——异常活跃。同时,巴尔扎克所描绘的资产阶级也正在兴起,包括富有的银行家、工厂主以及努力跻身上流社会的外地人士。此外还有军人、神

---

① 苏,法国原辅助货币,现已废弃,1法郎=20苏。

巴黎的重生

职人员、记者、艺术家、演员、学生、德行尚可的妇女,以及不断壮大的工人阶级。生活方式也是五花八门:从贵族沉闷的沙龙到拉丁区放肆狂欢的小酒馆,再到贝尔维尔城门外的流行舞厅。巴黎从未这样,充满着无限活力和变化,成为一个一切皆有可能的地方。

巴黎被誉为一座"欢快、明亮、喧闹、躁动的城市,称其为生活之城恰如其分"[5]。这座城市被注入了一种无法言喻的东西。1831年,海因里希·海涅(Heinrich Heine)抵达巴黎时写道:"即使一个人带着恐惧来到巴黎,恐惧也会立刻烟消云散。在这样的空气中,伤口愈合的速度比其他任何地方都快,疼痛会立刻减轻。这里的空气洋溢着慷慨和珍贵的生命气息。"[6]

尽管巴黎有这些优点,但它早已不及它那勤奋的英国对手重要。考虑到更广阔的发展趋势,这似乎不难预见:伦敦作为商业和金融中心的领袖,是一个处在鼎盛时期的帝国首都;而巴黎依旧政局动荡,还未从拿破仑战败的阴影之下恢复过来。尽管如此,拥有100多万居民的巴黎仍然是主要的商业、学习和政治中心。此外,或许是因为在其他领域声望的丧失,巴黎已经发展出了一种敏锐的意识,将自己定位为世界艺术和文化之都。从密西西比河河畔的圣路易斯到涅瓦河河畔的圣彼得堡,它已经成为西方世界文化事务中无可争议的参照标准。19世纪30年代末,尼古莱·果戈理(Nikolai Gogol)在巴黎待过一段时间。他形容这座城市为"一座巨大的橱窗,满是艺术和手工艺品,还有隐藏在偏远角落的稀有才华。这是二十岁年轻人熟悉的梦幻世界,一个集市,欧洲最盛大的展览会"[7]。

巴黎人对音乐的热情也是毋庸置疑的。19世纪20年代，焦阿基诺·罗西尼（Gioacchino Rossini）被吸引来到这座城市；19世纪30年代，弗朗茨·李斯特（Franz Liszt）和弗里德里克·肖邦（Frédéric Chopin）也将巴黎视作家园。不仅如此，不那么高雅的音乐形式也广受巴黎人民欢迎。那时有人评论道："无论是市中心还是郊区①，都充斥着庆祝和娱乐的氛围，狂欢永不停歇。似乎唯一令人担忧的就是缺乏音乐家了。"[8]

文学活动似乎格外具有感染力，幽默的詹姆斯·费尼姆·库珀（James Fenimore Cooper）曾写道：

> 在主动拜访我的人中，有一半的人会先给我送一些书，表示自己是文人兄弟会的正式成员。有两三次，我惊奇地发现这些作家的主业竟然是军人，或者是别的职业，很难想象他们会如此热爱文学创作。但总的来说，这确实也反映了欧洲的实际情况，人们很难满足于获得任何数量或质量的荣誉，直到出版一本书为止。[9]

对各种艺术形式投入的巨大精力，赋予了它们重要的社会价值。尽管巴黎的艺术作品质量参差不齐，但人们都怀着强烈的尊重之心。这种心态存续了几十年，为巴黎成为世界艺术和商业中心起到了重要的推动作用。此外，将艺术赋予社会价

---

① 紧贴着城市边缘的小城镇，现已被纳入巴黎市区。

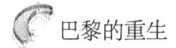

值,也对整个城市的建筑、街道和广场的建设发挥了至关重要的作用。

****

到过巴黎的游客都认为这座城市非常肮脏。例如,果戈理在给圣彼得堡的回信中曾写道:"我不知道该如何评价巴黎。这座城市实在是太脏了,简直无法下脚。"[10]

即使是伦敦人,对巴黎的第一印象也只是比其他大城市更脏乱、更喧嚣繁忙罢了:

> 初到巴黎,人们可能会觉得这里比伦敦更加热闹喧嚣,那是因为街道更为狭窄,车辆横冲直撞,交通拥挤堵塞。在这样狭窄的空间里,车轮碾过石板传来的声响震耳欲聋,这一切也更让人感到混乱……
>
> (在巴黎的街道上,)各种嘈杂声此起彼伏、振聋发聩。人们在不到两英尺宽的人行道上熙来攘往。你不仅需要快速赶路,还要小心躲避。当你不得不给一位女士让路时,就必须从狭窄的人行道上跳到马路上。这时,你要是看到一辆马车朝你驶来,就得竭尽全力避让。马车驭手发出令人震惊的呼喊:"小心!"你环顾四周,发现车杆离你的肩膀只有一英寸了,不由得迅速爬开,穿过泥泞和水坑,将身体紧贴着房子,腾出空间让笨重的车辆穿过。车轮的中心向外凸起,散发出威胁的气息,你却感到欣慰,因为有足够的空间让它顺利通过,而不会将自己压扁。此时,你已经避开了危险,但沾上了车

轮上的泥水。[11]

许多现代主义者普遍认为巴黎沦为了贫民窟。例如，维克多·孔西得朗（Victor Considerant）在1845年发表过这样的言论："巴黎是一座巨大的腐败工厂：在这里，痛苦、害虫和疾病肆虐横行。"[12] 不过，对于这些评论，不能仅从表面上来理解。这也是历史保护者和现代主义者之间争论的一部分。在这场争论中，双方都强调了"旧巴黎"和现代城市的不同之处，并且刻意夸大了中世纪巴黎一直延续至19世纪的形象。一向风趣的朱尔斯·亚宁（Jules Janin）毫不避讳地从党派的角度出发，恰如其分地描述了这场辩论：

> 这就是维克多·雨果先生及其追随者想要重建的城市吗？多少眼泪洒落在这些已不复存在的丑陋废墟上！如果能够按照最初的计划重建巴黎，那么他们将为此付出何等代价？漆黑的房屋，凝固的空气，没有一丝阳光。小偷在街头穿梭，城门口聚集着饥饿的狼群，让人不寒而栗。这座哥特式的、黑色的、肮脏的、狂热的城市万岁！这座黑暗的、混乱的、暴力的、痛苦的、血腥的城市万岁！……
>
> 有人认为还有比里沃利街更乏味的地方吗？从那里一路走过，你可以保持双脚干燥，冬天不用受到雨水的困扰，夏天也无须忍受飞扬的灰尘。在这条街上，最富有的商店陈设着世界上所有的珍宝。（然而，对于诗人

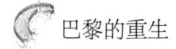巴黎的重生

们）如果你把他们逼急了（为了形象生动），他们仍会坚信河滩广场没有鞭刑，蒙福孔也不会再有绞刑，圣日耳曼奥塞尔老教堂今天变得如此宁静，圣巴多罗买的丧钟也不再敲响，实在是太令人遗憾了。[13]

1839年，一本英国旅游指南的描述则没那么激动人心。它着眼于巴黎人在清洁和维护方面的不良习惯，而非城市的布局：

> 就街道的宽度、清洁度和整体外观而言，巴黎不如大多数欧洲国家的首都。多数居民住在合租房中，而非独立住宅。并且，由于特殊的家庭习惯，在修缮房屋方面，房东也不像其他首都居民那样迫切。巴黎人仍然容忍对公共场所的侵占滋扰行为，这些行为不仅有损于街道的清洁形象，也对改善措施构成了一定程度的阻碍。[14]

****

巴黎仍需进行更深层次的结构改善。市中心仍无道路贯穿，桥梁数量不足、有些也已年久失修。中央市场仍然杂乱不堪、卫生状况欠佳，且缺乏饮用水。同时，这座城市仍在不断发展，作坊和工厂如雨后春笋般涌现，吸引大量工人涌入，城市边缘的街区也在快速扩张。

朗布托省长完全了解这些缺点。多年来，他一直在争取资金以启动更大的项目。1847年，经过市议会的批准，他成功争取到了5000万法郎的投资，用于重建巴黎大堂市场，延建里沃

利街,建造新医院、教堂、行政大楼和新歌剧院,以取代被烧毁的旧歌剧院。此外,还包括建设下水道、堤防、桥梁和街道。由于这些项目需要借贷资金,因此必须获得立法议会的批准。双方进行了激烈的争论,最终巴黎成功获得立法议会批准,通过债务融资筹集了2500万法郎来支持该计划。朗布托深知,此次建设将成为他为巴黎奉上的遗产,因此迫不及待地想要启动这个项目。

然而,虽然省长提出了雄心勃勃的计划,但仍有许多巴黎市民对此嗤之以鼻。他们渴望成为工业时代的世界领袖,界定一种全新的现代化愿景。他们深知此事需要更强力的支持和勇气,而非七月君主政体的政客们所能提供的。此时,一位能够抓住进步的力量,并将其体现在大型城市项目中的新领导人,正在静待良机,准备登上舞台的中央。

第三章

工业时代的梦想家

第三章　工业时代的梦想家

1848 年 9 月 24 日，一位衣着考究的男子带着几箱行李抵达巴黎北站，从火车上走了下来。他大约四十岁，蓄着浓密的胡须，鼻子高挺，双眼微闭，一双蓝灰色眼睛炯炯有神。他身材不高，相比身躯而言，双腿稍显短小。他就是路易-拿破仑·波拿巴，在流亡 33 年后，终于从伦敦回到了巴黎。

路易-拿破仑·波拿巴身世显赫，但有些复杂。他的母亲奥坦丝·德·博阿尔内（Hortense de Beauharnais）是拿破仑一世第一任妻子约瑟芬·德·博阿尔内（Joséphine de Beauharnais）的女儿、拿破仑一世的养女。但同时，他的父亲路易·波拿巴又是拿破仑一世的弟弟，曾短暂担任荷兰国王。所以路易-拿破仑·波拿巴与拿破仑一世有着双重关系，既是拿破仑一世的侄子，又是他的外孙。随着家族成员的逐渐离世，现在路易-拿破仑已成为波拿巴王朝的第一顺位继承人。

新来的王子陶醉于眼前看到的一切。崭新的火车站坐落在市中心之外。街道上人群熙攘，着装时尚。公共汽车和马车也是最新的款式。他坐在租来的马车上，前往旺多姆广场的旅馆，沿途穿过繁忙的林荫大道，周围人流如织，煤气灯闪闪发光，一片热闹祥和的景象。

每条街道、每座广场、每栋建筑都令他耳目一新。自7岁离开巴黎后，他游历过德国的慕尼黑、瑞士的日内瓦、意大利的罗马、英国的伦敦，甚至美国的纽约，却始终未能亲身体验家乡城市的大多数地方，只能通过书本来了解。即便是修建于亨利四世时期著名的孚日广场，在他眼中也是异常陌生的。

他唯一非常了解的地标是12年前修建的凯旋门。它庄严地矗立在香榭丽舍大街上，无论用什么标准衡量，它都是一座宏伟的纪念碑。然而，对他而言，这座建筑有着特殊的含义。

凯旋门是为了纪念奥斯特里茨战役而建的，是拿破仑一世未竟之业中最壮丽的象征。他的愿望是将巴黎打造成一座伟大的帝国首都，可以与奥古斯都时代的罗马相媲美。在他的眼中，这座建筑不仅展现了巴黎的宏伟和美丽，更激励着法国人民继承波拿巴遗志，完成其未竟之业。

路易-拿破仑深信，统治了法国过去30多年的君主政体未能领导国家应对时代的挑战。他与朋友们坚信，只有拥有远见和雄心的拿破仑王朝才能恢复法国昔日的辉煌。

从他很小的时候，母亲奥坦丝·德·博阿尔内就开始有意培养他的权力意识。她深信儿子未来会成为伟大的领袖，于是告诉他："伟大的名字是命运赐予你的第一笔财富，你要继续奋发向上。"[1] 她教导他如何管理人民和国家。在这样一位充满魅力、保护欲以及野心的母亲身边长大，路易-拿破仑拥有坚不可摧的信心，从小就养成了心思缜密、沉默寡言的习惯。

第三章　工业时代的梦想家

路易-拿破仑对社会问题和经济学进行了深入研究。他目睹了英国工业的巨大发展,坚信科技是引领社会进步的关键。简言之,他巧妙地融合了叔叔波拿巴的改革主义理念与维多利亚时代的进步信念。早在当时,他的政治思想就已经相当先进:

> 现今,等级制度已经结束——个人只能与人民群众共同治理国家。因此,我们必须组织群众,让他们形成自己的意志;训练他们,在自身利益方面进行引导和激励。治理不再是依靠武力和暴力来统治人民,而是通过唤醒人民的理智和心灵,引领他们走向更美好的未来。[2]

路易-拿破仑是一位理想主义者。正如一位他的传记作者所述:"他坚信物质和道德的进步终将带来一个幸福的社会,各阶层将团结一致,实现持久和平。这与圣西门伯爵和其社会主义门徒的预想不谋而合。但他并不满足于空想,而是想成为一名实干家,并且成功实现了这一想法。"[3]

为了实现自己的抱负,为家族事业作出更大的贡献,路易-拿破仑深知权力的重要性。但是,在1848年,大多数人都对他的前途感到悲观,认为希望渺茫。

****

年轻的时候,路易-拿破仑就勇猛无畏,甚至有些鲁莽,热衷于投身政治军事冒险。起初,他和哥哥拿破仑-路易一起加入了一场反抗奥地利占领意大利的起义,但是计划不周,最终以失败而告终,哥哥不幸牺牲。1836年,他秘密潜入法国斯特拉斯堡，试图鼓动当地驻军发动起义，但不幸被捕，被流放到美国。1840年，他乘船前往滨海布洛涅，再次尝试煽动起义。但这一次，他的三名同谋被杀。他离开了英吉利海峡的水域，被送进了监狱，关押在法国北部的哈姆要塞，这使他离继承叔叔伟大事业的梦想更加遥不可及。

1846年，他逃出了哈姆要塞，仓促越过边境进入比利时，最终回到伦敦。凭借着父母的遗产，他变得非常富有，跻身伦敦精英阶层，又过上了舒适的流亡生活。他与维多利亚时代的贵族参加各种晚宴、舞会和狩猎，享受着奢华的生活。他还成了贵族俱乐部的一员，与公爵贵族交往甚密，和迪斯雷利（Disraeli）、狄更斯等文化名流也有来往。

他在伦敦的住处众多，遍布圣詹姆斯附近，常在圣詹姆斯广场、卡尔顿府联排和滑铁卢公园等高雅场所活动。他尤其钟爱圣詹姆斯公园和格林公园，这两个公园离他的住处只有几步之遥。他对伦敦发展了如指掌，对摄政街、坎伯兰联排、牛津圆环广场和摄政公园的建设也非常感兴趣。他对景观设计的兴趣渐增，沉迷于英国朋友的乡村房产设计中无法自拔。在维多利亚时代早期的伦敦，一种融合了便利设施和绿色植物的现代化城市形象在他的脑海中烙下了深刻印象。

尽管在伦敦的生活非常舒适，但他仍然沉迷于重返法国夺回胜利的想法。他与一群朋友密谋策划，还出版了相关图书和文章，想将自己营造成一个可信的领袖人物。然而，随着时间的推移，他的名声却被败坏了。

1848年年初，路易-菲利普国王的政权陷入危机。共和党反对派组织的宴会越来越受欢迎。政府试图禁止这些宴会，却导致了暴力事件的爆发。路易-菲利普国王被迫逃到英国，革命浪潮席卷整个欧洲。最终，法国宣布成为共和国，成立了临时政府，颁布了男性公民的普选权，并举行了议会选举。当时的人们可能想象不到，但无论是波旁王朝还是奥尔良王朝，王室已经永远失去了控制这个国家的权力。

1848年革命为路易-拿破仑创造了一个千载难逢的机会。他果断抓住了。这场革命推翻了国王，同时也创造了权力真空，使拥有显赫姓氏的他有了跻身权力中心的机会。不幸的是，这场革命建立了新的宪政共和国，其新的宪法秩序不需要一个机缘巧合的领袖。尽管如此，他的朋友们还是回到了法国，开始着手为他建立关系网，并代表他进行宣传工作。在此期间，他一直待在伦敦，度过了春夏，直到时机成熟，才重返法国。

9月，路易-拿破仑还在伦敦之时，他将自己的名字列入了非大选年的选举名单中，并成功当选。接着，关于皇帝继承人是否有资格回到法国，并作为人民代表占据一个选举席位，人们开展了引激烈的争论。最终，路易-拿破仑的流放被撤销，为他重返法国铺平了道路。

****

1848年9月26日，回到巴黎两天后，他首次亮相国民大会。虽然很多代表从未亲眼见过他，但都知道他的身份。作为一个鲁莽的冒险家，同时也是帝制的崇拜者，许多人怀疑他对民主的忠贞。他的表现就是对他的一种考验。

路易-拿破仑登上讲台，拿出一张皱巴巴的稿纸，迟疑不决地向法国政治阶层发表了他的首次演讲。他语速缓慢,声音单调,带着一种奇怪而含混不清的口音,让人听着不大舒服。讲话内容非常空洞,只是向代表们重申了对共和国的感激之情,并承诺将在民主框架内努力协助重建国内的安定。在这个经常听到阿尔方斯·德·拉马丁(Alphonse de lammartine)、弗朗索瓦·基佐(François Guizot)和阿道夫·梯也尔(Adolphe Thiers)雄辩的会议上,路易–拿破仑的公开演讲显得不堪入耳。还没结束,会议室里就弥漫着一种欢快和惊愕的气氛,窃笑和私语不绝于耳。第二天早上,新闻界毫不客气地抨击了这位新人。

虽然路易–拿破仑彬彬有礼,但人们仍然觉得他尴尬且疏离。他似乎更喜欢倾听而不是夸夸其谈,但经常让人摸不着头脑,不知道他是否同意。他没什么魅力,也不大聪明。阿历克西·德·托克维尔(Alexis de Tocqueville)后来这样评价他:"对他说话就像往井里扔石头,能听到声音,但不知道石头变成了什么样子。"[4] 一位曾与路易–拿破仑有过接触的英国人也写道:"他的表情总是让人难以捉摸,他的眼睛和别人的眼睛一样,可能是'心灵窗户',但窗帘基本都是关着的。"[5]

但除此之外,他浑身散发出一种无可置疑的自信和权威。维多利亚女王曾评价道,路易–拿破仑虽然有北欧人的性格,但相较于她所了解的其他法国领导人,他更加平和,不易冲动。他对密友非常宽容,忠贞不渝。他气质神秘,举止优雅,野心勃勃,吸引了众多女性。

虽然他在法国政治舞台上开局不佳,但毫不气馁。至少,他已经回到了法国,可以参与政治生活。此外,法国即将举行

第三章 工业时代的梦想家

总统选举,这是法国历史上首次由普通男性选民选择领导人。当前形势对建制派候选人非常有利,最有希望当选的是路易-欧仁·卡芬雅克将军(Gen. Louis-Eugène Cavaignac)。尽管所有人都认为路易-拿破仑没有机会,他仍然相信自己可以胜出。

事实证明,路易-拿破仑成功抓住了卡芬雅克将军的弱点,同时也抓住了自己的政治机会。1848年6月,卡芬雅克将军镇压起义,导致他与工人阶级疏远了,这也是工人们首次参加选举。路易-拿破仑虽然知道波拿巴这个名字会让他与秩序联系在一起,但他也清楚这个名字的分量,足以为他赢得大量工人阶级和农村地区的选票。除了显赫的名字和一些热情的朋友之外,他几乎没有其他宝贵的政治资产,但他仍然决定尽全力利用这个难得的机会。然而,缺乏有组织的政治支持是他的一个巨大劣势。

不过,事情在1848年秋天出现了转机。不到几周的时间,他意外获得了一个主要政治团体的支持,即后来被称为秩序党的保守派。阿道夫·梯也尔是这个团体中最杰出的成员,是19世纪法国最精明的政治家之一。然而,在这次事件中,他却犯了职业生涯中最大的错误。

作为法国最杰出的政治家之一,梯也尔也非常渴望成为总统,而且完全有资格。但问题在于,他与路易-菲利普国王政权的关系过于密切,曾经领导过该政府。因此,在1848年革命之后不久,他的身份不太适合出任第一任总统。但是,如果能帮助一个无能的人赢得选举,让其在宪法规定的一届任期内担任总统,那么,他自己就可以在1852年的下一次选举中处于理想位置。

阿道夫·梯也尔认为路易-拿破仑正是绝佳人选：名气很大，很可能当选，但缺乏能力和治国雄心。这样，在他竞选期间，梯也尔和朋友们就可以在幕后执掌大局。梯也尔宣称："我全方位研究了（路易-拿破仑）王子，他绝对是个一无是处的人。"[6]于是，梯也尔决定全力支持路易-拿破仑竞选总统。然而，历史证明这是一次重大的错误判断。

路易-拿破仑展现出了他的政治智慧。即使他不认同梯也尔的观点，也始终佯装听从，不会因自尊心受挫而受到负面影响。这种表现也让梯也尔坚信路易-拿破仑非常软弱，是个很容易被操控的傀儡总统。

路易-拿破仑的竞选活动备受关注。他强调了恢复国家秩序和稳定的紧迫性，并提出了他的社会理念。他的成功还要得益于遍布全国的波拿巴主义者的共同努力，加上梯也尔及其朋友们的支持。在选举日12月10日的前几天，卡芬雅克的阵营处于防守状态，其他候选人的竞选活动陷入混乱。到了12日，选票已经充分表明了路易-拿破仑的优势，报纸也宣布了他获胜的趋势。最终，路易-拿破仑凭借惊人的74%的选票获得胜利。不到两个月前，人们还认为他是个笨手笨脚的政治外行，而如今，他却完成了一项政治壮举，即将成为法国的领袖。

****

巴黎历经无数次战役与灾害的洗礼，但从未被大火、敌军或炮弹摧毁。如果按照卫生和实用的现代化标准重建，就必须下定决心，而这只能依靠一位有远见卓识的领袖。

第三章　工业时代的梦想家

　　路易-拿破仑·波拿巴希望自己能成为这样的领袖。他想将巴黎打造成为未来的现代世界之都，同时实现法国其他诸多愿景。然而，在 1848 年年底，他的政治地位岌岌可危，他只有四年的任期，这要多亏了那些一心想阻止他充分履行总统职责的"朋友们"。人们并不清楚，他将如何获得权力，或者能否在任期内振兴巴黎，或者取得任何实质性成就。但是，这个既保守又不可思议的人，既谦逊又雄心勃勃，他将为法国人民带来更多的惊喜。

第四章

"王子总统"与巴黎

第四章 "王子总统"与巴黎

1848年12月20日,星期三,路易-拿破仑·波拿巴优雅庄严地在国民议会上,宣读了总统誓言,成为法国历史上的第一位总统。在发表了一段简短的演讲后,他走向卡芬雅克将军,同他握了握手,随后离开国民议会前往总统府。

翌日,这位新总统向国民议会提交了部长及地方官员的任命名单。在塞纳省省长的位置上,他选择了让-雅克·贝尔热。这位政治家来自巴黎证券交易所和林荫大道街区,颇受民众爱戴,曾帮助路易-拿破仑在巴黎的选举中大获全胜。除了城市管理,贝尔热的主要任务还包括三项巴黎市区的城建工程:延建里沃利街、在巴黎大堂新建一座中央市场以及修建斯特拉斯堡大道。这三项工程均由朗布托启动,此前一年一直由临时政府负责推进。

里沃利街是一条宽阔的现代街道,由拿破仑一世时期的建筑师夏尔·佩西耶和皮埃尔-弗朗索瓦-莱昂纳尔·方丹(Pierre-François-Léonard Fontaine)设计,将巴黎的精致展现得淋漓尽致。北侧是精美的房屋,一楼是拱廊式设计,其间为各类豪华商店。南侧则是安德烈·勒诺特尔（André Le Nôtre）的经典设计——杜乐丽花园。但是，还没走多久，这条街就戛然而止——距离过短，没多大作用。所以，第一项工程就是将其延长至大约1英里，通往巴黎市中心，直达卢浮宫。

13世纪，巴黎大堂还是一个位于城郊的市场。随着时间的推移，这里逐渐成了巴黎繁华的商业中心，自成体系。但在那时，市场肮脏不堪、毫无秩序，动物和车辆可以随意穿行，商人们胡乱地堆放着自己的货物。到了18世纪中期，伏尔泰大力呼吁建造一座干净卫生的现代化市场。此后，拿破仑一世进行了部分改造，但半途而废。1843年，在朗布托的领导下，市政府决定在现有基础上建造一座大型新市场，由8个亭子组成。在路易-拿破仑当选总统之际，负责此项工程的设计师正在忙着最后的设计工作。

斯特拉斯堡大道是巴黎新火车站的配套工程之一，计划从巴黎东站向南延伸至林荫大道。这条大道的特殊意义在于，如果之后继续延长，就可以形成一条进入市中心的大动脉，垂直于塞纳河。

这三项工程都是围绕巴黎市中心进行，显然不是巧合。过去30年来，在巴黎各区中，林荫大道及其周边地区的发展最为迅速，尤其是绍塞昂坦和圣乔治街区。同时，这里也是新兴资产阶级的落脚点。这三项新工程都是为了让城市的核心区域快速现代化，从而更好地与充满活力的街区紧密联系起来。

作为新任总统，路易-拿破仑只需要确认当下有哪些项目，而执行和落地就交给了他任命的塞纳省省长。这样，他就可以

第四章　"王子总统"与巴黎

集中精力应对严峻的政治挑战。

****

对路易-拿破仑而言，1849年的头几个月无疑困难重重。正如其挚友维克多·德·佩西尼（Victor de Persigny）所说，这位新总统"以一种令人眼花缭乱、出人意料的方式闯入了一个新世界，但他对这个世界一无所知"。[1]

在选举前几天，国民议会就已经决定将爱丽舍宫作为共和国总统的官邸。这座建筑历史悠久，几易其主，包括路易十五的情妇蓬帕杜夫人、银行家尼古拉·博容（Nicolas Beaujon）以及大名鼎鼎的拿破仑一世。不过，在1848年12月那个阴沉的傍晚，当路易-拿破仑宣读完就职誓言，走进这座宫殿的时候，昔日的辉煌已经荡然无存。宫内，窗帘破烂不堪，积满灰尘，地毯老化褪色，破碎的窗户玻璃用纸草草地糊着。国民议会把新总统安置在这里，而不是此前几个月路易·菲利普国王还在居住的杜乐丽宫，显然是为了削弱他的地位。十个月来，国家群龙无首，国民议会重权在握，不愿交权——除了名义上的领袖，没有人打算让这位新总统扮演其他角色，就连他的盟友也只是视他为棋子。

秩序党成员和盟友把持着政府，极不配合总统的工作。有一段时间，部长们有意避开总统，私下开会，提前商定好结论，再递交给总统批复。甚至连内政外交两大部长也玩忽职守，不把重要的报告和信函呈递给总统。就连行使宪法赋予的总统权利，路易-拿破仑都不得不据理力争。但到了紧要关头，他又只能公开屈服，无能为力。对一个有雄心壮志的人来说，这种情况令他非常沮丧。

不过很快，路易-拿破仑就明白了，在这场斗争中，他不可能直接通过对抗来获得胜利，于是选择了另外一种方法。他上午一直待在住处，直到快中午才出现在正式会议上，随意在递上来的文件上画上几笔，表现出一副不谙政事的样子，只顾着为他组织的晚宴和狩猎活动。他扮演了一个无知的外行角色，正合对手心意。但实际上，他这么做只是为了麻痹对手，让他们放松警惕。为了实现自己的政治战略，他又一次将自身置之度外。这一招立竿见影，政府还提高了他的总统津贴，好让他忙碌于无伤大雅的社交活动，将政事抛诸脑后。不过，对他的对手而言，低估路易-拿破仑可是件极其危险的事情。

利用这段"和平"时间，路易-拿破仑努力巩固自己的政治声望。他意识到法国已经进入了大众政治的时代。因此，无论各派系出现什么纷争，紧密联系人民群众才能保障自己的政治生涯。他频频访问法国各地，出席各种就职典礼、剪彩仪式、公民表彰大会、慰问老弱病残群体活动，等等。并且，他还广泛利用媒体，采用精心调整过的传播策略，将信息直接送达各个层次的选民之中。此外，他对军队也是尤为关心，一有机会就去检阅部队，和士兵们一起用餐。

这些行动效果显著。很快，在人民群众中，尤其是农民和军人中，路易-拿破仑收获了源源不断的呼声。1849年春夏之际，他到访亚眠、昂热、南特和鲁昂的时候，受到了大批热情群众的欢迎。在巴黎建制派中可能没什么人支持他，但对法国民众而言，路易-拿破仑从一开始就是他们的总统。

第四章 "王子总统"与巴黎

****

同时，路易-拿破仑也非常关注社会问题，甚至还撰写过一篇题为《消灭贫穷主义》(*The Extinction of Pauperism*)的文章。他天生富有同情心，但也清楚地认识到社会政策对于维持秩序的重要性。他深知工人阶级福利，用他自己的话来说，对于"平息（最近动荡时期的）激情"起着关键作用。[2] 他还认为，维护国家的持久稳定对于法国的繁荣昌盛至关重要，是自己的历史使命。

19世纪40年代，城市工人阶级逐渐形成。当时，虽然巴黎还是以小作坊为主，但也出现了一些大型制造企业，例如铁路设备制造商凯尔机械厂，到1848年已经雇佣了1500名工人。不过，工厂的雇佣形式通常为临时工制，工资按件计算，因此就业非常不稳定。随着更多人涌入城市找工作，情况就更加糟糕了。虽然当时还没有形成大规模的产业工人阶级，但他们的贫困问题已经异常明显。

1849年1月10日，路易-拿破仑上任仅几周后，就通过了一项法律，成立巴黎公共援助局。该机构是单一性行政机构，主要负责监管巴黎的医院、收容所、孤儿院和其他公共护理机构。新总统也在积极寻找其他措施，以展现自己对社会福利政策的重视。

在英国期间，路易-拿破仑就接触过英国建筑师亨利·罗伯茨（Henry Roberts）为工人设计的现代卫生住房。事实上，他还参观了罗伯茨在伦敦开发的原型建筑。为了将这些思想应用到法国，他还亲自把罗伯茨的著作《劳动阶级的住所》(*The*

Dwellings of the Labouring Classes）翻译成了法语。

这些项目充满了理想主义色彩，引起了政要们的不满。他们认为这干扰了国家治理的严肃性。即使如此，路易-拿破仑还是设法为一个项目争取到了资金。1849年，他委托建筑师马里-加布里埃尔·沃尼（Marie-Gabriel Veugny）在巴黎建造了一个现代化的工人住房模型。

此后，这个综合楼便被称为"拿破仑住宅"，如今仍然可以在罗什舒阿尔大道58号看到它。这些住宅价格公道，每栋楼都配有现代化的厕所、通风明亮的公共区域、种植蔬菜的空间，甚至还可以提供免费的医疗服务。然而，它们的布局很不寻常，管理方式也十分严格，每天晚上10点就要关门，因此并没有受到居民的欢迎。不过从另一方面来说，这种设计突破了工人住房的限制，因为即使是在英国，几十年来，建筑师们也都是在复制中产阶级住宅，没有像这样进行任何探索创新。"拿破仑住宅"为后来他在建筑领域的贡献奠定了基础。

除了建筑领域，路易-拿破仑对景观设计也非常感兴趣，渴望能有所建树。他非常喜欢英国的景观艺术，希望引入法国。于是，他决定把布洛涅森林改造成景观公园，供巴黎市民使用。此前，布洛涅森林只是个乏味的狩猎场，只有一条笔直的小路贯穿始终。他委托了一位庭园设计师完成这项任务，并提供具体的设计指导。他还特别要求建造一个水体，就像海德公园的蛇形湖那样。巴黎即将拥有一座可以与伦敦的公园媲美甚至更好的公园！关于这件事，虽然他表现得非常低调，但内心却心潮澎湃。

第四章 "王子总统"与巴黎

****

从表面看来,路易-拿破仑比较软弱,但实际上他采用了非常巧妙的手段。他耐心且精于算计,与秩序党求同存异,尽量避免产生冲突,同时让不同政党和个人相互对抗。最重要的是,他让陷入派系之争的代表们在政治上与人民脱节。于是,渐渐地,他保住了自己以及总统的地位,维护了政治稳定。

到 1849 年 10 月,路易-拿破仑的权力日渐增强,足以迈出关键性的一步。于是,他解散了政府,用自己的亲信取而代之。他开始手握实权,利用一切机会巩固自己的统治地位。

在处理巴黎的市政项目时,他采用了相同的策略:他把现有的项目据为己有,把它们纳入他实现现代化、提高社会福利的政治叙事中。这样,他就为身处困境的自己创造了一个可以彰显影响力的领域,并借此逐渐增强自己的权威。

1850 年,路易-拿破仑已经准备好启动他在巴黎的第一个重大项目——学院路。在 1849 年年底的时候,市民们已经商议好了这条新街道的规划:由东向西横穿左岸拥挤的大学区。1850 年 10 月 25 日,路易-拿破仑审查并批准了该项目。后来,在对该地区市民的一次演讲中,他说道:"为了准确了解第十二区贫困社区的情况①,我多次前去参观你们那狭窄肮脏的街道。现在,我终于知道你们的要求是多么的正当合理了。"[3]

在路易-拿破仑的政治计划中,巴黎的修缮和现代化逐渐变

---

① 当时该区的情况,1860 年已发生变化。

得非常重要。1850年12月，他在市政厅发表演讲，总结了自己的愿景："巴黎是法国的心脏，对这座城市进行的所有修缮都将有力地促进人民的福祉……让我们全力美化这座伟大的城市，改善市民的生活条件，让他们看到真正的利益所在。让我们拓宽新的街道，清理拥挤、潮湿和昏暗的社区，让阳光洒满每一个角落，就像真理之光穿过我们的内心。"[4]

****

路易-拿破仑最受关注和最果断的干预措施，当数卢浮宫的扩建计划。

从17世纪以来，法国的君主们就一直梦想建造一座宏伟的大卢浮宫。这座宫殿将由各大宫殿构成，绵延700码[①]，从卢浮宫方形庭院一直延伸到杜乐丽宫，以呈现法国政治权力中心的宏伟形象。

杜乐丽宫是法国历史上最著名的宫殿之一，位于整个建筑群的西端。然而，1871年这座宫殿遭受火灾摧毁，之后就被拆除了。它始建于1564年，由凯瑟琳·德·美第奇（Catherine de Medici）提议，经多位法国艺术家和建筑大师设计建造完成。它曾是许多国王的皇宫，包括亨利四世和路易十四，而后者后来迁居到了凡尔赛宫。虽然现在它已经被人们遗忘，但仍有人呼吁重建这座历史丰碑。

自拿破仑一世扩建以来，大卢浮宫计划已经搁置了近40年。

---

① 约合640米，1码=0.9144米。

第四章 "王子总统"与巴黎

更糟糕的是,卢浮宫和杜乐丽宫之间的空地已经被大片低矮的房屋占领。这种侵占行为被视为法国的一大窘境。19世纪40年代,大卢浮宫计划再次被提上日程,时任总统的路易-拿破仑决心看到这个项目完工,完成整个建筑群的建设,同时清理掉令人讨厌的茅舍。

卢浮宫的官方建筑师是著名艺术家费利克斯·杜班(Félix Duban)。他那时受委托正在修复卢浮宫宏伟的阿波罗长廊(Gallery of Apollo)。但路易-拿破仑对杜班的设计方案不太满意,于是又让资历深厚的建筑师路易·维斯康蒂(Louis Visconti)另提方案。维斯康蒂是波拿巴主义者,为拿破仑一世设计了位于荣军院的陵墓。维斯康蒂拿出了一份方案,总统对它非常满意,但他的正式任命直到政府成功筹集到项目资金后才最终下来。1852年7月,在所有的障碍都被清除后,新卢浮宫终于可以开始进行建设了。

但是,仅仅过了一年多,1853年12月29日,就在路易·维斯康蒂的杰作热火朝天地建设之际,他突然中风去世了。他的同事赫克托尔·勒菲埃尔(Hector Lefuel)接手了这个项目,雇佣了来自小城市的工匠和工人。后来,勒菲埃尔还为杜乐丽宫和圣克劳德宫做过建设工作,并为第二帝国的重要人物〔如阿希勒·福尔德(Achille Fould)和艾米利安·德·尼维尔克(Emilien de Niewerkerke)〕建造过住宅。

虽然对一些人来说,大卢浮宫不过是个虚伪的声望工程,但从另一方面来说,它向巴黎市民传递了一条非常重要的信息,即总统是真心希望恢复巴黎的宏伟。

****

1851 年，路易–拿破仑又进行了一次果断的干预，对巴黎市中心的设计产生了深远的影响。他决定将里沃利街延长半英里，一直延伸到市政厅。这一大胆的举措创造了首条直达市中心的干道，同时也解决了长期以来对巴黎市中心规划的争论。

长期以来，建筑师们普遍认为，巴黎需要一条从东到西贯穿整个城市的新街道，但到底建在哪里一直都是争论的焦点。传统想法是，沿着卢浮宫东侧柱廊的轴线建造新干道，横跨城市直到御座广场（今天的民族广场），从而在前往卢浮宫的路上创造出壮丽景色。这也能方便交通穿过迷宫般的街道和死胡同，创造凡尔赛大道或伦敦林荫路般的效果，增强卢浮宫的重要地位，使东侧柱廊完全发挥作用。然而，这个方案存在一个重大问题，那就是古老的圣日耳曼奥塞尔教堂就位于这条新街道的位置上，因此它绝不是一个理想的解决方案。

为了避免进一步的争论，路易–拿破仑决定不在原先提议的位置建造新街道，而是将里沃利街延长，与卢浮宫广场北侧紧密相连，最终连接到圣安东尼街，直通御座广场。尽管这种布局在法国古典城市规划法则中属于异端，但无可否认这个方案非常实用，体现了 19 世纪更加注重实用性的城市设计理念战胜了 18 世纪更注重组合性的城市设计理念。最终，里沃利街成了路易–拿破仑·波拿巴在城市规划领域的首个胜利。

****

早在 1844 年，朗布托省长就挑选了一位建筑师来设计新的巴黎大堂市场。这位建筑师便是罗马大奖赛的得主维克多·巴尔塔（Victor Baltard）。巴尔塔曾在巴黎市政府工作，但并没有什么突出的作品。

巴尔塔的父亲是法国著名建筑师路易-皮埃尔·巴尔塔（Louis-Pierre Baltard）。当时，他的父亲刚刚完成一项重要的建筑项目——里昂法院。年轻的时候，巴尔塔在精英学校亨利四世中学接受教育，后来在他父亲担任教授的巴黎美术学院继续深造。他聪明勤奋，擅长手绘和渲染。他连续三年参加罗马大奖赛，直到1833年终获成功。

根据奖项规定，巴尔塔获得了前往罗马学习五年的机会。1839年，他学成归来，但由于缺乏委托，他开始在巴黎市政府工作，负责巴黎教堂的维护和修复工作，偶尔承担城市庆祝活动以及特别活动的设计。

1848年革命爆发时，巴尔塔一直在努力推进他的巴黎大堂计划。同年8月30日，他向新的临时政府提出了该计划：整个项目由8座亭子组成，外墙用坚实的石材砌筑，角楼采用精美的石材打造，同时搭配雄浑大气的铸造金属结构体和巨大的金属屋顶。然而，政治力量使计划变得更加复杂和多变，场地和项目也一直受到质疑，竞争对手提出了各种各样的反对意见。

路易-拿破仑迫切地需要为巴黎市民提供新的、现代化的市场设施，他深知这个项目将影响到无数巴黎市民的日常生活。同时，这也代表了对现代化和卫生的明确追求，与他的理想和政治纲领完全契合。

1851年，巴黎市议会批准了该项目，由巴尔塔担任建筑师。同年晚些时候，省长贝尔热为此项目募集了资金。经过长达10

年的不懈努力，巴尔塔终于可以开始动工了。1851年9月15日，路易-拿破仑·波拿巴亲自为该项目奠下了第一块石头。

****

在众多想要在巴黎留下历史印记的法国总统中，路易-拿破仑·波拿巴可谓是幸运的。他一上任就发现了一系列可推进的项目，现在它们都在推进中，其中包括正在积极建设的大卢浮宫工程。

然而，问题在于，他的四年总统任期已经过了一半，而宪法又明确禁止连任。除非情况发生变化，否则到1852年12月，法兰西共和国将会选出下一任总统。届时，他必须交权给继任者，这意味着他恢复法国（尤其是巴黎）昔日辉煌的梦想即将画上句号。

第五章

新帝国

第五章　新帝国

经过不断的政治宣传，到1851年年初，路易-拿破仑·波拿巴已成为全国最受欢迎的政治家，特别是在小城镇和乡村中。尽管他在选举中已经所向无敌，但是当时的宪法并不允许总统连任。

要想连任，就必须修改宪法，但这需要在国民议会中获得四分之三的绝对多数选票。因此，整个1851年，他的当务之急就是争取绝对多数的支持。他的说辞是现行的宪法限制了人民选出他们认为合适的领导人，这是对民主理念的背叛。

尽管路易-拿破仑占据了理论制高点，但他在1851年6月1日的第戎演讲中可能稍显操之过急：

> 如果我的政府不能实现既定的改革目标，那就需要关注是否存在派系操纵，即使最热心于公共利益的国民议会和政府，也会因为派系之间的博弈而陷入瘫痪。过去三年来，值得注意的是，每当需要采取镇压措施来对抗混乱时，议会总是支持我。但是，当我试图创办一个

房地产银行，采取措施改善人民的境况时，却屡遭阻挠……借此宴会，我想向同胞们敞开心扉，我们的政治时代即将开启新篇章。全国民众纷纷签署了要求修改宪法的请愿书。我满怀信心地等待着国家和议会的决定，也相信这些决定只会出于维护公共利益。如果法国承认每个人都有权利对法国事务作出决策，那么我将全力支持它……无论这个国家赋予我怎样的职责，我都决心遵从它的意愿。相信我，先生们，法国不会在我的手中灭亡。[1]

许多代表认为这样的野心不合法，甚至对议会制度构成了威胁。自此，获得修改宪法所需的绝对多数的可能性就消失了。

尽管路易-拿破仑深信自己比混乱和不诚信的国民议会更受欢迎，但他也认识到自己无法继续合法地执政。因此，他开始与亲信密谋，准备发动政变。这些受过古典教育的阴谋家想起了尤利乌斯·恺撒掌控罗马共和国的场景，于是给这个计划取名为"卢比孔河计划"（Project Rubicon）。①

卢比孔河计划中的关键人物是维克多·德·佩西尼。佩西尼出身于军人家庭，曾在军队服役，后进入新闻行业。他聪明机智、精力充沛。更为重要的是，他有使命感，致力于推动波拿巴主义事业取得胜利。他一直认为路易-拿破仑是波拿巴家族

---

① 公元前49年，恺撒破除将领不得带兵渡过卢比孔河的禁忌，带兵进军罗马与格奈乌斯·庞培展开内战，并最终获胜。

中唯一有勇气和能力重新掌权的人。1835 年，他终于与路易-拿破仑会面。从那时起，他一直是路易-拿破仑忠实的、不知疲倦的帮手。他参加了 1836 年的斯特拉斯堡起义、1840 年的布洛涅行动、1846 年的哈姆救援，以及 1848 年他返回法国期间的活动，还有现在的军事政变。

****

1851 年 12 月 1 日晚，路易-拿破仑在爱丽舍宫举行了一场盛大的宴会。席间，他若无其事地与客人们谈笑风生，表面看起来一切正常。然而，在背后，一场大规模的军事行动正在酝酿之中。

当晚，策划此次政变的将军们逮捕了他们不信任的同僚，并在城市周围的战略要地部署了军队。各地的警察局长也将国民议会中最杰出的成员和其他抵抗运动的潜在领导人从床上拖了出来，关押在马扎监狱。还有一支士兵队伍进入国民议会，掌控了岗哨。成千上万的海报被秘密印刷出来，教堂的钟声也被压制，以防止号召民众武装反抗。

天亮时，巴黎每个街角都张贴着一张海报，宣布国民议会已解散、总统已接管所有权力，整座城市异常安静。

接下来几天里，城市里建起了路障，爆发了零星的战斗。在林荫大道上，紧张的部队向人群开火，许多旁观者被害。这次事件导致数百人死亡，但城市的秩序得到了恢复。随后，政府进行了一次公民投票，以确认人民对总统的支持，并授予他十年任期。对于解散国民议会，大多数国民并不感到遗憾，公民投票也大获成功。

路易-拿破仑开始筹建一个全新的政权。1852年前几个月，他制定了新的组织架构，修改了宪法，并开始准备议会选举。同时，他任命了一批由亲信组成的政府，通过法律重新建立了对媒体的许可和审查制度。此外，他削弱了所有独立于总统密切控制之外的机构的影响力，使它们变得无足轻重，从而巩固了自己的权力。

第二年秋天，路易-拿破仑开始巡视全国，以了解公众对他的看法，不言而喻，这次巡视是为了确定这个国家是否已准备好接受他成为皇帝。在巡视的最后一站波尔多，他受到了当地省长乔治-欧仁·奥斯曼的热烈欢迎。

这次巡视非常顺利，直到抵达波尔多，在奥斯曼精心策划的盛大庆典中，帝国才得到正式认可。路易-拿破仑发表了演讲，明确表示要重建帝国，但他再次强调了自己的目标要比他叔叔更加和平。他还介绍了自己的计划："我有许多事情要征服，就像（拿破仑一世）一样。我们需要开垦荒地，修缮公路，拓宽港口，疏浚河道，修建运河，完善铁路网络。此外，在马赛对面，还有一个广袤的王国（阿尔及利亚）要并入我们的国家。到处都是需要重建的破败之地，需要摧毁的假神，需要追求的真理。"[2]

1852年12月2日，政变发生一年后，路易-拿破仑·波拿巴进行了第二次公民投票，并在获胜后穿过凯旋门，沿着香榭丽舍大街游行庆祝。从此，他成了法国的皇帝——拿破仑三世。

****

1853年年初，没人能预料到这位新皇帝会带来怎样的统治。

第五章 新帝国

然而,他的第一步却出乎所有人的预料——他结婚了。

此前,拿破仑三世虽有一位年轻的英国情妇霍华德小姐(Miss Howard)作为准官方伴侣,但他并没有表现出结婚的意愿。正如他后来的行为所证实的那样,他并不信奉一夫一妻制。

然而,结婚的重要性主要体现在两个方面。首先,找到一位合适的伴侣有助于路易-拿破仑在欧洲君主国中建立新的政权,就像奥地利哈布斯堡公主玛丽-路易丝(Marie-Louisa)嫁给拿破仑一世一样。其次,在大多数人看来,结婚更重要的原因是能够产生一个合法继承人。在帝国的建立中,继承顺序至关重要,因为目前拿破仑一世最小的兄弟热罗姆·波拿巴(Jérôme Bonapart)是第一顺位继承人。因此,人们普遍希望皇帝能早日结婚,生子继承皇位,以取代热罗姆的继承权。

政变过后的一年,路易-拿破仑派遣大使到欧洲各地联系政治家族,但没有一个显赫的统治家族愿意将公主嫁给这位法国新统治者。虽然成功说服了一些不那么显赫的家族,让他们愿意嫁出小公主,但其中一位公主甚至认为这是下嫁,感到相当屈辱。因此,这项任务变得异常艰巨。

1849 年,在堂妹玛蒂尔德公主(Princess Mathilde)举办的一次宴会上,路易-拿破仑注意到了一位年轻漂亮的西班牙小姐。她出身高贵,从她那冗长的名字就可以看出:玛丽亚·欧仁妮·伊格纳西亚·阿古斯蒂娜·帕拉福斯·德·居兹曼·波托卡雷罗·柯克帕特里克·德·克洛斯本,蒙蒂霍女伯爵(María Eugenia Ignacia Augustina Palafox de Guzmán Portocarreroy Kirkpatrick de Closeburn, countess of Montijo),她还有许多其他头衔。此外，她是在巴黎长大的。她身材苗条，举止优雅，拥有典型的西班牙面孔，却有着苏格兰血统的红发，美丽动人。她正在寻找一个合适的伴侣，但面临着困难，因为她的自尊心超越了她的贵族头衔。

宴会结束后，路易-拿破仑和堂妹谈论了他对那位西班牙小姐的兴趣。这只是一个简单的引子，但足以让事情运转起来。几周后，在新年前夜，欧仁妮坐在了路易-拿破仑身旁。

但事情没有按计划进行。当然，路易-拿破仑尽管仍与霍华德小姐保持关系，还是主动示好欧仁妮，而欧仁妮也没有反对这种示好。但她明确表示，她不会仅仅当他的情妇，而坚持要结婚。

欧仁妮的坚持只是点燃了路易-拿破仑的热情。他虽能征服法国，却不能征服这位西班牙女伯爵。也许是这种纯粹的挫败感使他开始把这种感情描述为爱情。

1853年年初，历时长达三年的试探，甚至包括被鞭子驱赶的经历，仍未传出路易-拿破仑要结婚的消息。欧仁妮明白皇室仍在积极寻找新娘，于是她知道自己必须打出最后一张牌，因为现在不结婚就一辈子都结不了了。

1853年1月12日，帝国建立几周后，欧仁妮出席了杜乐丽宫的舞会。那天，她美丽迷人，挽着法国最有权势的金融家詹姆斯·德·罗斯柴尔德的胳膊亮相。

路易-拿破仑发现，在面对欧仁妮时，尽管自己善于计谋、野心勃勃，但他遇到了一位强劲的对手。当晚，欧仁妮与新皇帝独处了片刻，她告诉他，她要永远离开巴黎，这将是两人永远的别离。但欧仁妮得到了她梦寐以求的答案。新皇帝告诉她，他不能让她离开，因为他要向她求婚。

拿破仑三世亲自向随从们透露了这个消息，但他们听到这个消息后感到无比震惊和恐惧。他的叔叔热罗姆·波拿巴直言不讳道："不能娶蒙蒂霍小姐。让她成为情妇还成，但是让这样一个不是最高阶级出身的外国人成为皇后，简直是一场灾难。"[3]虽然许多随从们试图说服新皇帝放弃这场鲁莽而不幸的婚约，但路易-拿破仑三世已经下定决心，坚定不移，毫不退缩。

****

在杜乐丽宫的舞会结束后不到三周，1853年1月30日，拿破仑三世和欧仁妮举行了一场盛大的皇室庆典，两人结婚了。游行队伍从杜乐丽宫开始，穿过巴黎市民的人群，前往巴黎圣母院。两人抵达后，参加了为他们精心准备的弥撒和婚礼仪式。仪式结束，欧仁妮·德·蒙蒂霍成了法国皇后，即欧仁妮皇后。

这桩婚事广受法国人民的欢迎，他们认为拿破仑三世和欧仁妮的结合是出于真正的爱情，而不是以往统治者们为了实现政治目的的婚姻。对成长于浪漫主义运动时期的这一代人来说，这段婚姻无可挑剔。此外，欧仁妮皇后还是一名虔诚的天主教徒，这消除了保守派和神职人员的顾虑。并且，这对夫妇在处理公共关系方面也表现出了高超的技巧。他们慷慨地将结婚礼物捐赠给了圣安东尼郊区一所为贫困女孩开设的学校。

欧仁妮皇后是一位有着众多优秀品质的女性。据奥地利大使夫人波琳·冯·梅特涅奇（Pauline von Metternich）回忆，她第一次见到欧仁妮时：

就深深为她的优雅、温柔和美貌所折服。她的五官精致唯美,眼神智慧温柔;鼻子、嘴唇、椭圆形的脸庞、修长的脖颈和肩膀的曲线,皆完美无缺。她的牙齿整齐漂亮,她的微笑让人心旷神怡……不过,更让人惊叹的是她无与伦比的优雅。她的每个动作都如此优美,宛如一幅画作。[4]

欧仁妮皇后最为突出的品质,莫过于她坚定履行皇后职责的决心。在严格遵守宫廷礼仪的同时,她也为时尚和品位定下了基调,坚信对帝国而言,再精致也不为过。她或许不是特别具有同情心,但对穷人、孤儿和霍乱患者等,还是进行了必要的探访与关怀。

尽管如此,科堡公爵夫人(the duchess of Coburg)仍然批评欧仁妮:"她只是个美丽有教养的年轻女子,不足以成为真正的皇后和公主。"[5] 然而,尽管遭到批评,欧仁妮仍被视为第二帝国的象征。她不仅是美貌和教养的代表,更是一个渴望进入上流社会的人。她的皇后地位并非靠出身,而是通过婚姻获得的。在19世纪中期的法国社会,一些貌似精英阶层的人(如佩西尼、莫尼、瓦莱夫斯基和佩雷尔家族)并非凭血统地位得到成就,而是在流动的法国社会中逐渐攀升。欧仁妮正是这个时代的代表。

尽管欧仁妮一开始表现不错,却未能赢得法国人的青睐。首先,她是个外国人,这一点无法改变。其次,尽管她忠心信仰西班牙天主教,并且坚决支持教皇的世俗权力,反对意大利共和国,但这只能迎合法国舆论中最保守的边缘群体。最后,

第五章 新帝国

宫廷八卦和她对时尚的独特品位,使她带着轻浮和浪费的名声。人们普遍认为她对皇帝的决策产生了负面影响,成为法国的替罪羊只是时间问题。

在第二帝国时期,有两位女性扮演着重要角色。其中一位当然是皇后,另一位则是热罗姆·波拿巴的女儿、拿破仑三世的堂妹玛蒂尔德公主。尽管玛蒂尔德没有皇后那样美丽、苗条和优雅,但她身上却展现出与皇后高冷气质截然不同的性感魅力。她与艾米利安·德·尼维尔克伯爵(Count Emilien de Nieuwerkerke)长期保持着充满激情的恋情。艾米利安是一个高大英俊的荷兰人。除了是一个情场高手,他还是一个艺术品收藏家和雕塑家,拿破仑三世曾多次委任他负责帝国艺术事务。玛蒂尔德的低胸装被认为是帝国的珍宝之一。她结交了众多杰出的知识分子,在她位于库尔塞勒路的住所,几乎没有一个当时的名人不是她的常客。居斯塔夫·福楼拜(Gustave Flaubert)也对她深深着迷。凭借着幽默感和活泼、坦率的性格,她轻易超越了那可怜的皇后。

帝国自始至终都与共和国的简朴与保守划清了界限。皇后必须穿着最华丽的衣装,皇帝则必须骑乘最高贵的马匹。杜乐丽宫建立了一个复杂而僵化的礼仪体系,包括听众、用膳、弥撒和舞会等一系列仪式。每年秋天,皇帝和皇后都会前往巴黎西北部的贡比涅宫,接待来自各地的贵宾。人们可以在那里尽情地打猎、观赏戏剧和跳舞。特别是在每年11月15日的圣欧仁妮节,帝国会举行盛大的舞会来纪念皇后。那时,假面舞会风靡一时,皇室随行人员着装华丽,舞姿优美。据一位英国与会者评论:"这些场合的奢侈程度实在令人震惊,甚至可以说是骇人听闻。"[6]

****

后来又出现了第三位女性:卡斯蒂廖内伯爵夫人弗吉尼亚·奥尔多尼(Virginia Oldoini)。

她被誉为"美丽的奇迹",因为她拥有深绿色的迷人眼睛、完美无瑕的面容和飘逸的长发。她的肌肤光滑、紧致、毫无瑕疵,身材高挑,手臂和腿部修长优美,最为惊人的是她那"仙女般的腰线"。她的姿态宛如古代的雕塑,仿佛是"用粉色大理石雕刻而成"。波琳·冯·梅特涅奇曾说道:"她的美丽,前无古人,后无来者。"[7]

卡斯蒂廖内伯爵夫人的大胆剪裁被誉为传奇。据传言,有一次,在居斯塔夫·福楼拜小说《萨朗波》(*Salammbô*)轰动一时的时候,她打扮成小说中性感的女主角出席了一场化装舞会。她赤脚出现在杜乐丽宫的舞厅里,双臂裸露至肩,丝绸长裤开到臀部,在场的人都惊叹不已。

卡斯蒂廖内伯爵夫人是皮埃蒙特-萨丁尼亚王国首相加富尔伯爵(Count of Cavour)的表妹。据说,1855年,当卡斯蒂廖内伯爵夫人陪同丈夫前往巴黎时,加富尔建议她使用一切必要手段来推进意大利与法国皇帝之间的联盟。她一直将这项任务牢记于心。

1856年1月9日,在玛蒂尔德公主家的舞会上,年仅18岁的卡斯蒂廖内伯爵夫人第一次与当时年近47岁的拿破仑三世皇帝相遇,他也是在这里遇见的欧仁妮皇后。拿破仑三世总是在征服女性，他那沉重的眼皮下的眼睛可无法忽略这位意大利伯爵夫人的美貌。

同年 7 月 23 日，卡斯蒂廖内伯爵夫人参加了在新城勒鲁瓦举行的舞会，地点位于圣克劳德宫公园尽头。在舞会期间，拿破仑三世提议带她乘划艇去看湖边的小岛。两人消失了很久，这让皇后越来越不安。当皇帝和伯爵夫人再次出现时，客人们都感到惊慌失措，因为伯爵夫人的衣服皱巴巴的，两人的活动内容不言而喻。

皇后欧仁妮因被这位外国美人抢了风头而感到愤怒和失落。想到卡斯蒂廖内伯爵夫人比她更年轻、更美丽、更有趣、更时尚，她心里很不舒服。于是，这两个女人之间展开了一场名副其实的优雅之战。设计师和女裁缝们在杜乐丽宫夜以继日地工作着，以惊人的产量和奢华程度保持着排场。有时，他们一天要为皇后做四套衣服：早上、白天、傍晚和晚上各一套。每套衣服都是为了给人留下深刻的印象和惊喜。

皇后还规定一件衣服只能穿一次。因为她不想和别人穿一样的衣服，所以欧仁妮会等到年底把礼服出售，用于慈善。但有时，她仍会屈服于女演员们的请求，在年底之前送她们一件衣服。消息一旦传出，人们就会蜂拥至剧院，观赏舞台上皇后穿过的裙子。几周后，仿制品就开始批量生产并出口到各个地方。从瓜德罗普岛到圣彼得堡，女性们都在用装扮"向欧仁妮皇后致敬"。

在小说《灵》（*Spirite*）中，泰奥菲尔·戈蒂耶（Théophile Gautier）描述了第二帝国的时尚，在昂坦大街的沙龙中可见：

巴黎的重生

女人们懒散地坐在由薄纱、纱网、蕾丝、缎子和长及肩膀的天鹅绒编织而成的"瀑布"中。她们大多年轻貌美,穿着华丽,彰显了设计师沃斯(Worth)无穷的创意和奢华品质。她们的头发有棕色、金色、红色,甚至还有撒上粉的。她们的外表富丽堂皇,连最挑剔的人都认为这种艺术更加凸显了她们的美丽:钻石闪闪发光,羽毛交错摆放,绿叶上的水珠熠熠生辉,真花和假花争奇斗艳,亮片胸针发出沙沙声响,珍珠串错落有致,箭、匕首和针散发出耀眼光芒,头巾上的圣甲虫翅膀状饰品绚丽夺目,金色的带子交错编织,天鹅绒丝带互相缠绕,宝石在螺旋形的末端轻轻颤动。总之,除了葡萄干、醋栗和五颜六色的浆果,所有适合时髦女性佩戴的饰品都纷纷亮相。[8]

关于巴黎的服装时尚,有这么一个故事,虽然其真实性令人怀疑,但确实趣味横生且引人入胜。据说,1856年10月4日,在巴黎的体育馆剧院上演了一部名为"厕所闹剧(惊人的装扮)"[Les Toilettes Tapageuses (The Outrageous Outfits)]的戏剧。本着讽刺的精神,女主角穿了一条极为夸张的克里诺林裙。第二天早上,马克西姆·杜·坎普(Maxime Du Camp)声称至少有20位上层社会的贵妇来订购这条裙子,让私人裁缝做成样板。不到一个星期的时间,巴黎街上穿着同款裙子的女性数量就增加了一倍!

第二帝国时期,法国高级时装成了一个独立的产业。法国人对新奇和外表的痴迷产生了巨大的经济影响。一方面，它使法国成为奢侈品行业的领导者。自那以后，法国一直保持着这一地位。另一方面，这种痴迷也导致整个社会浪费了大量资金在这种无聊的事情上。一些评论家认为，这削弱了法国的经济实力，因为这些资金本可以用在更具生产性的事业上。甚至有人认为这是法国 1870 年惨败[1]的原因之一。

毫无疑问，巴黎人对时尚的热情深刻地影响了这座城市的各个方面。从蒙梭公园的新住宅，到天文台大道，再到未来的新巴黎歌剧院，这种华丽而创意十足的风格深深地融入了这座新兴城市的建筑之中。在描述蒙梭公园街区新旅馆的建筑时，爱弥尔·左拉（Emile Zola）与戈蒂耶的话非常相似：

> 在花园一侧……你能看到一段豪华的楼梯通向一个狭窄而华丽的平台，覆盖整个一楼。阳台上的栏杆与蒙梭公园内的栏杆类似，却比院子里的玻璃顶篷和灯笼更加富丽堂皇……（建筑外立面）是豪华与财富的象征。窗外，花朵和树枝环绕着飞檐互相缠绕。阳台像一个绿色植物做成的篮子，支撑着高挑的女性雕像：她们栩栩如生，扭动着身姿。到处都点缀着奇异纹章，葡萄串、玫瑰串，以及各种别致的石头和大理石的刻制花卉图案。抬头望去，整座房子散发着绚烂的光彩。屋顶四周

---

[1] 1870 年普法战争。

环绕着栏杆，上方摆放着石瓮，火焰熊熊燃烧。在满是牛眼的复折屋顶之间，亭子的山墙饰最为引人注目，覆盖着错综复杂的水果图案和树叶图案，令人眼花缭乱。几尊裸体女性雕像立在苇丛中，手拿苹果、摆着姿势，活灵活现。屋顶上挂满各种装饰，铅槽排列有序，两根避雷针和四个庄严的烟囱挺拔耸立。这些烟囱像其他装饰一样，均经过精雕细琢，仿佛是这建筑焰火的终曲。[9]

即使在不太繁华的地区，比如从星形广场到圣米歇尔大道的城市空间，也经常被用来展现个人品位。社会越来越注重外表，因此新城市成了表现优雅的理想背景。为了凸显其所重视的奢华和炫耀的生活方式，第二帝国甚至特别建造了这样一座城市。

1852年年初，路易-拿破仑在成为皇帝之前就已经从爱丽舍宫搬到杜乐丽宫。在新的办公室里，他挂起了一幅巨大的巴黎地图。他深知自己具备改造首都的权力和时间，因此全身心地投入城市规划中。他深入研究这座城市，花费数小时思考要建造哪些新的交通线路，开发哪些街区，建造哪些大道和广场。有时，访客们可以看到他坐在书桌前，用彩色铅笔在地图上勾勾画画，他的脑海中逐渐形成了未来城市的蓝图。

拿破仑三世的思想最终在1853年年初浓缩成了一份彩色的巴黎计划。他用蓝、红、黄、绿四种颜色描绘出规划中的街道和交汇处的新广场。虽然平面图的原件在1871年被毁，但通过研究人员的描绘和后续工作，我们仍然能很好地了解它的内容。

这张图展示了第二帝国首都新巴黎的首个城市形象。

拿破仑三世的思想是朗布托思想的直接延续。最初,拿破仑的关注点是将新火车站与市中心连接起来,因为这些火车站是进入城市的真正入口。他计划扩建和完善从车站向外延伸的道路网络:对于现有的圣拉扎尔火车站,他设想了未来的奥贝尔街和歌剧院大街;对于巴黎西站(后改名为蒙帕那斯站),他计划将雷恩街延伸到十字路口,甚至到塞纳河;对于巴黎东站,他打算向南延伸斯特拉斯堡大道,让它穿过整个城市;而对于巴黎北站,他计划开辟一条新的大道,一路向南通向卢浮宫。

除了修建新道路,拿破仑三世还致力于实现现代化,以及为巴黎东部的工人阶级提供住所。他设想在东北部建造一个大广场,辐射出多条大道,并围绕御座广场修建一系列新街道。向东南方延伸的街道构成圣马塞尔郊区,其中包括一条新主干道,尽管最终未能实现,但根据原本的设计,该街道与先贤祠另一侧的圣马塞尔大道平行,恰好经过圣梅达尔教堂前方。

这项后来被称为"彩色计划"(colored plan)的城市规划,展现了拿破仑三世敏锐的直觉,并对巴黎城市发展产生了深刻的影响。新建的道路连接了主要的公共建筑、广场和车站,将城市联系在一起,深入那些此前"像叛乱者的城堡一样封闭的街区,例如市政厅周围的地区、圣安东尼郊区以及圣女日南斐法山(先贤祠所在的山)两侧"[10]。拿破仑一世只将城市发展限制在某些点上,这里一座建筑,那里一座纪念碑。拿破仑三世与他不同,设想了对整座城市运作方式的全面改善。他迷恋的不是那些纪念碑,而是通过创造新街道来连接、清洗和打开整座城市。

拿破仑三世在上任时即确认了正在进行的城市规划项目，但他没有止步于此，而是在此基础上进行改进和扩展。现在，他又开始规划新一轮项目，为首都定义全新的形象和面貌。他不仅有宏大的城市规划理念，还精确思考如何将这些想法应用于城市建设。在国家统治者中，鲜有人亲自制定城市规划，并像城市规划部门一样熟练使用基本工具及其方法，而拿破仑三世独具一格。

很多人都认为第二帝国时期新巴黎的缔造者是奥斯曼男爵，但事实上，定义巴黎城市愿景并采用政治手段来实现的人，并非奥斯曼男爵，而是皇帝本人。

"彩色计划"掩盖了巴黎城市转型总体规划早在实施之前就已经全面确定的事实。毫无疑问，项目实施之前就已经确定了整体规划和一套初步想法。虽然整体方向已经确定并得以维持，但在项目实施期间存在很大的灵活性。在实施过程中，拿破仑三世加入了许多项目，调整了许多项目，也放弃了许多项目。该城市转型项目的性质只有在它成为现实时才会得以呈现。

****

1853年年初，拿破仑三世皇帝已成为法国唯一的统治者。他耐心地建立了一个框架，凡是对他没有绝对忠诚的人都无法立足。

拿破仑三世并不追求小党派政治，他相信自己拥有超然的命运，置身于一切党派之上，不偏袒任何一方。他的策略是为每个派系提供一定的利益，而更多的利益则是给那些有影响力的人，因为这些人没有任何后顾之忧，会毫不犹豫地为他效力。于其他人而言，他总是老谋深算，冷酷无情。他会避免陷入单一立场，反复探讨问题。而那些无法通过地位和特权来哄骗或用含糊其词的承诺来平息的人，他会将他们完全清除出政治舞台，甚至流放他们。这是一种令人不安的舞蹈，使在野党迷失了方向，多年来都未能找到有效的对策。

第二帝国对巴黎的改造并不是民主协商的结果，而是帝国政权的产物，其拥有完整的国家机器，致力于执行领导人的意志。在这个过程中，没有辩论和谈判的空间，也没有质疑帝国辉煌目标合法性的余地。尽管专制印记对于规模和速度的实现至关重要，但它也成了这项工程最薄弱的一环。

关于拿破仑三世重建巴黎的动机，一直备受猜测，比如追求城市的美丽和宏伟，适应新技术时代的功能性，实现军事镇压，把工人阶级逐出市中心，等等。

事实上，巴黎重建是一个高度连贯的宏大工程，涉及各个方面，涵盖各种动机，其中包括应对当时社会所面临的实际挑战，同时考虑了经济和政治层面的问题。此外，它还反映了时代精神，展现了对城市和社会形象的看法，以及包含在美学中的理念和情感。

这个项目在今天经常被忽略的一个方面是它作为一项就业计划的角色。虽然拿破仑三世经常表示支持城市工人阶级，但在政治上，他总是在与城市贫民做斗争。例如，在 1857 年的选举中，只有 5 名当选代表是政权的真正反对者，而这 5 人都来自巴黎和里昂的工人阶级街区。因此，一些顾问建议直接结束普选，但拿破仑三世没有接受这个建议。正如他在19世纪50年代中期对内政部部长阿道夫·比约（Adolphe Billault）所说，"得找个方法减少巴黎和里昂不满分子的数量。"他补充道："很久以前，我就想禁止在巴黎新建工厂。"[11] 他显然认为城市改造只是次要的事情，真正目的是让那些不满分子有工作，忙碌起来。

这种想法并不新颖。1848年2月起义后，左翼掌权后的首要行动就是创建国家工场——一个由国营工厂组成、旨在提供工作机会和保障的工作福利计划。在拿破仑三世早期的著作中，他一再强调就业计划是减少贫困的一种途径。巴黎重建是更广泛经济战略的一部分，对基础设施大量投资，如港口、运河和其他设施，既可以建立现代经济的基础，又能刺激经济的发展。如今，在巴黎的大街上，人们可以看到这种政治和经济战略所留下的遗产。

这些投资是拿破仑三世的主要政治目标之一——维持秩序和巩固权力。他相信这不仅符合自己的利益，也符合法国的利益。失业、贫穷以及懒惰与叛乱之间的关系极为密切。数年后，地方高级官员查尔斯·梅鲁（Charles Merruau）在巡查巴黎时，对这种投资赞不绝口。他表示："以前，城里到处都是叛乱者，现在则是成群结队的泥瓦匠、木匠和各类工人。"[12]

这个项目的另一个方面在道德层面上得到了体现，尽管在当今看来可能已经不那么直观。然而，在工业时代，大城市的兴起引发了对大众道德沦丧的强烈忧虑。因此，城市的实际布局成了遏制道德败坏的关键，包括街道、住房和适当的教堂以及其他机构的建立。巴黎大主教、红衣主教莫尔罗特明确指出了这一点：

> 通过改善工人阶级的生活条件和生活习惯，(巴黎的重建)间接但肯定地抵制了道德的败坏。走在灯火通明、宽敞笔直的街道上，人们不会像在狭窄、曲折、黑暗的街道上那样漠不关心。此外，为穷人提供空气清新、阳光充足和水源洁净的住所，不仅有利于身体健康，还有助于家庭氛围和谐、环境干净整洁，并逐渐改善他们的道德状态。[13]

在当时的社会中，公共卫生也被认为是非常重要的一项事业。1832年，霍乱在巴黎的暴发给这座城市带来了巨大的创伤。此外，与城市环境相关的许多疾病，如肺结核等也源源不断地出现。几十年来，散文作家和评论员始终将城市的实际布局与人口健康联系在一起。米歇尔·谢瓦利埃（Michel Chevalier）是圣西门主义最著名的信徒之一，在19世纪30年代他就已经强调：

> 很快，巴黎各街区的死亡率数据将公之于众，这将使我们了解到当局早已知晓的事实——相对于那些街道更宽阔、通风更好的公寓，工人居住的河边街区的死亡率明显更高。一旦这个事实公之于众，城市或国家无疑将会作出必要的牺牲，以消除这些流行病真正的避难所。[14]

实际上，卫生促进的城市改造是共和党人在 1848 年提出的政治计划的重要部分。1850 年 4 月，一项法律正式确认了对不卫生住房的定义和拆除程序，这是历史上的首次。到 19 世纪 50 年代，清理和打开拥挤的市中心社区被广泛认为是社会进步政治计划的关键部分。

人们常说，新巴黎建设宽敞的街道，主要是为了方便军队镇压人民以及清理大炮射击的障碍。确保国内和平无疑是城市重建计划的重要目标之一。而拿破仑三世以非法方式夺取权力并随后进行武装镇压，也显然没有占据道德制高点。尽管如此，巴黎的城市规划并不仅仅被视为警察控制工具，而是具有更多的意义和价值。①

到 19 世纪中叶，法国至少经历了三次革命，以及数次小规模起义。当时，巴黎的工人阶级社区，包括市中心的一些地区，被认为是政治火药桶，距离法国所有重要行政机构只需步行即可到达。在整个国家仍以农民和非巴黎居民为主的情况下，这些区域的居民享有了不成比例的政治发言权。城市大众拥有的过度权力成为保守派和一些温和的共和党人所担忧的一个重要政治问题。因此，政府试图挫败颠覆性行动，以维护社会稳定，这是很自然的。例如，奥斯曼直言不讳地表达了他对巴黎街道秩序的观点：

---

① 在这方面，瓦尔特·本雅明无知的作品对历史记录造成了相当大的负面影响。

第五章 新帝国

> 实际上……我一直相信历任国王，甚至是最强大的国王，对巴黎民众易受影响和易波动的性格保持关注是明智之举。这一点从菲利普-奥古斯特（Philippe-Auguste）修建卢浮宫堡垒作为他在首都围墙外的住所，到路易十四将政府所在地迁往凡尔赛皆可见一斑。[15]

拿破仑三世的立场非常综合，他既试图改善工人阶层的命运，又采取强有力的措施来维持社区秩序，甚至在必要时摧毁整个社区。

在考虑重建巴黎时，拿破仑三世显然志向远大，希望打造一座宏伟壮丽、富有威望的城市。在当选总统前几年，他曾说："我想成为新的奥古斯都（Augustu），因为他让罗马变成了一座大理石之城。"[16] 与拿破仑一世一样，这位第二帝国领袖也非常注重帝国首都的美丽。

然而，他对美丽的渴望并非出于艺术鉴赏能力的提高。恰恰相反，正如马克西姆·杜·坎普在他的回忆录中坦诚所言："任何与文学或美术有关的东西，与他都相距甚远。"[17] 有传闻称，拿破仑三世会在一幅画前停留很长时间，却只是对所描绘的某种技术设备发表评论，全然忘记了这件作品可能具有的任何艺术品质。简言之，他是一位军事家，热爱秩序、科学、工程、军事历史和管理学科。法国剧院负责人亚森·豪赛（Arsène Houssaye）曾经指出："（拿破仑三世）是一个功利主义者。对他来说，个人的名望和地位才是最重要的。"[18] 虽然拿破仑三世偶尔对一些建筑项目很感兴趣，但所有的美的表达之所以能够呈现,都要归功于建筑师的技巧,而非皇帝的指导。

人们普遍认为,拿破仑三世将英国城市规划理念引入了巴黎。但实际上,除了借鉴圣詹姆斯公园和海德公园的布洛涅森林以外,不存在其他直接引入英国规划思想的明显证据。现代城市主义在伦敦的实践当然激发了法国人的效仿热情,但两者的形式却存在显著差异。巴黎的项目与19世纪30年代和40年代法国逐渐成熟的思想直接相关。尽管英国的影响不可忽视,但它更为广泛,主要体现在对进步的追求以及维多利亚时代培育的普遍现代意识上。

****

1853年年初,里沃利街的建设正在如火如荼地进行,但面临着重大问题。由于没有进行地形勘探,人们很快就发现,这条新街道的高度远远低于它要穿过的街区的高度。这是一个非常棘手的问题,而且解决起来十分昂贵。尽管外表冷漠,但这位皇帝也开始感到沮丧。

由于在执行中忽略了某些细节,贝尔热省长犯了一些基础但代价高昂的错误。更为重要的是,他没有像拿破仑三世一样怀抱雄心壮志地推进项目。尽管皇帝有着更长远的眼光和更宏伟的计划,但贝尔热却选择缩小项目规模以降低成本,导致进展缓慢。在他看来,巴黎市的预算相当有限,不允许有过大的支出。他把管理城市预算视为一份荣誉,像管理家庭一样谨慎。他坚持认为,在进行任何额外支出之前,必须先偿还为扩建里沃利街而签订的债务。他天生是一个保守派资产阶级,根本不相信皇帝的雄心壮志。

第五章　新帝国

时任塞纳省政府工作人员的查尔斯·梅鲁回忆起1851年发生的一件事，这件事已经预示事情的走向：

> 有一天，（贝尔热）省长气急败坏地出现在我们面前。他刚刚从爱丽舍宫回来，参加了由（路易-拿破仑）王子主持的部长级会议。会上，他被要求立即向市政府支付一笔巨额费用，以扩建里沃利街，使其通过人口稠密的商业区铸币街、布尔邦奈，沿着巴黎大堂穿过圣但尼街和圣马丁街，连接卢浮宫和市政厅。会议主要讨论的内容包括新市场建筑的建设以及即将开始的第一步工作。共和国总统非常着急，坚持要迅速推进这个项目……然而，贝尔热对于这个强加给他的项目非常不满，坚持避免过度开支，这非常值得称赞……总统的执政时间非常有限，不能随心所欲地为公众做事，而不用考虑成本。[19]

实际上，拿破仑三世不仅希望快速执行现有的项目，还需要更进一步。他急需一位可信赖的人，全面、快速地实现他的计划。

1852年1月，佩西尼伯爵被任命为内政部部长，这是巴黎改造工程中至关重要的一步。佩西尼是拿破仑三世核心团队的成员。他对拿破仑三世的政治野心和目标了如指掌，绝对忠诚。在他的回忆录中，他自称是最早实施巴黎帝国愿景的人之一。

巴黎的街道总是拥挤不堪、难以通行，而快速增长的人口和里沃利街的繁华景象更是引发了人们对于新道路和新交通的需求，但真正关心如何实现这一目标的人却不多。作为内政部部长，解决这个问题是我的职责所在。皇帝长期以来一直希望改造巴黎，并向我强烈推荐了这个计划。因此，在我上任六周后，我就向共和国总统提交了报告和陈述，建议建设斯特拉斯堡大道。（1852年）3月10日，共和国总统颁布法令，正式批准了这个项目……虽然这个项目……只是整个计划中的一个细节，但每个人都了解它的必要性。现在的问题是解决总体行动计划，特别是财政计划。[20]

在佩西尼的领导下，巴黎的交通问题取得了一些进展。1852年，政府颁布了一项法令，计划将里沃利街延伸至圣安东尼街，将雷恩街延伸至巴黎西站，并将学院路和斯特拉斯堡大道延伸至巴黎东站。

在城市项目财政支出问题上，内政部部长与贝尔热产生了分歧。佩西尼花了很多时间和贝尔热一起，阐述和讨论这样一种想法，即通过推动未来的收入来让城市自己承担项目的费用，并且通过增加债务来完成这些项目。然而，贝尔热并未被说服，仍然坚持反对进一步扩大开支。

****

到1853年，拿破仑三世已经执政4年多，巴黎的进展却远未如人所愿。尽管第一批工程正在实施，但是却屡遇障碍和挫

第五章 新帝国

败。新项目虽然已得到了批准，但仍然停滞于纸面上。拿破仑三世的愿景十分清晰，决心也非常坚定，但除非能找到愿意且有能力克服障碍并取得成就的人，否则他所憧憬的新城市永远也不会变为现实。

贝尔热省长已被赋予了相当大的自由权，但随着第二帝国政权的巩固，皇帝的意愿必须得到严格的执行，不能有丝毫犹豫或拖延。时间非常紧迫，拿破仑三世不知道他还有多少时间来创建自己的城市遗产。因此，很明显，贝尔热省长需要被撤换。

让皇帝彻底失去耐心的"最后一根稻草"是巴黎大堂新市场的建设。该市场的第一座亭子于1853年春季建成，但设计经过多次修改，其金属骨架已不那么突出，还增加了大量石头砌筑。讽刺作家将这座建筑称为"巴黎大堂堡垒"。拿破仑三世决定亲自视察，并于6月3日到访。然而，他看到的是一个沉重的石头建筑，完全不符合他对现代市场的设想。因此，他立即下令停止施工，并将那座崭新的建筑全部拆除。

拿破仑三世正在物色一位新的塞纳省省长。他早已认识乔治-欧仁·奥斯曼，曾在当选总统后不久就将他提拔为瓦尔省省长。几个月前，奥斯曼还在波尔多热情地接待过皇帝。佩西尼向皇帝呈递了适合这个职位的官员名单，当拿破仑三世看到奥斯曼的名字时，他的选择就显而易见了。"就他了，不用看了。"皇帝说。

确实，在改造巴黎这项任务中，如果要选出一名既有天资又有能力的官员，奥斯曼无疑是最出色的人选。拿破仑三世与乔治-欧仁·奥斯曼齐心协力，将彻底改变巴黎的面貌。

第六章

绝佳人选

第六章　绝佳人选

1853 年 6 月 23 日，在吉伦特小镇巴扎斯，乔治-欧仁·奥斯曼正在与当地名流共进晚餐。当他与副镇长的夫人交谈时，一位政府工作人员打断了他，递上来一封电报。奥斯曼读完信，告诉在场人士，没什么事情，之后他将信放入口袋，继续和大家聊天。

但这封信改变了奥斯曼的一生。信是内政部部长维克多·德·佩西尼写的，通知奥斯曼已被任命为塞纳省省长，要求他立即前往巴黎报到。

回到波尔多，乔治-欧仁·奥斯曼在周末处理好自己的事务后，于 1853 年 6 月 28 日（星期二）抵达巴黎。他预订了多瑙河酒店的客房，并迅速前往会见勃艮第的朋友——前任代表路易·弗雷米（Louis Frémy）。从他那里，奥斯曼得知，贝尔热省长与皇帝在巴黎公共工程项目的速度和规模上存在分歧。他很快就推断出，贝尔热没有能力正确理解和执行皇帝交予的任务。

三年前，奥斯曼还在勃艮第大区约讷省，职级较低，他曾与贝尔热会面，商讨一项涉及勃艮第葡萄酒生产商和商人的新税。离开后，他感到非常震惊，认为贝尔热虽然是巴黎的政治家，但胸襟似乎与级别不符。奥斯曼也和勃艮第代表弗雷米探讨过此事，他说："如果塞纳省省长的位置被贝尔热这样胸怀狭窄、没有远见的政治老手占据，或者用诗人的话来说，被任何把政治当成'有尊严的休闲'①的人占据，那么人民就无法指望这个职位能带给他们任何好处。然而，如果这个职位是被一个地位足够高、有权力去承担伟大事业、身体和精神有足够活力对抗法国盛行的守旧思想的人所占据，那么所有任务都能够完成。"[1] 这段话是奥斯曼在数年后写下的，主要是考虑到子孙后代的利益。但这也确实反映了他的想法：他认为塞纳省省长应该由更有潜力的人担任，不应该浪费在像贝尔热这样无为的人手中。

在和上司内政部部长维克多·德·佩西尼的第二次会面中，奥斯曼给佩西尼留下了深刻的印象。在佩西尼的回忆录中，他描述了这次会面时所见到的奥斯曼："他高大、强壮、充满活力，聪明且足智多谋。"佩西尼还清楚地记得，奥斯曼省长表现得多么自恋："只要是关于他最感兴趣的话题——他自己，他甚至能讲上 6 个小时。"[2]

佩西尼并没有因此感到不安。相反，他意识到只有奥斯曼这样的人，才能与金融和政治领域的既得利益者作斗争。用佩西尼的话来说，奥斯曼和他们一样都是"残酷的犬儒主义者"。

---

① "有尊严的休闲"指的是古罗马人在退休后继续占据政治职位以保持影响力和地位的做法，与当今美国公司许多副董事长相似。

第六章 绝佳人选

他坚信,"品格高尚、精神崇高的绅士注定会失败"。而相比之下,"一个精力充沛的运动员,有着强健的脊梁,穿着粗糙的衣衫,充满胆识和技巧,能够应对各种挑战。利用自己的智慧来处理各种阴谋诡计,将计就计,就必然会取得成功。"[3]

****

奥斯曼出生在现在的巴黎第八区,接受了当地最好的教育,是一个真正的巴黎人。他个性强硬,加上家庭背景,让他在首都的权力圈中成了一个局外人。尽管家族传统使他成为一个注重归属感的保守派,但同时他也非常愿意为了自己的信念而牺牲一切。这种独特的组合让他与众不同。

奥斯曼的祖籍在法国东北部的阿尔萨斯地区。作为新教徒,他们不能进入官场,于是转向经商。18世纪中叶,他们开始在阿尔萨斯的万泽内姆镇从事印花织物生产业务,并逐渐扩大规模,获得了巨大的成功。

后来,作为家族企业的代表,乔治-欧仁·奥斯曼的祖父尼古拉(Nicolas)搬到了凡尔赛。他是一位资产阶级新教徒兼理想主义者。他积极参与法国大革命,在1791年当选为立法议会议员。随后,他成了拿破仑一世的狂热支持者,在第一帝国时期担任巴黎附近沙维尔市的市长。他的两个儿子,包括乔治-欧仁·奥斯曼的父亲,也曾在帝国军队服役。

奥斯曼的外祖父乔治·丹泽尔(Georges Dentzel)有着相似的出生地和政治观点,但他的人生轨迹更加离奇。年轻时,他加入了皇家双桥兵团。这是一支为法国国王服务的步兵部队,由来自阿尔萨斯和丹泽尔的家乡普法尔茨的士兵组成。1780年,他被派为马歇尔·罗尚博（Marshall Rochambeau）麾下的一名远征军，帮助华盛顿的大陆军参加美国独立战争。其间，他历经约克镇战役。回到法国后，丹泽尔参加了法国大革命，但一度失宠。后来，他设法成为拿破仑一世的幕僚，在法国占领维也纳后，被任命为维也纳总督。

奥斯曼认为他的两位祖父对他的性格产生了重大影响。从尼古拉·奥斯曼那里，他学到了有条不紊的精神、对秩序的追求以及作为一名管理者的责任感。正如他的祖父所说："我们没有充分认识到法国所拥有的资源，如果治理得当，特别是管理得当，法国将会变得多么富强！"[4] 乔治·丹泽尔则让奥斯曼学会了勇气和气概。奥斯曼非常依恋和敬佩他的两位祖父，他们都是拿破仑一世的坚定支持者，这直接促使他加入拿破仑三世的事业。

乔治-欧仁·奥斯曼曾在巴黎著名的亨利四世中学就读，表现出色。尽管他来自一个有政治倾向的家庭，但他与未来国王路易-菲利普的长子关系很好，两人是同班同学。在进入巴黎法学院之前，他还在今天的孔多塞高级中学学习了一段时间。

1830 年 7 月，乔治-欧仁·奥斯曼的命运发生了翻天覆地的变化。在波旁王朝复辟期间，他的父亲尼古拉·瓦伦丁·奥斯曼（Nicolas Valentin Haussmann）一直是反对派的坚定成员，自然也支持 1830 年的革命事业。奥斯曼也加入父亲的队伍里，甚至参加了皇家宫廷周围的战斗，这让他的父亲感到非常惊讶。就是在这一次，乔治-欧仁·奥斯曼拿着火枪第一次踏入市政厅的豪华大厅，而未来，这里将成为他的领地。

第六章 绝佳人选

1830年的革命为年轻的新教徒开辟了前所未有的机遇。奥斯曼大胆地请求与昔日同窗好友、现任王位继承人会面,探讨他想担任地方行政官员的想法。王子建议他考虑担任省长——当时和今天一样,省长是法国行政区(省)的政府代表,下设副省长分管二级市区。21岁的奥斯曼遵从了王子的建议,并致信给当时的内政部部长弗朗索瓦·基佐,表达了王子的支持和自己的意愿。虽然他的表达方式有些笨拙,并且提出了一些傲慢且不可信的要求来证明自己的资格,但他通过坚持不懈来弥补自己策略上的不足。他频繁地骚扰基佐和两位接替他的内政部部长,以获得机会。经过近九个月的不懈努力,他最终获得了维埃纳省秘书长的任命,工作地点位于普瓦捷。

奥斯曼是一位聪明、勤奋、雄心勃勃的官员。仅仅一年之后,他就被提拔为副省长。然而,此后他的前途却一度停滞不前。接下来的16年里,他先后在上卢瓦尔省的伊桑若、洛特-加龙省的内拉克、阿列日省的圣吉伦以及吉伦特的布莱等落后闭塞的地方担任副省长。他总是积极地致力于改善所在地的民生,为政府的政治议程贡献力量。然而,他自视甚重,态度粗鲁专制,且时常与上级发生冲突,这些都成了他在公务员制度中职业发展的巨大障碍。尽管如此,这份工作仍然非常适合他。在离巴黎几百英里的圣吉伦这个世外桃源里,他是最权威的人物。就像老话说的,是小池塘里的大鱼。

在被派往布莱之前,奥斯曼已经成婚,妻子是波尔多附近的一个富商家庭的女儿。到了布莱,他对商业领域的兴趣日渐浓厚。他正在认真考虑要不要放弃停滞不前的公务员生涯,加入他岳父所在的商业圈子。

但是1848年革命以及路易-拿破仑当选总统为奥斯曼的职业生涯带来了新的希望。1849年1月，路易-拿破仑胜利后不久，奥斯曼前往巴黎会见新任内政部部长，因为他被认定为前政权留下的政治上可靠的官员之一。几天后，他得到了新总统的接见。新总统渴望接见这些可以信赖的高级官员，从一开始，两人就开始了某种共谋关系。不久之后，会议结束，路易-拿破仑授予了奥斯曼期待已久的晋升。

奥斯曼作为省长的第一个职位是在瓦尔省，那里是左翼共和党人的主要活动中心。他曾经与他们进行了激烈的斗争。1850年，他被调往欧塞尔，担任约讷省的省长。在路易-拿破仑总统试图在当地树立个人形象的过程中，奥斯曼两次接待了他的实地访问。由于在政治和警务方面表现出色，奥斯曼声名远播，被视为高效政府的代表之一。1851年，路易-拿破仑任命奥斯曼为最重要的行政长官之一：吉伦特省省长，工作地点位于波尔多。

作为吉伦特省省长，1852年秋季，奥斯曼负责组织路易-拿破仑在当地的访问路线。这次访问具有极其重要的政治意义，因为这是路易-拿破仑向称帝迈进的试水之举。每个地区的长官都需要精心安排这次访问，作为对帝国全民公决逐步积累的一部分。奥斯曼完美组织了波尔多的访问，人群欢呼、烟花璀璨，成为路易-拿破仑发表历史性演讲、迈向帝国的理想背景。奥斯曼表现出了他可以完美满足皇帝期望的能力。六个月后，他被任命为巴黎的最高长官——塞纳省省长。

第六章　绝佳人选

****

告别佩西尼后，奥斯曼又去拜访了几位人士。到了下午，他才来到市政厅门口。

让·雅克·贝尔热热情地接待了他的继任者，但他们之间的讨论却显露出巨大的分歧。这次交谈展示了奥斯曼的新思想，也正是这种思想使他脱颖而出，成为第二帝国最杰出的官员，与那些仍然坚守着七月王朝时期已经过时的巴黎政治偏见的人形成了鲜明对比。

贝尔热是政治制度的产物。即使选举仅限于符合资格的公民，但选举办公室内的势力斗争仍难以避免。他因此变得务实而随和。作为一名政治家，他最关心的是自己的声誉。相比之下，奥斯曼则纯粹是法国行政机构的产物。他习惯于在没有公众责任的情况下工作，坚持明确而简单的概念要由行政机构来实施和执行。他并不赞同大众民主的原则，认为群众的声音是不稳定且易变的，不能代表国家的利益。只有统治者才能自上而下地确保国家的利益。

贝尔热并不是一位特别严格或能干的官员。正如奥斯曼后来所说，他"更多的是统治而非治理"。[5] 相反，奥斯曼是一名优秀的地方行政官员，非常看重公共行政的严谨和效率。一旦到任，他将会对塞纳省行政机构的运作方式进行重大改革。

两位官员最具体、最直接的区别，在于他们对于巴黎雄心勃勃的公共工程计划的态度。在欧塞尔和波尔多的时候，奥斯曼就已经表现出了对建设、现代化和重组所在地区的兴趣。他坚信城市的清洁、美化和改造是建设更美好社会整体工程的一部分。在政治上，他全心全意地支持拿破仑三世对法国进步和现代化的愿景。相对而言，贝尔热并没有看到这种需要的迫切性，但奥斯曼却看到了这个时代的决定性挑战。

奥斯曼极力主张"生产性支出"理论，认为通过借贷进行投资可以促进未来经济的增长，同时获得增量收益来偿还债务。这一理论得到波拿巴派的广泛支持，与法国大革命以来资产阶级主导的观点形成了鲜明对比。在七月王朝保守派的范式中，旧式君主制的致命之罪就是为了资助战争和皇室生活而累积巨额公共赤字，如今应通过维持预算平衡、严格管理公共财政，将支出始终保持在政府收入的范围内。而波拿巴派却认为，在竞争激烈的国际经济环境中，这种胆怯的思想阻碍了法国的发展和进步。一位作家总结了第二帝国初期公共财政的重大变化："此前，借贷对所有人来说都是一种偶然事件，非必要坚决不借。而自1852年起，它完全变了，变成了一种规则，是政府体系的一部分。"[6]

奥斯曼是从领土管理者的角度来看待城市问题的。他将城市视为一项可管理的资产，相信明智的投资可以使其增值。他面临的最大挑战是如何通过开发城市边缘的大量土地来增加税收收入，在巴黎尤为明显。因此，他非常关注连接市中心和城市边缘的新道路的建设，这也是为了增加财政收入的考量。

奥斯曼花费数十年时间平定地方起义，确保政府候选人在选举中没有丝毫问题，这使人们对他维持和平议程的决心毫不怀疑。他特别关注巴黎的情况，认为巴黎不仅仅是一座城市，而是许多人追求不同命运的汇聚地。虽然巴黎有专门承担警察工作的局长,但奥斯曼仍会尽最大的努力为维护和平作出贡献。他坚信在巴黎这样的地方,权威必须以坚定的方式来维护,这比其他地方更加重要。

和拿破仑三世一样,奥斯曼也认为巴黎不适合实行市政民主。"巴黎不是自治市,它是帝国的首都,是整个国家的共同财产,是'所有法国人的城市'"[7]。他还特别提到华盛顿特区,说它虽然是典型的民主美国人的首都,但实际上也是作为联邦领土进行管理。事实上,巴黎也确实没有市长,只有一个向内政部部长汇报的省长和一个非选举产生的市议会。不愿给巴黎人地方民主的情况还将持续很长时间。除了巴黎公社时期的一段短暂的时间,巴黎市直到1977年才选出市长。

奥斯曼是一个将国家荣誉视为最高目标的人。他认为所有有荣誉感的官员都应该如此。在被任命为塞纳省省长后,他在市政厅早期的一次会议上,当出席者按惯例欢呼"皇帝万岁"时,他回答说:"是的,皇帝万岁。他想把巴黎变成世界上最伟大的城市,成为法国当之无愧的首都。"[8]

贝尔热和奥斯曼在许多方面都持有不同的观点,他们的会晤有点像各自坚持己见的演练。贝尔热解释了为什么巴黎宏伟的公共工程计划不合理、也不可能实现。而奥斯曼则坐在对面,无视这些问题,专注于另一个完全不同的议题:他将如何获得资金,以全新的速度和规模推动巴黎向前发展。

第七章

大刀阔斧

第七章　大刀阔斧

1853年6月29日，星期三，上午近十点钟，乔治-欧仁·奥斯曼租用的马车驶过星形广场的大门离开巴黎。那是个温暖的夏日早晨，阳光明媚，马车疾驰，穿过布洛涅森林，右转进入隆尚平原，随后沿着塞纳河继续前行。车队经过圣克劳德桥，渡过河，爬上斜坡，来到圣克劳德宫的入口。众人稍作停留，随即大门打开，帝国卫兵列队行礼。

奥斯曼身着皇家官员制服，下了马车，踏上宫殿的台阶，身后是整个巴黎的壮丽景象。他无法抑制自己的喜悦之情。这是他一生中最伟大的冒险，他终于开始了一项值得为之奋斗的光荣使命。

年轻时，奥斯曼就怀着伟大的梦想，但屡次碰壁。尽管他才华横溢、勤奋努力，但所追求的成功总是与他擦肩而过。在波尔多，他曾陷入迷茫，几乎就要放弃自己的政治追求，转而从商。如今，他终于等到了与历史相逢的重要时刻。对他而言，这比什么都重要。

奥斯曼受到热情的接待，随后被领上宏伟的楼梯，来到皇帝每周召开内阁会议的楼层。此时，会议即将结束。在等待的时候，他回想起这座宫殿的历史意义：在八年雾月十八日和十九日①，拿破仑一世的权力在这里崛起。这里是法国权力结构的核心。

那天早晨稍晚些时候，殿内举行了一场简短的仪式。身形高大的乔治-欧仁·奥斯曼站在拿破仑三世身边，认真聆听着皇帝的话语。按照惯例，每位新任省长都必须遵照内政部部长维克多·德·佩西尼所宣读的誓词进行宣誓。

"在当前形势下，我很看重你的职位。"拿破仑三世握着奥斯曼的手说道。这虽然是一句典型的客套话，但奥斯曼非常了解皇帝，知道他说的话都有目的。这句话透露出他对贝尔热的失望，以及希望奥斯曼能够实现他对巴黎的愿景。

尽管新任塞纳省省长尚未受到皇帝的指示，但他已经清楚自己该怎么做了。他计划修建宽阔的街道穿过市中心，用奥斯曼的话说就是"掏空市中心的街区"。[1]然后，他将建造通往城市边缘未开发地区的新街道，为新区域的开发铺平道路。这项计划将使巴黎成为一个繁荣发展的城市，成为科技和现代化的象征，迎接未来。

仪式结束后，奥斯曼受邀与拿破仑三世共进午餐。其间，他笨拙地试图通过自己或妻子的血统给皇帝——或者更确切地说，给皇后——留下深刻的印象。午餐完毕，拿破仑三世邀请

---

① 1799年11月9日和10日。

第七章　大刀阔斧

奥斯曼到他的书房讨论巴黎的事务。目前，部分街道和布洛涅森林的改造工作已经启动，当务之急是尽快完工。但是皇帝不想局限于此。他热情地向奥斯曼展示了杜乐丽宫办公室的"彩色计划"，上面描绘了他想象中的新道路。其中，有两个直接可行的项目——马勒塞布大道和中央大道。后来，中央大道改名为塞瓦斯托波尔大道，并将斯特拉斯堡大道延伸至市中心。这些道路建成后，他计划在巴黎的各个角落建造新广场和大街。他向奥斯曼展示了几个月来一直在他脑中挥之不去的想法：从巴黎东部一个主要的新广场——星形广场，建造向外辐射的街道，以及从各个方向贯穿整座城市的林荫大道。

在会面中，拿破仑三世向奥斯曼透露，他已经成立了巴黎美化委员会（Commission on the Beautification of Paris），并任命亨利·西蒙伯爵（Count Henri Siméon）为委员会主席。西蒙是一名参议员，奥斯曼怀疑他暗藏着成为塞纳省省长的野心。或许皇帝并未察觉到奥斯曼的担忧，但他没有表露过多，会见很快就结束了。

在返回巴黎的途中，奥斯曼有足够的时间思考当前的形势。在正在进行的项目和皇帝即将启动的项目之间，需要进行大量的工作。他必须立即着手，向皇帝表明，只需要他这位新省长就可以完成所有任务，不需要其他任何委员会。他深知自己有能力采取有力的行动，并要向所有人展示，他全权负责实现皇帝对巴黎的设想。

在接下来的几个月中，奥斯曼实现了自己的目标，使巴黎美化委员会显得多余。1853年12月，该委员会被解散。但在此之前，委员会发布了一份报告，提出了两个值得注意的观点。第一个观点是新街道的建设应该是"穿透式的"，即在城市街区之间修建全新的道路，而不是仅拓宽街区边缘的现有道路。正如奥斯曼所说："切饼从中间切要比从边上切容易得多。"[2] 第二个观点是积极建设当时城市范围之外的区域（现在的第十二区至第二十区）。原因是，在这些空地上建设比城市扩张之后再进行要更便宜，可以为城市的持续扩张奠定基础。这两个想法成为即将到来的转变的核心原则。奥斯曼很高兴能够把它们作为自己的改革观念提出。实际上，在他到任之前，这两种观点早已被构思出来，甚至早已被广泛接受。

****

作为新任塞纳省省长，奥斯曼面临着一个紧迫的政治挑战：说服由36名持敌意态度的市议会成员组成的机构，让他们全力支持皇帝的巴黎大改造计划，并接受更为激进的财政管理方式。在未来几个月中，奥斯曼的主要任务之一就是控制这个保守组织，特别是主席克洛德-阿方斯·德朗格尔（Claude-Alphonse Delangle）。他是现任参议员，未来的内政部部长。幸运的是，奥斯曼很快意识到，尊重德朗格尔的年龄和地位将有助于赢得他的支持。他毫不羞怯地使用了这个策略。

路易·韦隆（Louis Véron）原是一名医生，后来转行从事其他职业，做过企业家、报纸老板以及巴黎歌剧院的负责人。作为一位局外人，他观察了市议会与奥斯曼的互动，并对奥斯曼的行事方式赞不绝口：

第七章　大刀阔斧

　　我太喜欢省长了，他总能让我哈哈大笑。他似乎真的相信自己对愚蠢的听众所说的话，嘴巴张得大大的，好像一切即将发生似的。当听众中的某些人大胆发表意见时，省长会以居高临下的神态仔细听取，并对那些不那么轻率的评论点头表示赞同。当需要他回应时，他会从一些次要观点开始，先和对手达成一致，再以相反的论点展开，慢慢改变对方的看法，从容不迫，就像在摘下他那贵族手套的时候一样。最终，他会用果断的语言将冒犯他的人逼到墙角。但他的表现依然得体，以至于对方感到高兴，连连表示感谢，觉得非常满意。没人能像他一样用无可指责的巧妙言辞嘲弄世界，简直太有趣了。[3]

　　奥斯曼用技巧来缓和自己与市议会成员之间的脆弱关系，其中还包括3名高他一等的参议员。此外，他还必须与部长、官员和其他一些与城市事务有关的重要人物打交道。他懂得如何管理这些自负的人，以实现自己的目标。并且，他还在精心培养自己与皇帝的亲密关系，这也是他成功执行巴黎大改造计划的关键所在。

****

　　如此，巴黎雄心勃勃的公共工程计划的核心障碍就只剩下缺乏足够的资金了。为了实现皇帝的目标，奥斯曼知道他需要找到一种根本性的方法，来增加投资额。

　　与贝尔热会面时，奥斯曼要求贝尔热转交巴黎的所有财务账目。当晚，他坐在酒店房间的小桌子前仔细研究这些数字，发现贝尔热极端保守的财务管理实际上让他处于一个极为有利的位置。贝尔热有计划地给自己留下额外的利润。他毫无根据地假设收入会下降，一些永远不会实现的项目被纳入成本之中，一些虚假的项目也被计入了费用，而这些项目正是奥斯曼最想消除的。他计算出，在6900万法郎的总预算中，他可以立即腾出2200万法郎用于巴黎大改造。然而，要说服市议会同意这一提议将是另外一项挑战。

不幸的是，在奥斯曼就任塞纳省省长之前，在1853年7月14日就已经召开了一次重要的市议会会议[1]。会议议程包括1853年的预算和1854年初步预算的提案。令奥斯曼非常懊恼的是，这些文件已经准备就绪，并由贝尔热分发给了市议会成员。于是，在7月初，奥斯曼花了几个下午的时间仔细研究这些文件中的每一张表格、每一条脚注。最终，他在一份"关于本市财政状况的说明"中，明确表达了自己的观点。

在向市议会成员宣读的说明中，奥斯曼批评了贝尔热的财务管理系统，并揭示了他在市政预算中发现的2200万法郎。此外，他表明偿还城市债务所需的款项今后至少可以为巴黎大改造每年提供1000万法郎的额外资金。最后，他告诉议会成员，不仅要继续"改造旧巴黎"，而且要加快向前迈进的步伐。

新任省长的发言让议会陷入了沉默。虽然议员们已经有所

---

[1] 这是1853年的一个工作日。和第一帝国一样，第二帝国的国庆日是8月15日。1880年，7月14日被定为国庆日。

预料他的行动方向,但仍然惊叹于他的胆略。奥斯曼努力表明,贝尔热政府的亲密关系和全票通过的时代已经不复存在。

为了实施新的市政战略,奥斯曼采用了步步紧逼的策略。他发出大量备忘录,频繁发起会议和访问,在财政委员会和市议会会议上做斗争。在几周时间内,富有的巧克力企业家弗朗索瓦·朱尔·德文克(François Jules Devinck)逐渐屈服于奥斯曼的坚持。他是市议会财政委员会的主持,同时也是代表。当立法议会讨论巴黎的财政问题时,德文克甚至成了奥斯曼重要的支持者。然而,其他人并未被说服:5名市议员拒绝接受新方法并辞职。但这对奥斯曼来说再好不过,因为他可以引导皇帝选择更有利的替代者。

奥斯曼对贝尔热任期内的行政管理措施感到非常失望,因此迅速采取行动制定更为严格的规定和流程。他实施了一个每日处理邮件、投诉和批准的流程,并改变了塞纳省的组织结构,进行了一些人事调整。但需要强调的是,他保留了大部分人员,包括贝尔热的秘书长查尔斯·梅鲁。

到了1853年秋天,奥斯曼已经取得了重大进展。他打破了市议会的阻力,提升了市政管理的效率,并确定了资金来源。此时,政治、财政和实践方面的要求得到了完美的协调。

> 那时,我感觉自己已经掌握了征服旧巴黎的大权,胜券在握。我的军队对新领袖的信心也在增强。在它的协助下,我可以开始撕开市中心那些马车难以通行的脏乱街道以及拥挤、肮脏、不卫生的街区。这些地方在很

大程度上是痛苦和疾病的温床,是伟大法国的耻辱。[4]

虽然巴黎大改造的原则与奥斯曼无关,但是他还是毫不掩饰地对这项工程感到喜悦:

> 在巴黎,我首先把(卢浮宫周围的破烂街区)夷为了平地,真是大快人心。我还年轻的时候,杜乐丽宫庭院前的卡鲁塞尔广场就无人打理,这是法国的耻辱,是政府无能为力的表现,这让我非常愤慨。[5]

奥斯曼的话证实了他所信奉和坚守的价值观:维护政府权威、追求纪律和秩序,并对这些原则执着追求。这些破坏只是城市全面改造的第一步。

****

在进一步改造巴黎之前,奥斯曼发现了一个主要难题:巴黎从未进行过精确的地理和地形规划。因此,他邀请负责塞纳省公路部门的欧仁·德尚(Eugène Deschamps)对巴黎进行全面测量和勘察,以便更好地为城市改造作出计划。

1853年秋季,巴黎市民惊奇地发现城市周围竖起了木塔,形成了一张三角网络,用于测量和标记巴黎各处的参考点。工人们还进行了海拔测量,参照维莱特盆地的水平线进行测算。这项工作持续了一年多,最终完成了一份完整而精确的巴黎平面图。奥斯曼将这份地图按照1∶5000的比例精准打印出来,挂在了办公室里。这幅高10英尺、宽16英尺的巨大地图成了他规划城市重建的重要工具。有了这张地图，他就可以更加准确、全面地规划城市改造的工作。

奥斯曼最紧急的任务之一，是将里沃利街延伸至市政厅。尽管这条街已经竣工，但在某些地段，它比周围低了数英尺，造成了地形上的巨大差异。这种差异导致所有与之相连的街道都需要返工，还要拆除许多房屋，超出了最初的预期。同时，还需要在原基础上采用特殊技术来支撑圣雅克塔。并且，由于通往巴黎圣母院桥的通道变得过于陡峭，导致交通无法顺畅通过，因此整座桥都需要进行重建。最终，此次事件导致造价增加了63%，达到3100万法郎；被拆除的房屋数量也从236幢增加到了423幢。在整个过程中，奥斯曼无情地贬低了他的前任，并展示了自己在督导着整个工程进展上的能力。

当里沃利街开始呈现出来时，巴黎人感到十分激动。这一变革是如此显著，让人们感觉到新时代即将到来。它不仅满足了人们实际的需求，还是巴黎更现代化的象征。然而，里沃利街的建设也摧毁了城市中一些最古老的街区，地图上许多著名的小街道如制革街、染色街、制篮街、老灯笼街和牛犊街等也就此不存在了。而奥斯曼却认为这些街道"肮脏、腐烂、不卫生"，看到它们已经消失，他非常开心。

布洛涅森林是另一个重大项目，旨在让巴黎市民感受到皇帝对这座城市的愿景。然而，在这个项目中，奥斯曼也发现了贝尔热治下缺乏技术和管理上的严谨。为了建造皇帝想要的湖泊，挖掘工作已经在建湖地点的两端开始了，但没有考虑地形问题。担心湖的一端比另一端高出许多，于是奥斯曼进行了一些测量工作。结果发现，如果要在这里建造湖泊，那么上端就无法容纳任何湖水。但此时挖掘工作已经进行了很多，调整余地有限，所以奥斯曼决定在不同的高度上建造两个独立的湖泊，通过水坝和小瀑布相连。最终，巴黎版的蛇形湖就被分成了两个独立的湖泊。对于这种不幸，拿破仑三世深感失望。

奥斯曼深知布洛涅森林是拿破仑三世钟爱的项目。作为一位精明的官员，这位新省长尽可能地利用这个机会，赢得了皇帝的信任。拿破仑三世开始相信新省长在接受他的指导方面是可靠的，并亲眼见证了奥斯曼作为一名优秀的行政官员所展现出的高效。布洛涅森林项目是两人的第一次密切合作，也是迈向建立紧密信任关系的重要一步。在之后的日子里，拿破仑三世一直信任着奥斯曼。

奥斯曼需要重新巩固立足点的另一个项目是巴黎大堂。此前，建筑师维克多·巴尔塔已经在这个项目上工作了12年，后来却收到了停工的通知，还被要求拆除一座亭子。这种尴尬的局面让巴尔塔的同事们看到了机会，他们开始宣传自己的计划，希望能够获得这个项目的委托。当时的情况非常混乱。

巴尔塔手足无措。市政当局要求他设计纪念性建筑，而如今却又让他建一个铁路货棚。他立刻致信皇帝，提议重新设计项目以满足其要求。然而，当他忙着准备新设计时，当局已经决定另请高明了。

1853年7月5日，拿破仑三世到访现场一个月后，同时也是奥斯曼被任命为省长一个星期后，巴尔塔提交了三种新方案，并请求与省长会面。实际上，两人早就相识：许多年前，他们都曾是亨利四世中学一小群新教学生中的一员,每周参加新教礼拜,而不是天主教弥撒。奥斯曼同意与巴尔塔会面,并决定尽全力帮助他。

大约也是在那个时候,拿破仑三世与奥斯曼分享了他对新市场建筑的设想。他想象着一个通风的金属结构,类似于1851年伦敦世界博览会上的水晶宫,或者新近落成的巴黎东站棚屋。他总结道:"我只想要一把巨大的雨伞。"奥斯曼根据这些信息指导巴尔塔多次修改巴黎大堂的设计,直到它符合皇帝的设想。

与皇帝共同审查建筑设计方案的时候,奥斯曼把巴尔塔的设计先放在了一边。拿破仑三世审查了几个方案:一个是由巨石建造,四周用拱门围绕;另一个采用的是18世纪勒杜的新古典主义风格。几种方案都未能满足皇帝的要求。

奥斯曼请求展示最后一个设计方案,但并未提到是巴尔塔的作品。拿破仑三世对这份方案非常满意,大声表示:"就它了!这正是我想要的!"[6]后来,奥斯曼称,在皇帝想知道谁是设计师之前,他已经设法溜走了。据说,拿破仑三世后来才发现,自己又选择了名誉扫地的巴尔塔。

通过巴黎大堂,维克多·巴尔塔被列为法国金属建筑的早期主角,也成为建筑史上不可或缺的人物。然而,这也是巴尔塔和奥斯曼关系不睦的原因之一。奥斯曼常常瞧不起建筑师的技艺,认为巴黎大堂是自己的心血结晶,因此对巴尔塔揽下所有功劳感到震惊和愤怒。而在巴尔塔方面,虽然他很感激奥斯曼帮助他重新获得委托,但并不认为奥斯曼在建筑设计中起到了任何作用。

巴黎大堂的亭子建筑始建于1854年，历经20年之久，直至1874年才完工。这座建筑位于巴黎历史最悠久的街区之一的中心，采用了铸铁和玻璃的全新工业语言，非常大胆。当最后几座亭子修建时，爱弥尔·左拉写下了《巴黎的肚子》(The Belly of Pairs)一书。这部小说围绕着新市场及其周边地区展开，描述了建筑带来的诗意力量：

> 在每条街道的尽头，人们都能看到这个铸铁巨人的一角。这个意外的建筑视角，打破了同样的地平线，让人们不断地惊叹它的美妙。经过教堂后，特别是在蒙马特大街，转身看到克劳德的时候，一座宏伟的建筑——巴黎大堂，突然间展现在眼前。从某个角度看，远处的巴黎大堂让人充满热情。它有一个巨大的拱廊和一个高高的开口，然后是一拥而上的亭子，亭子有两层屋顶、连续的百叶窗和巨大的遮阳篷。这些元素仿佛融合了房屋和宫殿的轮廓，像一座金属的空中花园，既有印度建筑的轻盈之感，又有悬空的露台、空中走廊和架起的飞桥，令人叹为观止。[7]

巴尔塔的亭子直至1969年都一直是一个市场，许多巴黎人对此记忆犹新。然而，由于批发市场给周边带来了噪声、交通拥堵和污染等问题，市政府决定将其迁往南郊。在原址上，修建了一座快速交通枢纽和购物中心。这个"建筑史上的怪物"

正在被市政府的新方案所替代。巴尔塔的亭子于1973年被拆除，不过，其中一座被搬到了巴黎东郊的马恩河畔诺让，成了一个音乐会场所。

第八章

建造帝国

第八章 建造帝国

1851年，伦敦世界博览会在海德公园召开，标志着一个新时代的开端。此次博览会首次邀请所有国家参加，成功破除了民族主义和保护主义的力量。来自世界各地的参展商带着他们最新、最伟大的作品来到伦敦。如今，人们希望各国在商业和创新领域展开竞争，而非在战场上厮杀。

艾克托尔·柏辽兹（Hector Berlioz），未来《幻想交响曲》（*Symphonie Fantastique*）的作曲家，作为法国参展者之一，也参加了这次世界博览会。虽然他不太喜欢为展览评选乐器的工作，但和其他所有参观者一样，他也为世界博览会的标志性建筑水晶宫所深深吸引。这座由约瑟夫·帕克斯顿（Joseph Paxton）设计的巨大钢铁和玻璃建筑，展现了工业时代无限的可能性，令在场观众激动不已。

虽然，路易–拿破仑未能亲自参观1851年世界博览会，但他听闻了许多关于博览会的消息，因此决定在法国主办一次同等水平甚至更为盛大的博览会。于是，巴黎世界博览会便定于1855年举行。

这次博览会将是法国向世界展示新面貌的绝佳机会，主要体现在日新月异的首都巴黎。虽然在博览会召开之前，仍有些工程尚未完工，但延伸的里沃利街足以展现一种全新的景象，预示着即将到来的变革。沿着街道南侧，游客可以欣赏卢浮宫新建的北侧画廊。而在街道的北侧，由拿破仑一世的建筑师佩西耶和方丹设计的拱顶式人行道将继续向前延伸，与前半段建筑同样精美。另外，对于新扩建的巴黎王宫广场，拿破仑三世则设想建造一座宏伟的现代化酒店，可以与国外刚开始建造的酒店相媲美。

对拿破仑三世和奥斯曼而言，展示新城市的建设成果和令人印象深刻的设施，不仅是为了赢得国际声誉，更重要的是为了获得巴黎市民的支持，以扫清对巴黎更宏大计划的惰性和阻力。博览会将成为完美的载体，为城市重新规划和发展注入新的动力。

然而，目前仍然存在一个重大问题。里沃利街虽然已经建成，但街道两侧没有任何建筑，开发商似乎也没有兴趣投资兴建必要的建筑。这可能是因为严格遵守建筑规则的成本过高，或者法国的政治局势似乎仍然不太稳定，以至于金融家们不愿为这种大型项目提供担保。因此，没有人想购买这块土地。直到1853年年底，奥斯曼手中还有17万平方英尺的土地没有进行开发，尽管这块土地就在卢浮宫对面，地理位置十分优越。不过，就在这时，他得到了佩雷尔兄弟的支持。

1848年，来自波尔多贫困家庭的佩雷尔兄弟已经成为法国历史上最大的现代化项目的领导者。埃米尔·佩雷尔管理着自己最初的铁路线，并且开发了从巴黎到里尔的北线；而伊萨克则分管巴黎到里昂的铁路线。尽管他们名声在外，但由于只持有这些公司少量的股份，自己并没有变得特别富有。因此，他们开始思考如何发挥更大的作用，不仅是作为管理者，更是作为资本家。然而，19世纪40年代的政治动荡导致他们只能静待良机。1851年12月2日政变发生时，佩雷尔兄弟知道是时候大幅提升自己的地位了。他们抓住了这个机会，发挥了第二春。

兄弟俩再次投身于一个宏大的计划，这直接受到他们19世纪20年代初到巴黎时所受的启发：创建一种新型工业银行。

传统上，法国的银行都是家族式机构。随着时间的推移，这些家族银行通过为贸易、外汇和政府债务融资逐渐发展壮大。对法国高级银行的银行家们——其中最重要的是詹姆斯·德·罗斯柴尔德——来说，银行应该实现自我融资，求助于外部资金闻所未闻。

然而，佩雷尔兄弟对这种模式持批评态度，认为这种资本收集和配置方式效率过低。佩雷尔兄弟和朋友们认为，银行应该从更广泛的基础上获取资金。早在1818年，法国就尝试过这种做法，当时创建了一个共同存储组织——储蓄银行。为了进一步推进这个想法，佩雷尔兄弟希望创建一家可以发行流通股的银行，为大型基础设施项目提供更多的资金来源。

七月王朝时期，法国的资本市场得到了极大的发展，现在已经有足够的基础使这种创新成为可能。5%的政府债券，即"5%的定期利息"，形成了所有证券定价的基准。上市股份公司为大规模的煤炭开采以及铁路和运河投资提供了资金。在法国社会，财富的流通货币已经开始从土地所有权转向证券。正如路易-拿破仑所理解的那样，资本市场的发展使可以从广泛的基础上获得资金，并将其引向投资机会。这对于为支持经济增长所需的资本密集型国家基础设施项目提供资金至关重要。

受德国房地产银行的启发，法兰西共和国一直在试图引入专门从事抵押贷款的机构。内政部部长维克多·德·佩西尼也支持建立这些机构，并试图迫使塞纳省省长贝尔热加大对巴黎的投资，以便在未来能够收回投资。他曾表示："这些机构有许多好处，可以降低财产成本和利率、发展农业生产力、刺激各种经济活动并增加国家收入。"[1] 经过两年的政治辩论，巴黎房地产银行于1852年5月正式成立，并在几个月后，经过调整，覆盖了整个法国，同时更名为法国土地信贷银行，至今仍沿用该名称。在19世纪50年代和60年代的巴黎重建中，法国土地信贷银行发挥了关键作用。

而佩雷尔兄弟的想法与此不同。他们想成立一家私人银行，为工业提供服务，就像土地信贷银行为房地产提供服务一样。他们希望该机构能够发行有息债券，以所投资的工业企业的资产作为担保，就像土地信贷银行以房地产资产作为担保、发行抵押贷款一样。动产信贷银行将被允许发行价值高达其资产10倍的债券——6000万法郎的股权换取6亿法郎的债券。当时的想法是利用杠杆的魔力释放资金，为法国工业融资。

当特许权机制与资本结合时，这些资本获取的形式就变得非常强大。对政府而言，特许权在过去和现在都非常有用，政府无须自己出资，而是通过承诺未来收入，让私营部门提供资金，同时保留资产的公有制。对投资者而言，特许权实际上保障了他们的现金流，同时也表明高杠杆投资原则上是合理的。在 19 世纪中叶的法国，矿山、铁路、运河、房地产开发、公共事业和殖民地项目都是以这种方式开发的。甚至 1869 年开通的苏伊士运河，也是通过授予一家法国股份公司特许权完成的。

新型金融工具和特许经营机制为巴黎重建奠定了重要的基础。未来的大规模征用和重建需要大量的资金支持。如果没有这种新型资本主义基础设施，按照目前的规模，第二帝国的巴黎大改造就无法取得重大的成就。

然而，这些新思想对传统的巴黎高级银行构成了威胁。自旧体制以来，它们的运作模式基本上没有受到影响，直到现在仍然是政府获得融资的唯一渠道。但工业家们逐渐意识到，要刺激法国的经济增长，就需要更多的创新思维。这些思想也吸引了拿破仑三世的注意，因为它们可以支持国家实现现代化，为皇帝雄心勃勃的计划提供资金。此外，它们还可以削弱法国政府对古老家族的依赖，而这些家族对帝国的忠诚性有待商榷。

佩雷尔兄弟野心勃勃，在意识形态上与帝国完全一致。然而，要实现他们的新型银行计划，他们需要政治上的支持。于是，他们联系了一位从 19 世纪 40 年代中期就相识的老朋友，查尔斯-奥古斯特·德·莫尼（Charles-Auguste de Morny）。他如今已身居高位。

莫尼的外表整洁无暇：头发基本上秃了，留着精心修剪过的小胡子，身材苗条，穿着总是干练得体。他举止和蔼，谈吐自如，但实际上冷酷无情。他即将成为第二帝国最有权势的人物之一。

莫尼曾是一名军人，同时也是巴黎社交圈的名流。几年前，他在法国中部的多姆山地区购买了一家使用甜菜根制糖的工厂，并当选为该地区立法议会代表。他是铁路建设的早期支持者之一，积极参与了许多将铁路引入该地区的计划。

除此之外，莫尼身世神秘，他的出生证明上没有父母的名字。实际上，他是奥坦丝·德·博阿尔内的私生子。博阿尔内是拿破仑一世的兄弟路易的妻子，也就是路易-拿破仑的母亲。因此，莫尼是法国皇帝同母异父的弟弟。

尽管莫尼的家世有些复杂，但1851年，他被选为总统随行人员。随着时间的推移，他逐渐赢得了路易-拿破仑的信任。在政变中，莫尼担任了重要角色，不久之后，他被任命为内政部部长。莫尼是一位非常出色的幕后交易者，精心挑选了路易-拿破仑在每个选区的候选人代表，采取了一系列措施来控制媒体。他在主持工作时始终保持冷静客观，不带任何情感色彩，使事情顺利地向前推进，是一个永远值得信任的人。然而，在担任部长不到两个月后，1852年1月，莫尼决定辞职，以此抗议路易-拿破仑没收前国王路易-菲利普的财产。

此后，莫尼开始放浪形骸。他是一个根深蒂固的投机者，除了追逐经济利益和享乐，没有别的理想。他最喜欢被金钱的气味和精英银行家的妻女所包围。他善于从游说和充当中间人中获利。他是多家公司董事会的成员，每次公司重组都增加自己的股份。除此之外，他利用从权力场获取的信息，在股票市场上赚取了可观的财富。当佩雷尔兄弟找到他时，他非常高兴能够担任动产信贷银行的政治赞助人。

维克多·德·佩西尼接任内政部部长后，虽然与莫尼并不亲密，但他也支持佩雷尔兄弟的计划。佩西尼的动机很简单：这是一个削弱詹姆斯·德·罗斯柴尔德影响力的好机会，因为他和国王路易-菲利普私交甚密。虽然许多部长反对成立动产信贷银行，包括来自传统法国银行家族的财政部部长阿希勒·福尔德，但最终佩西尼和莫尼还是成功说服路易-拿破仑批准了这个计划。

1852年11月18日，法国颁布了成立动产信贷银行的法令。除佩雷尔兄弟外，创始人还包括阿道夫·迪希塔尔（Adolphe d'Eichtal）——他们铁路项目最初的主要担保人之一，以及一些巴黎银行家，如马莱（Mallet）、安德烈、佩斯卡托雷（Pescatore）、加利拉（Galliera）和穆希（Mouchy）。此外，福尔德·奥本海默银行也是创始者之一，而这家银行正是阿希勒·福尔德的家族银行。值得一提的是，福尔德此前还在强烈反对成立动产信贷银行。

动产信贷银行于1852年11月23日在巴黎证券交易所上市。几天前，股票还在以500法郎的价格私下交易，第一个交易日就涨到了1100法郎。11月30日，价格达到了1400法郎。在媒体和大量谣言的帮助下，股价的上涨让第一批股东赚得盆满钵满。尽管12月出现了下跌，并持续波动，但动产信贷银行仍然成为法国市场上最受关注的股票之一。为了维护自己的地位，它还收购了旺多姆广场上的格拉蒙酒店（现丽兹酒店）作为其总部所在地。

1853年年末，随着动产信贷银行地位的稳固，奥斯曼省长找到佩雷尔兄弟，希望他们能开发里沃利街。这已经不是他们第一次有交集了——兄弟俩早年就联系过奥斯曼，请求批准他们在通往圣拉扎尔的铁路线上开发土地。佩雷尔兄弟也开始着手皇帝的其他一些计划，全然接受了奥斯曼的要求。

一如既往，佩雷尔兄弟展现出精明的谈判技巧。在政府作出重大的财政让步之后，他们同意收购和开发里沃利街沿线的土地，并承诺在1855年世界博览会之前，将包括酒店在内的所有设施全部准备就绪。为此，他们成立了一家有限责任公司，由巴黎银行家组成的财团提供股权融资，由动产信贷银行提供债务融资，共同负责开发里沃利街。

开发计划的核心是宏伟的卢浮宫大酒店，该酒店"按照当时美国大型酒店的规划"[2]建造，拥有700个客房、一个玻璃覆盖的中央庭院和34英尺高的餐厅，全部配备了现代化设施，如呼叫服务的电铃、运送行李的电梯，以及在所有房间提供冷热水、蒸汽洗衣服务和电报服务等。酒店一楼的四周都是商店，所有商店都由一个租户买下，于1855年7月开业，成为巴黎最早的百货公司之一——卢浮宫百货公司。一本美国旅游指南这样描述道："卢浮宫大酒店环境宜人、设施完备，各种娱乐活动一应俱全，你几乎不需要去别处寻找乐趣。"[3]对佩雷尔兄弟来说，这家酒店及其周围的财产成了他们金融帝国中最赚钱的部分之一。

****

不久之后，所有人都清楚地看到，帝国被投机和物质主义吞噬了。一位同时代的人指出："法国的资产阶级通常很节俭，但现在几乎变得挥霍无度。"[4] 新任内政部部长阿道夫·比约公开呼吁停止"利用公众的贪婪和轻信"；军事部长也向军官们发出备忘录，警告他们不要不断向皇帝请款。

拿破仑三世观看过弗朗索瓦·庞萨尔（François Ponsard）的讽刺剧《证券交易所》（*The Stock Exchange*），十分喜爱这部作品。该剧谴责了投机和金融骗局。皇帝称赞了作者用自己的才华揭露和打击这种倾向。然而，众所周知，拿破仑三世本人非常奢侈，他纵容随从效仿剧中所描述的行为。这导致第二帝国出现了这样一个悖论——皇帝和皇后原则上倾向于节俭，但最终却败给了过度奢侈的习惯。

莫尼以参与各种不择手段的资本主义活动而著称。1853年，他获得了法国立法议会主席的职位，负责确保立法者能够可靠地投票支持皇帝的所有愿望。不过，这并没有降低他对交易的热衷，也没有影响他对其他爱好的追求。在担任立法议会主席的同时，他还是一家英国公司的总裁，负责修建一条穿越法国中部的铁路，即法国大中央铁路公司，这显然是他将自己的政治角色货币化的例子。同年8月，莫尼为佩雷尔兄弟、埃米尔·德·吉拉丹（Emile de Girardin）和其他银行家的一项计划提供了政治资助，在前博容公园、星形广场以东开发一个新社区。然而，莫尼的行为造成了严重的影响，以至于拿破仑三世不得不和他进行了一次谈话。莫尼暂时作出了让步，但很快又恢复了往日的行径。

莫尼参加各种各样的活动，包括成为赛马俱乐部会员。这是一个专为有钱有闲、爱好赛马的人士而创建的精英俱乐部。作为俱乐部会员，莫尼被派去说服奥斯曼采纳在布洛涅森林建造赛马场的计划，目的是让赛马比赛从战神广场转到该赛马场举行。奥斯曼接受了这一计划，决定征用隆尚平原以及邻近的马德里城堡公园扩大布洛涅森林。隆尚平原位于公园和塞纳河间，曾用于种植蔬菜。根据与莫尼达成的协议，俱乐部将自费建造隆尚赛马场，然后以每年1.2万法郎的象征性租金经营50年。

隆尚赛马场由建筑师安托万-尼古拉·拜伊（Antoine-Nicolas Bailly）设计，于1857年4月27日在皇帝和皇后的见证下落成。这个赛马场有着悠久而辉煌的历史，至今仍在运营。然而，奥斯曼的行为受到了质疑，因为他向莫尼这种公认的腐败分子提供极其优惠的条件，缺乏竞争和透明度，没有进行公开披露。虽然没有针对奥斯曼个人利益的具体指控，但他不可避免地被视为利用帝国制度的内幕人士之一。

在收购隆尚平原时，市政府也一并收购了隆尚修道院的房屋。这座房屋由市政府出资修缮，却归属于塞纳省省长奥斯曼，1856年完工后开始成为他的夏季住所。

****

1855年，布洛涅森林的建设工作即将完成，新公园也开始成为巴黎精英社会的新宠，人们在这里尽情享受着愉快和安静的时光。

除了拿破仑三世所设想的公园，奥斯曼还计划修建一条大道，从星形广场一路延伸到新布洛涅森林的入口处。1852年，巴黎市政府承诺修建这条道路，并在次年将其命名为"皇后大

第八章　建造帝国

道"（avenue de l'Impératrice），以纪念新任皇后。如今，这条大道已经更名为福煦大街（avenue Foch）。

皇后大道是在建设中期交给奥斯曼负责的项目之一。为了设计这条大道，拿破仑三世委托了当时最卓越的建筑师之一——雅克-伊格纳斯·希托夫。他是一位拥有波浪卷发、留着浓密灰色连鬓胡须的绅士。

希托夫成为法国的建筑师在历史上颇有渊源。法国大革命后，新成立的法兰西共和国与周围欧洲君主国之间爆发了战争。1794年10月8日，让-巴普蒂斯·儒尔当将军（Gen. Jean-Baptiste Jourdan）率领法国革命军进入科隆（现在是属于德国的城市），由此标志着长达20年的占领开始。而这座城市恰巧是一个两岁男孩雅克-伊格纳斯·希托夫的家乡。当时，法国的军官们并没有想到他们的军事行动会对巴黎的建筑史产生如此巨大的影响。

年轻的希托夫以绘画才华著称，很快就开始向建筑师的道路迈进。他在法国控制的领土上长大，自然而然地前往巴黎继续学习。在那里，他开始使用他的名字的法语版本——雅克-伊格纳斯（Jacques-Ignace）。

他的才华显而易见，得到了拿破仑一世皇帝建筑师夏尔·佩西耶的赏识，随即进入了佩西耶的工作室。他很快就沉浸在巴黎的建筑界，后与拿破仑一世随行的另一位建筑师让-巴蒂斯特·勒佩尔（Jean-Baptiste Lepère）的女儿结为夫妻。因此，尽管法国在1814年结束了对科隆的占领，希托夫在次年失去了法国国籍，但他已经在巴黎扎下了根，并没有考虑返回科隆。后来，他在1842年通过移民重新获得了法国国籍。

在学生时代，希托夫就对古代建筑产生了浓厚的兴趣，尤其是古希腊建筑。19世纪20年代初，他专门在西西里花费数年时间研究古代遗迹。在他的一生中，除了从事建造工作，希托夫一直在进行学术研究。

希托夫与他的岳父勒佩尔联手建造了圣文生·德·保禄教堂（église SaintVincent-de-Paul）。之后，他设计建造了备受瞩目的安比格喜剧剧院（Théâtre de l'Ambigu-Comique），并被委任为香榭丽舍大街和协和广场的设计师。作为广场当前设计的建筑师，他将卢克索方尖碑（Obelisk of Luxor）融入其中。同时，他还在香榭丽舍大街圆形广场建造了一座剧院[1]，并设计建造了现在巴黎第五区的市政厅，与先贤祠（Panthéon）相对而立。

希托夫是为数不多能从七月王朝的官方建筑师转型为拿破仑三世最喜欢的建筑师之一，这或许要归功于他是佩西耶的学生。因此，他成了许多直接从皇帝那里获得委托的建筑师之一，包括1855年世界博览会展厅、布洛涅森林和皇后大道、星形广场上的建筑、第一区的市政厅，以及欧仁·拿破仑基金会等。

一些人可能认为奥斯曼和希托夫之间存在某种天然的联系，因为他们都是莱茵兰家族的后裔，并且都曾为拿破仑一世效力。然而，实际情况并非如此。两人的关系从一开始就非常紧张。

两人的第一次摩擦发生在奥斯曼成为塞纳省省长后不久。

---

[1] 该建筑于1855年被毁，随后由加布里埃尔·达维乌设计建造了圆形广场剧院。

当时，希托夫正在建造圣文生·德·保禄教堂。此前，他出版过一本关于古希腊多彩建筑的学术著作，于是想将相关思想运用到教堂装饰中。然而，奥斯曼并不赞同。他认为这些五颜六色的装饰令人反感，掩盖了"建筑材料的简约高贵之美"，让人想起了"野蛮人用来掩盖裸体的文身"。奥斯曼直言不讳道："我认为这种装饰方法过于做作，太过奇怪。"[5]

一个至少比他年轻16岁、没有接受过艺术教育的职业官僚竟然敢厚颜无耻地把自己对建筑的判断强加于这个国家最重要的建筑史专家之一，这让希托夫无法容忍。更让他愤怒的是，奥斯曼还让建筑师巴尔塔重新设计了他在教堂前建造的巨大楼梯。

拿破仑三世非常看重希托夫及其作品，任命他为布洛涅森林的建筑师，并负责设计通向公园的大道。尽管希托夫不愿与奥斯曼共事，但他也不敢拒绝皇帝的要求。

有一天，希托夫带着他的大道设计图去见奥斯曼。这条大街宽达40米，比林荫大道还要宽敞，两侧均设有人行道和骑行道，小道两旁种了两排树木，用于遮阴。然而，他却遭到了省长的严厉训斥：

> 不要种树！皇帝说了不要种树！你觉得仅仅40米宽的林荫大道就能让皇帝陛下满意吗？难道这就是皇帝陛下期望从布洛涅森林延伸至巴黎的方式吗？40米！……先生，我们需要两倍，甚至三倍的宽度。没错，我说的是120米！在你的设计里，加上两块草坪，每块草坪的宽度是你的侧边小路的四倍，也就是32米。……在草坪

之外，再增加两条8米长的小巷，这样就可以在大道两侧建造房子。我要求在大道两侧有10米宽的退距，用花坛点缀，用铁栏杆围住。这样一来，两侧建筑之间的距离将达到140米——比你的设计足足多出100米！只有这样，我们才有望得到皇帝陛下的批准！[6]

看着奥斯曼像指挥绘图员一样对他的设计指手画脚，希托夫非常生气。对于新大道的宽度，这种随意的、毫无建筑素养的做法无法说服经验丰富的希托夫。尽管如此，希托夫仍然保持着彬彬有礼的态度，没有以牙还牙。但他强忍着愤怒，脸已经涨得紫红。

两人的关系从此再未好转。奥斯曼嫉妒拿破仑三世对这位建筑师的高度评价。而博学的希托夫无法忍受奥斯曼目中无人的态度，特别是在建筑领域，奥斯曼对这方面可以说是一无所知。后来，希托夫几乎没再为这座城市作出什么贡献，只有在需要满足皇帝特定要求时，两人才会合作，而每一次合作又都充满了冲突。

希托夫的最后一件作品是巴黎北站。作为通往城市的新门户之一，这座建筑是巴黎城市新布局的重要组成部分。同时，它也是希托夫优点和缺点的完美例证：内部设计精良，创新性地使用了金属建筑技术，但外立面却显得沉重笨拙。这座建筑于1865年完工，恰逢1867年世界博览会迎来大批游客前往参观。然而，遗憾的是，在博览会期间，希托夫却逝世了。

第八章　建造帝国

****

拿破仑三世并未放弃为工人阶级建造住房的事业。1852年政变后，他的地位变得更加稳固，他决定继续向前推进。在当年的1月和3月，他颁布法令，为重要城市的工人住房制定了1000万法郎的预算。此外，他还举办了一场设计竞赛，为了在让工人住得更好、更便宜的同时，也让设计师得到不错的回报[7]。

虽然最终建筑师查尔斯·古利耶（Charles Gourlier）赢得了比赛，但他的设计并未付诸现实。这笔资金后来被用于狄德罗大道上欧仁·戈德布夫（Eugène Godeboeuf）设计的16栋建筑以及文森和维西涅的工人康复之家。

问题的根源在于工人们不满意建筑师的设计。一名建筑管理部门的官员曾给上级写信表示："建筑师和工程师们提出的所有解决方案只是没有完美地满足工人们的需求。"[8]普罗斯佩·梅里美（Prosper Mérimée）则直言不讳道："我们的工人不想住在皇帝为他们建造的房子里，他们不想被安置在这里。"[9]

因此，拿破仑三世决定将剩下的350万法郎用于私营部门工人住房补贴计划。据估计，该计划提供了约1500套新公寓供工人居住。然而，在巴黎土地和材料价格飞涨之际，要同时满足补贴要求并确保项目有利可图，存在一定的困难。

与巴黎对低成本住房的巨大需求相比，这些成果微不足道。政府很快就几乎完全撤出了房地产市场，以免干预私营部门。而对巴黎的工人来说，这些问题仍未解决。住房价格不断上涨，迫使许多工人远离市中心，不得不居住在狭小、寒冷、肮脏和危险的房子里。

****

奥斯曼主要专注于市中心的项目：巴黎大堂和里沃利街延建至市政厅。随着工程的不断推进，他积极寻找机会扩大自己的业务范围。对奥斯曼来说，贝尔热考虑的只是单个建筑和街道，而他的目标则是重建整座城市。

在巴黎大堂的原设计规划中，奥斯曼增加了两条宽阔的新街道，分别是通往新桥的"新桥街"和通往夏特莱广场的"集市街"。这样，来自北边的车辆就可以通过蒙马特大街，穿过巴黎大堂，途经已经不复存在的巴尔塔街（巴尔塔街曾将巴黎大堂南北一分为二），然后继续往新桥或夏特莱广场方向前进。如此一来，过去在巴黎市中心无法通行的问题正在逐渐得到解决。拥有诸如市政厅和司法宫等核心机构的市中心也成为向城市其他地区扩散道路网络的焦点，不再混乱不堪。

奥斯曼的另一项举措是极大地扩展了市政厅广场的项目，现在里沃利街已经延伸至此。历史上，这个广场被称为河滩广场，中世纪时曾是城市经济中心的河流码头。如今，市政厅广场将扩大到原来的两倍以上，为市政厅的东立面提供了广阔的视野。此外，在市政厅广场的轴线上，还将建造一条纪念性的大道，从市政厅广场一直通往夏特莱广场。

利用该地区的重新设计，奥斯曼还在市政厅旁边建造了新的兵营——拿破仑兵营。这是一个理想的驻军点，位于历史上动荡不安的圣安东尼郊区和市政厅之间。有了新里沃利街，军队可以轻松地前往巴士底狱和圣安东尼郊区。

新营房建在了水塔广场（后改称为共和国广场）。这些营房的地理位置同样具有战略意义,因为来自贝尔维尔和圣殿市郊的工人阶级,通常会通过林荫大道抵达此处。

这种新布局无疑会提高部队在市中心的活动能力,有利于他们更好地开展行动。然而,奥斯曼坚信这并非设计的主要目的:

> 当然,皇帝在规划斯特拉斯堡大道及其向塞纳河及以外地区的延伸时,并没有考虑到军事目的。就像许多其他主要街道一样,比如里沃利街,它的直线布局并不利于抵御地方叛乱。即使他并非像反对派声称的那样,主要为了实现这一目标,我们也无法否认,皇帝陛下是为了改善和净化老城而修建了这些新街道,军事效果只是无心插柳罢了。[10]

随着建筑面积的不断扩大,巴黎市中心遭到了巨大的破坏。数以百计的房屋被摧毁,整个社区被清除,熟悉的城市景观也逐渐发生了变化。虽然有些人对老巴黎的消失感到悲伤,但总体来说,人们对这个项目的评价是积极的。因为巴黎市民急需改善市中心的交通状况,并期望看到切实可行的改善措施解决实际问题。

在这样的发展势头下,皇帝和省长开始了下一阶段的工作:完成穿越整个城市的道路网络。于是,在1854年,一项法令通过,将里沃利街的最后一段延伸到比拉格广场,与圣安东尼街连接起来,从而完成从东到西穿过巴黎的路线。终有一天,人们可以乘坐马车从西边的协和广场直奔东边的巴士底广场,横跨右岸的市中心。这一天已经近在眼前了。

南北通道也正在建设中。斯特拉斯堡大道是从巴黎东站向南延伸的一条大动脉，于1853年完工，恰逢奥斯曼成为塞纳省省长不久。拿破仑三世的计划是将大动脉直接穿过市中心向南延伸，现在正是进入下一阶段的时候了。为纪念克里米亚战争的胜利，该大道后来被更名为塞瓦斯托波尔大道，一直延伸到塞纳河。

然而，塞瓦斯托波尔大道并没有像里沃利街一样得到民众的支持。人们不理解为何需要在已经存在两条南北街道的情况下再建一条新路——圣但尼街和圣马丁街这两条路可以被拓宽，或者为了进一步节约成本，可以进行新的退让，以便未来建造建筑物。

但拿破仑三世和奥斯曼的坚定决心在这一点上起到了关键作用。如果他们是那种犹豫不决或敷衍了事的人，那么巴黎城内如今的景象就不会存在了。或许只会对现有街道进行简单的改造，但他们绝不会这么做。在奥斯曼最执着的时候，他一次又一次地重申，扩大现有道路成本高昂，而进行退让再逐步重建完全不切实际。他坚信，只有新建一条笔直宽阔的大道，才能成为一条真正的动脉，融合先进的基础设施，彰显他所期望的宏伟景象。他认为，这条新大道还可以显著提高大量土地的价值，而这些土地位于街区中心或难以通过现有基础设施进入。拿破仑三世作为最终决策者，坚持自己的构想，不受公众争议的影响，确保新街道的宏伟，毫不妥协。

第九章
庆祝新城

第九章　庆祝新城

一辆辆时尚的马车停在市政厅前,男士们身着帝国精英的礼服;女士们穿着华贵的克里诺林裙,露出光洁的肩膀,领口开得极深。管家们恭敬地鞠躬开门,恭迎贵宾入厅。在管弦乐队的优美旋律中,省长夫妇举办了自上任以来的第一次晚宴,140位贵宾应邀而至,皇帝和皇后也受邀光临现场,共襄盛举。

这是1853年8月14日。这个日期非常重要,因为它是拿破仑一世生日的前夜,也是第一帝国时期的国定节日,如今在第二帝国依然遵循。在这个恢复后的国定节日前夕,上任不到两个月的奥斯曼省长举办了一次独家宴会,以巩固自己在帝国中的地位。

奥斯曼认为,在贝尔热的领导下,市政厅和塞纳省省长的职位重要性已经降级。于是,自抵达巴黎的那一刻起,他就一直致力于恢复市政厅的声望。自朗布托离任以来,巴黎的社会精英们就很少出席市政厅的宴会。但在那个晚上,他们享用美食佳酿,狂欢跳舞,通宵达旦。

而这只是众多夜晚中的第一个。1854年,奥斯曼为这个国定节日精心策划了另一场盛大的庆祝活动，其中包括烟花燃放、管弦乐队表演，市政厅的舞会，以及从杜乐丽宫到香榭丽舍大街尽头的大型公共舞会等。1855年1月22日，市政厅被灯光和装饰所覆盖，举行了一场令人难忘的豪华派对，吸引了6000名宾客参加。在他主管市政厅的整个任期内，奥斯曼继续主持着这些奢华的庆典。因为他深谙在拿破仑三世的体制中，华丽的场面具有极大的重要性，于是将市政厅背后丰富的象征主义完美地融入其中。

****

夜晚灯火辉煌，然而在白天，乔治-欧仁·奥斯曼的脑中却充斥着一些不太雅致的东西——排泄物。

夜幕降临，几家私营公司的工人在巴黎街头来回穿梭。他们打开厕所的化粪池，将积聚的排泄物铲入桶中，散发出令人作呕的恶臭。随后，一队大型马车将排泄物运送到巴黎北部维莱特的储罐中，再运至更远的森林垃圾场进行处理。

巴黎急需一套现代化的下水道系统。负责维莱特储罐设施的工程师奥古斯特·米勒（Auguste Mille）接下了这个艰巨的任务。1854年，他亲自奔赴英格兰和苏格兰，深入调研当时最先进的下水道网络，并详细记录下他的发现。同年，他根据这份宝贵的经验，制订了巴黎下水道网络扩建计划。

奥斯曼认为，英国人将固体废物、雨水和生活垃圾混在一起排入下水道算不上多先进。不过，他赞同米勒的观点，认为解决这个问题"就算不是最引人注目、最让人钦佩的服务，也是政府意识到自己的职责，并为巴黎市民提供的最伟大、最值

第九章 庆祝新城

得称赞的服务之一"[1]。

1855 年 1 月 22 日，市议会批准了奥斯曼的下水道系统扩建计划。该计划将在整个城市建立大型的收集管道，将垃圾运送到巴黎塞纳河下游的阿涅勒。同时，每个社区还将建立较小的下水道网络，包括未来即将开发的地区。巴黎下水道网络的总规模将从原来的 66 英里扩增至 350 英里。不久之后，欧洲各地的游客将戴着漂亮的大礼帽，身穿精致的外套，来欣赏巴黎的排污管道。那些以前手持铁锹和桶、驾驶着恶臭马车的夜间工人也将成为过去时。

除了下水道，巴黎的饮用水问题也一直是个难题。巴黎的水直接来自塞纳河，水质很差，存在许多固体颗粒和污染物。巴黎人通常会采用静置的方式，将水放置一整天，等待固体颗粒沉淀到水底。尽管如此，这种处理后的水曾一度引发瘟疫，许多外国人因此丧命，包括沃尔夫冈·阿玛多伊斯·莫扎特（Wolfgang Amadeus Mozart）的母亲安娜·玛丽亚·莫扎特（Anna Maria Mozart）。据说，一个人在童年时期经常饮用这种水，会产生一种不同寻常的耐受性，因此巴黎本地人没有出现大量死亡的现象。此外，巴黎在很长一段时间内也没有供水系统。在没有水管的年代，一个由来自奥弗涅地区的工人组成的"运水大军"负责巴黎的饮用水供应。他们推着沉重的水桶艰难地在城市里穿行，爬上 5、6、7 层高楼，将水桶递送给客户。

为了解决饮用水供应问题，奥斯曼请来了工程师欧仁·贝尔格朗（Eugène Belgrand）。在勃艮第大区约讷省担任省长期间，奥斯曼曾与贝尔格朗共事。贝尔格朗首先对塞纳河流域进行了全面的水文调研，以确定巴黎的最佳饮用水来源。在 1854 年和 1858 年，奥斯曼和贝尔格朗撰写了长篇报告，建议当局修建一条水渠，从巴黎西北 60 英里外的香槟区引水。然而，由于这个计划在技术上十分复杂，政治上也存在争议，直到 1859 年 3 月 18 日才得到市议会批准。

经过多年的行政程序和解决技术上的挑战，新的水渠终于在 1865 年 8 月正式投入使用，每天向巴黎输送 100 万立方英尺高质量的饮用水。同时，当局还修建了 3 座水库和一个庞大的输水网络，将水直接输送到每家每户。这项综合计划一直持续到 1924 年。

与此同时，巴黎也计划将供水业务进行外包。1860 年，政府与通用水务公司签订了一份为期 50 年的合同。该公司于 1853 年由拿破仑三世特许经营，此前负责管理里昂的供水网络。至今，通用水务公司仍然存在，叫作威立雅（Veolia），管理着世界上许多城市的供水业务，尽管巴黎后来恢复了自营模式。

除了垃圾和水，巴黎还存在燃气网络问题。19 世纪 50 年代中期，巴黎的某些公司已经开始使用煤炭生产天然气，并通过当地的小型网络进行供气。1856 年，佩雷尔兄弟决定带头合并这些公司。虽然这不在奥斯曼的职责范围内，但他还是协助了佩雷尔兄弟的谈判。奥斯曼还扩大了城市的街道照明系统，提高了天然气垄断的价值，因为当时的街道照明系统通过燃烧天然气实现。街道照明的普及改善了巴黎夜间街道的外观和安全性，赢得了巴黎市民的高度赞赏。

第二帝国开启了垃圾管理、供水和天然气等公共设施的时代。政府建立了一系列网络，并采用了创新机制对其进行管理，与今天的管理方式类似。这些基础设施的建设使得现代化城市生活成为可能。尽管当今巴黎市民视其为理所当然，但这一切都源于这些创举。

****

随着世界博览会的临近，奥斯曼还需要解决另一个紧迫的问题——巴黎混乱的公共交通系统。

早在1828年，巴黎就引入了公共马车作为大众公共交通工具。这种马车可以搭载15人，由两三匹马拉动，只要支付五个苏，就可以沿着任何一条路线行驶。公共马车很快满足了市民的实际需求，获得了巨大成功。到了19世纪50年代，公共马车数量激增，出现了一系列令人困惑的公司，它们运营着纵横交错的马车线路。每家公司都有自己的颜色和独特的设计，比如白色的"白衣夫人"、绿色的"巴黎女士"、黄色的"燕子"，还有穿格子裙的"苏格兰妇女"等。

1853年，一种令人激动的新型公共交通方式在巴黎亮相：双层皇家公共马车。人们可以坐在开放的上层甲板上。尽管栏杆不够高，常常有人从高处坠落受伤，甚至死亡，但双层皇家公共马车仍然广受欢迎。到1855年世界博览会时，它们已经成了巴黎的标志性景象。

当时，巴黎有十几家独立的公共汽车运营公司，每年运送着3600万名乘客。这些公司使用近4000匹马来拉动350辆公共马车。[2]然而，奥斯曼省长决定将所有公司和线路合并为一个公共交通公司进行管理，以垄断巴黎的公共交通市场。新公司的交通网络由 25 条线路组成，通过字母来区分。公司的票价也进行了标准化：一层 30 生丁，二层 15 生丁[①]。

完成收购和合并需要大量的资金。在这时，佩雷尔兄弟的动产信贷银行提供了必要的资金，并于 1855 年 2 月 22 日成立了公共马车公司。多年来，公共马车公司一直是巴黎的公交车运营商，直到最终被并入巴黎公交公司。现在的巴黎公交公司是巴黎公共交通系统的运营商。

如果一个人在城里待不了多久，不需要租用马车、马匹和司机，而且经济也比较宽裕，那么他可以在巴黎的 158 个指定地点轻松叫到一辆马车，就像现在打出租车一样便捷。这些马车被称为出租马车[②]，因为它们需要待在特定的地点等待顾客。

政府对出租马车采取的策略与公共马车类似。当时，政府成立了巴黎皇家出租马车公司，垄断了巴黎的出租马车市场。该公司提升了可用马车的质量，并且组织了一系列服务，如为驭手提供培训和推行收据系统。然而，驭手们并不喜欢这个系统，这种不满情绪在 1865 年 6 月的一次罢工中达到了顶峰。罢工之后，政府决定改变出租马车的经营方式，允许驭手自主经营。

随着现代化车队和基础设施的发展，巴黎的公共交通系统变得更加有序。城市不断发展变化，公共马车和出租马车数量

---

① 生丁，法国辅币，100 生丁合 1 法郎。
② "Voitures de place" 法语直译为"特定地点的车辆"，实际意为出租车。

第九章　庆祝新城

不断增加，逐年上升。现在，巴黎已经准备好迎接世界了。

****

1855年5月15日，巴黎世界博览会如期开幕，人们对它寄予厚望。然而，当天下着雨，气温异常寒冷，只有两座建筑物完工，展品也没有全部到位，因此游客稀少。尽管当时欧洲国家之间正在进行激烈的克里米亚战争，但拿破仑三世依然骄傲地宣布这座"将所有人团结在一起的和平圣殿"的开幕。[3] 总体而言，那时人们的普遍感受是失望和无趣。

博览会的中心——工业宫是主要的展览建筑，它是一个长227码的庞然大物：内部设有一座巨大的玻璃覆盖的庭院；外部为砖石建筑，没有什么特别吸引人的地方；主要入口周围有一些雕塑，试图掩盖其他区域的沉闷；虽然铸铁梁跨度达到了157英尺，展现了真正的技术水平，但远不及帕克斯顿的水晶宫壮观。工业宫被设计为永久性结构，但它并不受人喜爱，最终在1896年被拆除，为1900年世界博览会的小宫和大宫腾出空间。

1855年5月26日，第一位到达巴黎的外国政要是葡萄牙国王佩德罗五世（Pedro V）。这位年仅17岁的国王非常可爱，带着一股军人风度和与法国国王比肩的胡须。巴黎人热情地欢迎了他的到来。

19世纪50年代和现在一样，夏天是巴黎一年中最平静的时候，大多数人都习惯躲到乡村住宅里避暑。但1855年是个例外。随着建筑物和景点开始挤满人群，博览会的势头越来越大。6月13日，朱塞佩·威尔第（Giuseppe Verdi）来到巴黎，参加他的歌剧《西西里晚祷》（*Les Vêpres siciliennes*）的首演，演出

141

取得了巨大的成功。当时，剧院内座无虚席。同时，在城市的另一端，两位伟大的女演员阿黛拉依德·里斯托里（Adelaïde Ristori）和蕾切尔（Rachel）也在登台演出。一位巴黎人惊叹道："这座伟大的首都从未像现在这样辉煌和充满活力。"[4]

****

这个夏天最盛大的活动毫无疑问是维多利亚女王的巴黎之行。8月18日，拿破仑三世亲自前往滨海布洛涅迎接英国君主。虽然已经很晚，但他耐心地等待着皇家游艇的到来，并帮助女王、阿尔伯特亲王（Prince Albert）和他们的两个孩子——14岁的维姬（Vickie）和13岁的爱德华（Edward）——下船。随后，他们登上前往巴黎的火车。

伴随着法国国民卫队演奏的《天佑女王》（God Save The Queen），火车于晚上7点20分缓缓驶入巴黎东站。车站前，一辆由四匹骏马拉着的白色丝绸装饰的敞篷马车静静地等待着。当夜幕降临时，成千上万的巴黎市民——其中许多人已经在炎热的天气中等待了一整天——欢呼女王的到来。对两个经历过可怕战争的国家来说，这是一个不同寻常的时刻，许多参加过战争的老兵至今仍然健在。

他们沿着新修建的斯特拉斯堡大道走到马德莱娜教堂，之后沿着皇家大道前行，穿过协和广场，再去往香榭丽舍大街。所有地方都装饰着节日的横幅。女王此前从未来过巴黎，眼前的景象让她惊叹不已。夜幕降临，游行队伍的灯笼渐渐点亮，营造出奇妙的效果。

数千名士兵整齐地站立在整条路线的街道两侧，从巴黎东

第九章 庆祝新城

站一路到协和广场,每家每户都悬挂着各种标志或徽章,欢迎女王的到来。沿途还竖立了雕像和其他珍品,比如位于意大利大道的凯旋门,顶端是巨大的老鹰,其上托着饰有英法两国君主的字母的徽章。一位英国评论家后来回忆道:

> 我这一生见过许多彩旗。在民众欢庆的场合,我曾看到都灵、佛罗伦萨和罗马挂起了装饰华美的旗帜;在乌特勒支和莱顿的大学城里,我见证了历史性的游行;在布鲁塞尔,我看到了凯旋仪式;感恩节时我也见过伦敦的盛况。但在那个星期六的下午,拥挤的人群沿着整条路线一直延伸到布洛涅森林,我从未见过比这更震撼的景象。[5]

从凯旋门出发,皇室成员被带到了宽阔的新皇后大道。穿过灯火通明的布洛涅森林,他们来到了圣克劳德宫。拿破仑三世认为这是他最好的住所,欧仁妮皇后此时正等着迎接他们。女王的私人公寓已经被完全重新装修成温莎城堡的样子,并用从卢浮宫带来的绘画作品进行装饰。毫无疑问,这一切都是为了使女王的这次逗留成为她难忘的回忆。

8月20日,星期一,维多利亚女王参观了博览会的美术展馆。之后,她和家人们从仍然装饰着威尼斯风格桅杆的香榭丽舍大街上下来,来到了崭新的里沃利街和巴士底广场,然后沿着林荫大道返回,再次被欢呼的巴黎人团团围住。下午,在爱丽舍宫举行了招待会。晚上,法兰西喜剧院的演员们在圣克劳

143

德宫演出了大仲马的戏剧《圣西尔小姐》。女王兴奋地在日记中写道:"对于这座世界上最美妙的城市,我还能说些什么呢?"

这次访问对年仅 36 岁的维多利亚女王来说是个非常难得的机会,让她能够深入体验法国首都的魅力。尽管为期 9 天的行程密不透风,但她仍抽出时间前往一个月前刚刚开业的卢浮宫百货公司游玩,并隐瞒了自己的身份。她非常喜欢这里的商店和画廊。

不过,时尚问题也确实引发了热议。尽管欧仁妮皇后和法国宫廷都定义了高雅的标准,但可以委婉地说,维多利亚女王并不擅长打扮。她带着一把亮绿色的遮阳伞和一个绣着贵宾犬图案的大手提包来到法国。其他服装也同样遭到了诟病。对于女王的着装,巴黎人觉得有些好笑,但这并没有影响他们对女王的热情。

8 月 23 日,市政厅举行了一场盛大的招待会。据称,仅装饰和鲜花的费用就高达 35 万法郎。

对于乔治-欧仁·奥斯曼来说,这场盛宴实现了他所有的梦想。作为资产阶级新教徒,他曾在 1830 年革命中作为暴徒闯入市政厅。10 年前,他还只是一个人口不到五千人小镇的公务员,而现在他却成了这场盛宴的主人。奥斯曼渴望地位和认可,希望能够效仿两位杰出的祖父。今晚,对他来说,是生命中一个光辉而难忘的里程碑。

当他带领女王参观大楼时,省长指着街对面的建筑工地告诉她,用女王的名字命名正在那里修建的大道将是法国无上的荣耀。因此,当大道建成后,它被命名为维多利亚大道。维多利亚女王显然深受触动：她在拿破仑三世面前，特别提到了奥斯曼的接待。这让奥斯曼收获了一枚法国荣誉军团勋章。

旋风并没有停歇。8月24日星期五，维多利亚女王应邀前往战神广场检阅4万名法国士兵。当时，法国军队被视为世界上最伟大的军队之一，也是装备最精良的军队之一。在巴黎军校的背景下，一排排闪耀着光芒的军人列满了整个广场，场面令人难以忘怀。

第二天晚上，凡尔赛宫举行了一场盛大的舞会，宫内灯火辉煌，绚丽夺目。舞会在镜厅举行，整个厅内点燃了3000支蜡烛。欧仁妮皇后身着白裙，装饰着绿叶和无数钻石，璀璨动人。夜幕降临后，精彩的烟花表演在凡尔赛花园喷泉的映衬下绽放，让人目不暇接。管弦乐队演奏着美妙的乐曲，舞蹈表演也十分精彩——四对舞和华尔兹——皇帝和年轻的维多利亚女王翩翩起舞。

最后，在27日，维多利亚女王和她的家人结束了法国之行，返回滨海布洛涅，乘船回到了英国。她后来在给皇帝的信中写道："这次旅行我永远铭记于心，永生难忘。"[6]

对于此次访问，拿破仑三世也非常满意。一连串的事件圆满结束，让他的统治达到了巅峰。这次访问不仅是为了巩固英法同盟这一紧迫的外交目标，也标志着巴黎历史上一个关键时刻的到来。这是城市迎来新身份的开始，不仅捕捉并放大了这座城市先前所表现出的激情，更表明巴黎现在已经成为现代化和先进的中心。

巴黎的重生

****

维多利亚女王和她的家人并非 1855 年唯一一行到访巴黎的游客。当年，巴黎的酒店共计登记了 50 万入住人次，其中 12.8 万是外国人，几乎是前一年的两倍。同时，这也是首次有超过 400 万的旅客经过巴黎火车站。

当时的人们已经很清楚——但现在已被完全遗忘——1855 年的世界博览会是大众旅游新现象的开端。铁路让英国人可以方便地前往巴黎，但这些游客往往不是贵族就是有特定目的的商人，或者是至少对法国有概念的人。然而在 1855 年，大量英国中产阶级游客涌入法国首都，他们完全不懂法语。巴黎的商店开始在门口贴上"这里会说英语"的牌子。他们勇敢地尝试用英语表达自己的意思，而直到很久以后，他们才对使用法语以外的语言为他人服务产生著名的不悦态度。

随着大众旅游的兴起，廉价旅馆、餐馆和纪念品商店蓬勃发展，但与此同时，许多不良导游也应运而生，迅速出现在巴黎的街头。实际上，除了巴黎的光辉外，游客在巴黎的旅行中所面对的糟糕的经历也是第二帝国留下的遗产。

****

迄今为止，巴黎几乎所有的城市发展项目都以右岸为主，如今是时候推进左岸的建设了。第一步是将新的南北轴线向南延伸，沿袭皇帝的"彩色计划"，横穿西岱岛，穿越圣米歇尔桥，贯穿卢森堡花园，直达地狱之门（今天的丹佛罗什洛广场）。和右岸部分一样，这条新街道最初被称为"塞瓦斯托波尔大道"，但这个名字常常令人困惑，因此街道被改名为"圣米歇尔大道"。

在左岸附近，拿破仑三世倡议的学院路正在建设之中，但奥斯曼发现这条街道难以令人满意。它弯弯曲曲，起伏不平，与城市其他地区的联通性很差。奥斯曼向皇帝提出了一个新的想法：尽管学院路即将完工，但仍要建造一条新的东西街道，与之平行，像塞瓦斯托波尔大道一样笔直宽阔。这条街道将穿过左岸的历史街区，经过圣日耳曼德佩修道院教堂，连接圣日耳曼郊区，一直到巴士底广场。起初，拿破仑三世并不认为有必要修建这条新街道，但是省长坚持己见，皇帝最终同意了。这就是未来的圣日耳曼大道的构想。

1855年8月11日，世界博览会和克里米亚战争期间，巴黎左岸的新项目被正式批准。法令批准了建造学院路，以及修建从塞纳河到库雅斯街的圣米歇尔大道，包括圣米歇尔广场。同时法令正式宣布了修建圣日耳曼大道的最东端，从都尔奈勒河堤到圣米歇尔大道。通过这一步，左岸中央的框架已经基本成型。

****

19世纪50年代初，法国在外交上仍然处于最低谷。拿破仑战争的失败让法国陷入困境，至今仍未恢复昔日的军事实力。

克里米亚战争初期看似一次博弈，法国领导的联盟支持奥斯曼帝国对抗俄国，此役法国在军事和外交上都取得了成功。拿破仑三世证明了法国军队能够与其他欧洲列强协同作战，同时也表明法国并没有野心扩张领土。由此，欧洲各国领导人认识到法国作为一支有效的军事力量重返欧洲舞台的前景。

1855年12月29日，参加克里米亚战争的部分军队凯旋巴黎。游行队伍穿过城市后,他们到达了维克多·巴尔塔装饰的旺多姆广场。成千上万的观众站在露天看台上观看庆祝活动。巴黎市民载歌载舞,一直持续到深夜。

两个月后,1856年2月26日到3月30日,巴黎主办了巴黎会议。这是自维也纳会议以来举办的规模最大的外交会议。在这几个星期里,来自欧洲各大国的代表聚集在奥赛码头上新建的外交部大楼内。这座大楼已经完成了装修,为此次盛会做了充分的准备。到了晚上,与会的外交官们前往巴黎的歌剧院、剧院、餐馆和妓院纵情狂欢。

1856年3月16日,巴黎会议期间,清晨6点,荣军院的大炮声响遍全城,人们纷纷惊醒。大炮在齐射101次后方才结束。这一声势浩大的活动是为了庆祝法国皇后生下了第一位帝国继承人。

他的出生对一个旨在建立皇室世袭机制的政权来说,具有极为重要的政治意义,同时对于拿破仑三世本人也具有巨大的个人意义。那天,巴黎议会的全权代表前来祝贺皇帝,全国各地的教堂唱起了《赞美颂》,剧院向公众免费开放,法国最伟大的诗人创作了诗歌以表达敬意。此外,皇家宝库也向慈善机构捐赠了礼物,皇帝和皇后还宣布他们将担任法国所有新生儿的教父教母。

3个月后,帝国皇子接受了洗礼,这是法国历史上最盛大的庆祝活动之一。在皇室成员前往巴黎圣母院的路上,成千上万的巴黎民众站在街道两旁,参加仪式的人数更是高达6000人。大教堂本身装饰精美,看起来更像是华丽的歌剧场景,而不是

第九章 庆祝新城

一个礼拜场所。那天的晚宴非常丰盛，有上等的菜肴和葡萄酒，还有查尔斯·古诺（Charles Gounod）和丹尼尔·奥柏（Daniel Auber）专门为此创作的音乐。精彩绝伦的烟火表演点燃了整个晚宴，数不尽的糖果从天空中落至公众面前。

3月30日下午1点，巴黎和约的签署仪式在新外交部大楼的大使沙龙举行。政要们共聚一堂，参加签字仪式。据《纽约时报》报道，这是"全欧洲最优雅的官方公寓之一"[7]。荣军院和包围巴黎的18个堡垒的大炮声在此时响起，整座城市再次被点亮。接下来的周二，拿破仑三世为了纪念和平，举行了盛大的6万军队阅兵式。这次盛典标志着拿破仑三世恢复法国地位的努力取得了巨大成功。

所有这些频繁而盛大的庆典看起来可能只是趣闻轶事，但实际上，它们对巴黎的历史以及城市规划天才拿破仑三世而言，皆具有重要意义。这些活动并非空洞的庆祝，而是旨在使巴黎在法国以及整个帝国在国际上拥有异乎寻常的地位。拿破仑三世身负政治宏愿，他希望通过这些庆典为他的统治赋予声望，并向首都注入共同的愿景，以便留下永恒的印记。

虽然拿破仑三世并不懂艺术，但他深谙政治，并精通符号的价值以及它们在社会集体中所扮演的重要角色。有人认为这是一种阿谀奉承的行为，只是一种策略，为了转移人们的注意力、迎合法国人的自大心态，让他们不去关注革命问题。但实际上，对于公民自豪感以及法国和巴黎的文明使命感，大多数巴黎市民也作出了积极的响应。拿破仑三世对这座城市的愿景不仅仅停留在功能上，更植根于国家团结、进步和美丽的共同理想，与当时的社会精神产生了强烈的共鸣。

从我们的角度来看，所有这些庆祝活动所花费的开销和精力令人惊叹。即使在当时，也有人私下质疑这些资金的使用是否值当。但是，拿破仑三世不仅仅是国家的管理者，他还为法国赋予了一种新的感觉和对未来的愿景。他致力于建设一个成为人类灯塔的国家，以及一座他希望成为世界之都的城市。

第十章

一片废墟

第十章 一片废墟

在没有现代化设备的帮助下，修建道路的过程令人印象深刻。一排排工人挥舞着铁镐，挖开泥土和石头，努力地向前推进。他们将挖出的废料铲进10多辆手推车和马拉的翻斗车中，等待运到城市的其他地方进行回填。宽15英尺、深20英尺的沟渠完全是靠人力挖出来的。沟渠两侧固定了木制护墙板，每隔10英尺左右还放置着木扳手，方便石匠们在建造下水道时搭建石渠、墙壁和拱顶。随后，整个区域使用泥土进行填平，以便未来的道路建设。

路面工程也是异常艰巨。大块的花岗岩被紧紧地固定在路边的泥土上，标示出人行道的位置。排水沟则使用较小的方形花岗岩铺设，并采用水泥进行加固，以防止渗水。工人们还建造了一个个收集器，将汇集的雨水引入下水道，确保路面畅通无阻。

巴黎最优质的道路采用的是约翰·劳登·马卡丹（John Loudon McAdam）开发技术的一个变种技术。这种技术的操作过程十分简单。首先，从采石场中开采石头，将其碾碎成核桃大小，然后用翻斗车将碎石运往新建的道路上。其次，工人们将碎石铺在略微凸起的道路表面上。铺好后，用马匹拉着重型圆柱体在表面来回滚动，直至石头被压成坚硬的团块。再次，再用更细的材料铺上一层，接着用水进行浇灌，再次加固。最后，再使用圆柱体将表面压实，直至道路变得坚硬而平滑。尽管这种技术已经被遗忘，很少有人知道它的名字来自一名苏格兰工程师，但巴黎人直到今天仍然称呼道路表面为"马卡丹路"（碎石路）。

虽然马卡丹技术提供了最平稳的行车体验，但它需要大量的维护。工人们需要定期清理路面，而且清扫必须十分轻柔，因为只有这样才能把马匹和马车碾过时堆积在路面上的细沙扫走。天气潮湿时，工人们需要清除多余的泥浆。天气干燥时，工人们又不得不给路面洒水，以避免灰尘过多。此外，道路一旦损坏，就必须立即修复。由于维护成本极其昂贵，马卡丹技术只适用于最重要的主干道。

更加注重功能性的道路通常使用石头铺设。相较于马卡丹路，这些道路造价更高，行驶体验也不如前者平稳，但胜在使用寿命更长，需要的维护也最少。修建这些道路需要熟练的工人。他们先要铺设并夯实沙土基础，接着铺砌石砖，使用铺砌工锤将石砖固定至合适的高度，并适当地调整连接处，以免马车狭窄的车轮卡进去。同时还需要调平路面，确保马蹄不会打滑或扭伤。这是一项细致的重复性工作。

拿破仑三世曾经说："伦敦的街道只考虑交通需求。"[1] 相比之下，巴黎的街道设计更加综合，延续了城市的传统，并创造了适合散步的街道。在第二帝国时期,宽敞的人行道和一排排树木被系统地融入主要道路中,同时还精心设计了长凳、花灯以及广告柱等街道设施。关注街道设计不仅仅是出于车辆流通的需求,尽管20世纪工程师不负责任的干预使这种关注有所降低,但其在为整个巴黎赋予城市特色方面起到了巨大的作用。

总体而言,在第二帝国时期,巴黎共修建了85英里长的全新街道,平均宽度为80英尺,是市中心原有街道平均宽度的3倍多。此外,巴黎还修建了420英里长的人行道,并将煤气路灯数量从1.5万盏增加到3.2万盏以上。道路两旁的树木也从5万棵增加到9.6万棵。

修建新街道是一项漫长而艰苦的工作,然而一旦工程完工,它将呈现出壮丽的景象。放眼望去,宽阔的街道如同舞厅的地板一样平整,可以轻松地容纳许多辆马车。而高出路面的人行道则使用了一种叫作沥青的新材料,确保行人可以自由通行,免受交通和泥水的干扰。另外,各种细节都被考虑到了:优雅的煤气灯让夜晚的街道更加安全温馨;排水沟截留雨水,并将其引走;下水道将城市污物悄悄带走。这些崭新的街道无疑是工程与艺术的杰作。

****

虽然这些宏伟的建设完工后将会非常壮观,但是巴黎大改造的直接后果却是将城市变成了一个永无止境的大工地。由于新的街道横穿了城市街区,多年来,巴黎到处都是被简单的木栅栏包围的未完工建筑区。行人、马匹和车辆不得不在支离破碎的道路和堆积如山的碎石中艰难前行。据统计,1852年到

1870年，巴黎有27000座建筑被拆除。

一些人认为，巴黎看起来就像一座古老城市的废墟。作家泰奥菲尔·戈蒂耶的描述揭示了"战乱"地区阴森悲壮的诗意氛围：

> 这些敞开的房屋构成了一幅奇特的景观，色彩缤纷的墙纸仍然勾勒出卧室的形状，楼梯却不再通往任何地方，奇怪的坡度和残垣断壁让人不禁感叹……然而，这种动荡却也不乏美感。阴影和光线穿过碎石和倾斜的支梁，交织出富有画面感的景象。[2]

这是一项劳动密集型工作，整个建筑工地生机勃勃，到处都是挥舞着铁镐的工人，拉着翻斗车的马匹，还有用独轮车搬运材料的工人。此外，还能看到奇特的蒸汽动力起重装置，正喷出阵阵白色蒸汽。工地周围堆满了瓦砾，等待着过程复杂的装运程序。

此时的巴黎，建筑业的地位空前显赫。承包商们蓬勃发展，每天都有大批工人从远方赶来，成群结队地穿梭于各个工地之间，用有趣的口音和俚语互相聊天。河面上，一艘艘载着石头和沙子的驳船沿着塞纳河前行，最后在码头上卸下货物。而在城市街道上，满载着碎石和建筑材料的马车和手推车叮当作响地在街头穿梭。

城市景观的快速变化使人们在自己的城市里感到迷茫。爱弥尔·左拉的小说《巴黎的肚子》（*The Belly of Paris*）以主人

第十章 一片废墟

公弗洛朗·昆努（Florent Quenu）回到巴黎为开端。他在1848年被流放到圭亚那的劳改营，经过几年的漂泊回到巴黎大堂附近，却发现故土已经面目全非。摄影先驱纳达尔（Nadar）也是对家乡重建感到迷茫和不安的众多巴黎市民之一，他说道："我好像一个昨天才来到这座外国城市的旅客，在这片故土上，我却感到孤独和陌生。"[3]

泰奥菲尔·戈蒂耶写出了巴黎眼前发生的变化：

> 深深的壕沟交错纵横，有些已变为宏伟的街道；城市街区如魔法般消失，新的视角展开，意想不到的景致呈现。曾经对巴黎道路了如指掌的人，却能在昨天新建的街道上迷失。在诸多地方，巴黎的面貌已经发生了翻天覆地的变化。[4]

重建工程也导致了大量的人口搬迁。那些世代居住在巴黎最古老街区的家庭，他们只能和朋友及熟人道别，将所有家当装进手推车带走，搬往其他工人阶层的社区，如圣马塞尔郊区或圣安东尼郊区，或是刚开始城市化的巴黎北部和东部。据统计，1852年到1870年，共有117553个家庭，代表有35万人——超过当时巴黎人口的20%——因为巴黎大改造而被迫搬迁。

保存在巴黎城市档案中的一些征用计划揭示了当时征用过程的细节。绘图员仔细地将现有建筑物标在平面图上，然后勾画出新道路的线条，并将所有受影响的房产涂成粉色。旁边的桌子上记录着每处房产的确切地址、业主名字、房产总面积、

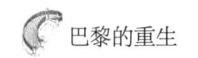

被征用面积以及其他附加说明。在这之后，便开始了一套精细的行政流程，包括通知、判断、评估和上诉。桌子上的每一行记录都代表数十人的家园将被摧毁，生活将被颠覆。这一切，连同给巴黎市民造成的所有痛苦，都是旧巴黎为了实现城市宏伟和现代化的新梦想而付出的代价。

建筑工程不仅给巴黎市民带来了不便，也破坏了已故的巴黎人的安宁。传统上，巴黎人死后会被埋葬在城市周围众多的小墓地中，其中许多不可避免地被建筑浪潮淹没了。随着城市建设的推进，人们陆续发现了大量的人骨，并将其送往老伏吉拉尔公墓。到1859年，那里已经堆积了4万立方英尺的尸骨。[5] 之后，市政官员决定将所有尸骨转移到市政骨灰存放处，即人们熟知的地下墓穴，与自18世纪晚期以来保存的尸骨汇合。这些骨头对拿破仑三世来说具有极大的吸引力。1860年的某一天，他决定带着年仅四岁的儿子前往参观这个完美的目的地。可以想象，这位年幼的皇子当时一定被眼前的景象深深地震撼到了。

对于城市遭到的破坏，许多人深表遗憾，但没有人能像维克多·雨果和夏尔·波德莱尔（Charles Baudelaire）那样言之有物。雨果是巴黎中世纪流亡吟游诗人，波德莱尔则一生都住在巴黎，他的诗作逐渐得到赞誉。两位诗人都深情地眷恋着即将永远消失的旧巴黎，包括波德莱尔的出生地——奥特弗伊街13号。雨果谴责里沃利街无休止的开发，而波德莱尔则感叹，在巴黎，越来越多的脚手架和新建筑在破坏着城市的历史文化，让那些"比石头更珍贵"的回忆逐渐消逝。但对这两位诗人来说，巴黎依旧是他们诗歌创作的源泉。正如波德莱尔所言："巴

黎在变，但我心永恒。"⁶

尽管这两位诗人都坚决反对大规模破坏历史街区，认为巴黎大改造毫无艺术可言，但他们并不完全反对现代化。波德莱尔是个经常步行的人，因为喜欢散步，也因为没钱坐马车或公共马车，他强烈抱怨过泥泞的街道，因此对引入人行道和其他改进措施表示赞赏。雨果也支持将巴黎建成人类之都，他在1867年出版的《巴黎指南》(*Paris-Guide*)序言中全面阐述了这一想法，语言十分优美。虽然如此，两人都对第二帝国以及巴黎堕入的道德深渊感到深恶痛绝。可以预见，在这样一个被玷污的政权中，将如此伟大的建设工程交给像奥斯曼这样的人去完成，其结果必然是采取暴力、粗暴的方法，缺乏人性和情感。

****

第二帝国在巴黎取得了惊人的成就。在没有面临任何灾难性自然灾害（如火灾或地震）的情况下，能够自发地对已建成的城市进行如此全面的改造，真是令人难以想象。如果不是这座城市拥有非常强大的法律武器——土地征用权，那么从法律和实践的角度来看，这样的重建都不可能发生。

法国土地征用权的法律架构可以追溯到1807年。当时，一项法律首次规定，政府可以征用私有财产以开辟未来公共道路。尽管这种权力的使用受到严格限制，但该法律为第二帝国重建巴黎提供了法律保障和基础，在巴黎重建中被大量使用。

1841年又通过了另一项法律，进一步细化了土地征用权的执行条例。在实践中，征用权的使用变得更加普遍——在这项法律的支持下，朗布托街和其他19世纪40年代新道路的修建得以实现。

随着工业化进程的加速推进，对基础设施建设的需求日益增长。1848年，新修订的共和国宪法正式承认了国家土地征用权的概念。宪法第11条规定："一切财产不可侵犯。但是，国家可以在法律规定的公共用途下，基于公正赔偿的原则，要求牺牲某项财产。"根据官方规定，在某些情况下，为了集体利益，可能需要牺牲财产权。

1852年3月26日，路易-拿破仑·波拿巴总统起草了一项新法令，旨在解决巴黎土地征用问题，随后签署成为法律。该法令提升了政府在决定征用建筑和土地时的自主权，但在任何情况下，征用都必须出于公共用途并公开宣布。此外，如果在剩下的土地上无法建造适合居住的建筑，该法律还允许政府将剩余土地合并到新的地块中，从而大大提高了政府在新基础设施建成后对资产进行货币化的能力。

这是奥斯曼就任后发现并使用了长达16年的法律框架。多亏了这些法律，巴黎不仅能够建造新街道，还能够积极参与房地产开发。该法律保障了政府获取建造新街道所需的所有土地，并将沿街土地重新整合后出售给私营部门。

这种做法通常被认为是"奥斯曼系统"（Haussmann system）的一部分，但实际上并非新想法。早在1791年，建筑师查尔斯·曼真（Charles Mangin）就提出了类似的想法。他主张在今天夏特莱广场的位置上建造一个新广场，并利用之前开发所获得的收益逐步重新开发整个巴黎市中心。曼真解释道："购买和转让房屋和土地可以带来持续的收益，这些收益将被集中到一个基金中，用于修缮巴黎，以及建造拟议中的广场和公共纪念物。"[7]

奥斯曼政府成功实施了类似的方法，以新开辟道路沿线土地的合理价值，出售征收的土地。然而，城市的经济利益受到许多现实和法律因素的限制。最终，出售新地块和回收建筑材料所得的收入约占修建新道路总成本的20%。虽然这一收入还算可观，但仍无法完全弥补成本。

高昂的征用成本是制约这些开发业务盈利的主要因素。其核心问题在于征收补偿由财产所有人组成的陪审团决定，而陪审团成员的土地也可能在未来被征收。加上媒体的煽动，这些陪审团开始将赔偿金额抬高到惊人的水平。当市政府提出上诉时，他们发现法院居然支持这些高额赔偿，这令奥斯曼政府备感沮丧，城市支出开始急剧上涨。

律师们开始专攻这一领域，建立起一个小规模的产业，旨在尽可能地提高陪审团决定的赔偿金额。坊间流传着这样的故事：一位朋友看到一个新富起来的人，便好奇地问他："你是怎么发财的？"对方回答说："我的地被征用了。"

然而，并非所有人都遵守规矩。一些人为了夸大赔偿，会伪造被征用财产的虚假账目。他们会重新装修商店，并确保在现场检查当天有大量的员工在场，而且店内挤满了"顾客"。当然，这些"顾客"都是请来的演员。巴黎人的聪明才智在获取赔偿最大化方面取得了巨大成功。

当然，没有人能胜过那些知道内幕的人。曾经，省长夫人奥塔维·奥斯曼（Octavie Haussmann）天真地表示："每次要决定修建新的道路时，我们好像都会有一个好朋友的土地要被征用。"[8]

巴黎的重生

巴黎正在面临越来越严重的财政问题。在当前的成本水平下，城市预算难以支持所有已经宣布的项目。最近，法国政府发起了一项全国性捐款，以资助克里米亚战争，这场昂贵而遥远的战争已经给法国财政施加了巨大压力。尽管如此，政府仍然决定发行 6000 万法郎的新债券，为基础设施项目筹集资金。

****

来巴黎旅游的游客往往会惊叹其高度统一的建筑风格。造成这一现象的主要原因是，1852 年至 1870 年，巴黎集中兴建了超过 10 万幢建筑。

导致巴黎建筑高度统一的另一个原因是，众多建筑都属于同一类型，即出租公寓或出租楼房，这种建筑类型在第二帝国时期迅速发展。在这座不断发展的城市中，整个社区都在经历着快速的中产阶级化。许多资金充裕的投资者，如佩雷尔兄弟，争相通过他们的不动产公司购买优质土地，并将其改造成出租房产以获得收益。因此，出租公寓成了备受欢迎的投资工具。

在建筑领域，出租公寓带来了一个全新且具有吸引力的问题。建筑师首次被要求为一个他们并不了解的群体设计住宅，同时不能直接向他们询问具体需求。现在，资产阶级住宅需要提前设计，提前进行大规模生产。

为了应对这一问题，建筑师们设计了一种新型住宅，现在被称为"奥斯曼"公寓。尽管名字有些不妥当，因为奥斯曼本人并没有参与设计建造，这种建筑风格只是出现于后来被称为奥斯曼重建巴黎的时期。

奥斯曼公寓建筑的起源可以追溯到早期严谨规范的建筑，

如里沃利街、市政厅广场和维多利亚大道。这些建筑以及后来出现的一些，如圣米歇尔广场，都是强有力的典范，经由建筑杂志广泛传播到整个建筑行业。这种传播促进了建筑商和开发商之间的"文化共识"，正如建筑历史学家皮埃尔·皮农（Pierre Pinon）所说，他们遵守了一套设计原则。[9]

在新路沿线建房的所有人都必须遵守一项重要限制，即一项销售协议。该协议规定市政府出售土地给开发商，但要求每个街区建筑应该"楼层高度相同，外观原则上相似"，并且"建筑外立面以石材为主，带有阳台、飞檐和装饰"，从而使整个街区形成"单一的建筑整体"效果。[10] 为了使开发商了解市政府的期望和要求，市政府为他们提供了一些设计范例。

同时，建筑的高度、形状和布局也必须遵守明确的规定。在巴黎，楼房高度的限制早已实施多年，但是1859年7月27日颁布的法令进行了更新，明确规定了限制的具体内容。除此之外，还有一些布局规则，例如规定必须有大型公共庭院，以最大限度地保证建筑的通风。

这些文化和管理因素共同塑造了奥斯曼建筑的特色风格：一座七层高的石头建筑，正面宽度至少为50英尺，窗户呈规则的矩形形状。高贵楼层，要么是第二层，要么是第三层，比其他楼层更高，装饰有优美的锻铁阳台，与顶层相同。屋顶上还有形状独特的阁楼，覆盖着石板。这种风格的特点是阳台和飞檐显著的水平线条，贯穿整个街区，极具辨识度。在室内，公寓通常遵循明确的布局，房间沿主立面排列，同时与公寓设计的其他共同特征相呼应。

奥斯曼建筑的特征是大规模工业生产建筑元素的直接产物，其中一个典型例子就是阳台的铁栏杆。与装饰和优雅相关的工业元素的出现成为第二帝国时期身份认同的核心，这一趋势也延伸到了统治新巴黎的建筑美学上。第二帝国建筑广泛地采用工业生产的装饰元素，并极度依赖于这些元素来塑造建筑风格。

奥斯曼建筑在设计细节上拥有惊人的多样性，但其特征在外观上仍然一目了然，成了巴黎城市形象的核心。与之形成鲜明对比的是美国人的建筑作风，《纽约时报》的一位记者曾发文指出，法国人能够"将不同的美感元素结合成和谐的总体效果"，而相反地，"美国城市的房屋和商店则是每个人依据自身需要建造和涂刷，而忽略了整条街道的外观协调性"。[11]

****

多年来，伫立在巴黎市中心的卢浮宫一直被一件奇怪的黑色斗篷所笼罩着。精心建造的木制脚手架遮盖了整座建筑，外部还有悬挂的楼梯。从诗意的角度来看，它就像一座位于市中心的巨大木质教堂。

1856年年末，那神秘的黑色斗篷终于被拆除，宏伟壮观的新卢浮宫向城市敞开大门。建筑中心是崭新的拿破仑中庭，由南北两侧的新建筑环绕。路易·维斯康蒂和赫克托尔·勒菲埃尔精心设计了对称的立面，每个立面都有三座亭子，亭子上装饰着独立的柱子、雕塑和山墙，亭子通过拱廊相连，拱廊上刻着独立的雕塑和庄重的山形窗。在卡鲁塞尔凯旋门的南北两侧，连接卢浮宫和杜乐丽宫的长廊也进行了重建和新建。沿着里沃利街，全新的纪念性立面也为卢浮宫增添了美感。整个建筑设计非常出彩。

为庆祝这一伟大项目的完成，庆典活动当然必不可少。在1857年8月15日这个全国性节日上，拿破仑三世向前国王的遗愿致以敬意，这也是法国文化世代相传的象征。管弦乐队奏响音乐，人们载歌载舞，兴高采烈地庆祝这一历史性时刻。

自1857年建成后，卢浮宫基本未受到太多影响。然而，1989年，法国前总统弗朗索瓦·密特朗（François Mitterand）宣布了一项引人注目的扩建工程。这个工程包括在主庭院中心建造一个玻璃金字塔和其下方的一个大厅，以及在黎塞留馆和德农馆两翼的庭院增加玻璃屋顶，并放置大量华丽的雕塑。如今，每年有数百万名游客来到巴黎参观卢浮宫，但只有很少一部分能欣赏到拿破仑三世及其建筑师的杰作。

****

19世纪50年代中期，第二帝国似乎越来越成功。在国际经济增长和工业化环境的推动下，法国经济蓬勃发展。正如艾瑞克·霍布斯鲍姆（Eric Hobsbawm）所说，这种环境"非常特殊，找不到先例"[12]。在政治方面，该政权稳定而强大。在军事和外交方面，最近的事件有助于重建胜利和威望。到目前为止，拿破仑三世领导下的法国经历了一系列几乎不间断的胜利。

巴黎的新面貌是第二帝国最为显著的成就之一。每一个踏入这座城市的人都会对所见所闻感到瞠目结舌。正如维多利亚女王的丈夫阿尔伯特亲王在给比利时国王利奥波德一世的信中所说："这一切是如何在如此短的时间内完成的？真是不可思议！"[13]

但是，巴黎的新面貌才刚刚开始形成，目前只覆盖了里沃利街、斯特拉斯堡大道和皇后大道，甚至连第一波项目都没有全部完成。从市政厅到夏特莱广场的城市中心仍然是一片巨大的建筑工地。如果这项事业要继续走得更远，达到皇帝的设想，就需要规划和资助更多的新项目。拿破仑三世和奥斯曼都明白，还有许多工作要做。

1857年年初，法兰西帝国的形势开始恶化。由于高额的开支，包括代价昂贵的克里米亚战争以及对巴黎和其他地方基础设施的巨额投资，国家财政状况出现了紧张的迹象。在军事政变之后失去权利的政治反对派开始组织新的力量。达成共识以建设巴黎城市项目的日子一去不复返了。在各大客厅和沙龙中，人们开始听到对奥斯曼市政管理和城市新项目的批评声。

面对巨大的压力，拿破仑三世开始要求采取更为坚定的立场来限制开支，并缩小巴黎重建工程的范围。虽然他制定了更为紧缩的方案，但并没有打算停止或推迟巴黎的重建。1857年2月16日，在立法会议开幕时，他明确表明了自己的立场："鉴于形势需要，我已决定减少开支，但不会暂停巴黎大改造计划。"[14]

第十一章
《1.8 亿法郎协议》

第十一章 《1.8亿法郎协议》

1858年年初,乔治-欧仁·奥斯曼裹着厚厚的外套,围着围巾,戴着帽子,走出市政厅公寓。他与道路部门负责人以及首席城市建筑师维克多·巴尔塔一起,冒着严寒,视察即将竣工的塞瓦斯托波尔大道,并商讨落成典礼的准备工作。

市政厅离塞瓦斯托波尔大道很近,于是他们决定步行前往。这让奥斯曼非常高兴,因为他对自己的精力和运动能力非常自豪,不喜欢被关在办公室里。沿途,他欣赏着新建的市政厅广场,这个曾经在成群围观者面前肢解犯人的地方,如今变成了一个优雅的广场,周围是整齐的大道。圣雅克旅馆孤零零地矗立在一个美丽的公共花园中央。如何让混乱的巴黎市中心变得有序和现代化一直是奥斯曼热衷思考的问题。

迄今为止,在省长任期内,奥斯曼已经实现了他所期望的一切。他充满激情地完成了皇帝下达的指示,并成为帝国制度高级干部群体中的佼佼者。同时,他也重振了市政厅的威信,使其回到备受尊敬的国家权力中心之位。

为了表彰奥斯曼的卓越成就,拿破仑三世于1857年6月任命他为参议员,与市议会成员平起平坐,这是在帝国等级制度中的晋升。奥斯曼因此备受推崇,未来有望担任公共工程部部长乃至内政部部长之职。

毫无疑问,奥斯曼非常渴望晋升所带来的地位和特权。但同时,他也深刻认识到塞纳省省长一职给他提供了其他职位无法比拟的东西——创造城市遗产的机会。这座新城将永久地屹立在那里,代代相传,无数人民都能见证,展示出一个开明而仁慈的领导人为了人民的利益和国家的荣耀能够创造出怎样的杰作。奥斯曼已经投入了巨大的精力和心血,他希望这项事业能够全面、完全地成功。他将义无反顾地肩负起重建巴黎的责任。

截至目前,奥斯曼凭借其顽强不妥协的精神,树立了良好声誉,使城市的长期项目得以完成,并且扩大了它们的范围和影响。离塞瓦斯托波尔大道的落成典礼仅有几周的时间,奥斯曼的注意力都聚集在下属们在过去几年里准备的众多新项目上。这些项目尚未正式启动,其中许多项目已获得公共用途的批准,其他的已经确定下来,正在准备通过行政程序。这些工程都是受到 1853 年 6 月皇帝向奥斯曼展示的计划的启发,覆盖了城市更广泛的区域,并将真正开始改变整个巴黎的面貌。

然而,到目前为止,由于财政问题,奥斯曼一直未能顺利推进这些计划。由于为第一批项目提供资金而陷入负债累累的局面,市政府的财政已趋于枯竭。虽然征税原应是解决问题的途径,但拿破仑三世明确表示,不会对巴黎市民征收新税。尽管奥斯曼仍在寻找巧妙的解决方案,但现实依然摆在眼前。如果没有中央政府的帮助,这座城市将无法为下一波项目提供资

第十一章 《1.8亿法郎协议》

金支持。

奥斯曼认为中央政府支持巴黎完全合理。毕竟，巴黎不仅是法国的首都，更是法国的心脏，城市的宁静、繁荣和声誉符合国家利益。然而，主导立法议会的是来自农村选区的代表们，他们不同意拨给巴黎如此大量的资金。此外，许多部长也不支持这一想法，因为他们正努力应对国库的财政困难。公共工程部部长欧仁·鲁埃（Eugène Rouher）对奥斯曼不断增长的权力表达了不满，且他从未真正支持巴黎的建设规划。而财政部部长皮埃尔·马涅（Pierre Magne）则担心自己会被视为国家财政糟糕的管理者。总之，在大卢浮宫建成、给巴黎大堂和市区新街道已经提供巨大补贴之后，人们对额外支出的兴趣不大。尽管拿破仑三世在原则上支持奥斯曼，但他没有打算采用强制手段强迫立法议会通过这个议题，也不打算推翻财政部部长的决定。

尽管困难重重，但奥斯曼从未考虑过项目可能需要被取消或推迟的情况。对他来说，事情很简单：皇帝向他展示了一个雄心勃勃的愿景，一个奥斯曼全心全意相信并决心实现的愿景。这项工程从一开始就很明显，会有巨大的反对意见需要破除，有惰性需要克服。奥斯曼必须遵守皇帝提出的一些限制，但对于其他所有事情，他会寻找其他方法，通过或绕过任何出现的障碍。

因此，奥斯曼一直在与财政部部长和公共工程部部长就新项目的资金进行长期谈判。现在，这份资助协议终于接近可以提交立法议会批准的时刻了。但由于不确定这些谈判是否会成功，也不确定谈判是否能够满足融资需求，奥斯曼开始探索一些非常规的融资方式。为了支持新巴黎的建设,他准备尝试任何可能的途径,即使不太合乎法律。

****

在奥斯曼为新项目筹措资金的日子里,法兰西帝国的生活依然在延续。1858年1月14日星期四晚,在勒佩列蒂埃街(rue Le Peletier)的巴黎歌剧院举办了一场盛大的晚会,其中有一个特别节目是为了纪念即将退休的伟大男中音欧仁·马索尔(Eugène Massol)。届时,皇帝和皇后也将莅临现场。

当晚8点半,歌剧院的大厅座无虚席。尽管冬日的夜晚十分寒冷,但人们还是挤在煤气灯下,希望能一睹皇帝的风采。不一会儿,一支皇家骑兵队伍从宽阔的主干道上通过,周围是24名全副武装的皇家枪骑兵。这些骑兵身着天蓝色束腰外衣,镶着紫红色绸料,钢胸甲磨光发亮,背带则以金和红绸缎制成,下身穿着皮马裤,头戴镀铜头盔,上面印有皇家字母组合。这支灵巧的车队快速穿过勒佩列蒂埃街,两辆马车先行驶过歌剧院前的人群,随后是皇家马车,左右两侧各有骑马的军官。当第一辆马车到达大门并转头进入时,皇家马车放慢了脚步。

突然,一声巨响震动了巴黎的夜空,马匹和行人被震倒在地,街道两旁的窗户瞬间粉碎。接着,第二声爆炸在皇帝马车的马蹄下响起,跟着是第三声巨响,恰好在马车正下方。

现场一片混乱,马匹已经倒地不起,其他人惊恐地四处逃窜。旁观者叫喊着,四处乱跑寻找掩护,有人冲向人行道上血淋淋的尸体。帝国卫队紧急出动,许多人都受了重伤。在混乱的叫喊声中,那辆残破的皇家马车停在原地,没人知道皇帝夫

第十一章 《1.8亿法郎协议》

妇是否还活着。

一名受伤的卫兵率先抵达马车，他满脸是血，透过窗户向内张望。欧仁妮一时手忙脚乱，误以为是袭击者，情急之下发出尖叫声，但拿破仑三世立刻认出了那名士兵。令人惊讶的是，由于最近皇帝的马车在车厢地板上安装了专门防御袭击事件的钢板，皇帝和皇后都受到了有效的保护，并未受到严重伤害。

爆炸导致车厢的右门被封死。虽然皇帝和皇后原本可以打开左边的车门，但由于该门直接面向人群，恐怖分子可能仍藏匿其中。因此，他们被困在马车里，等待帝国卫队的到来。随后，枪骑兵迅速赶到，封锁了左侧车门，让皇帝和皇后得以安全离开马车，匆匆进入歌剧院。

乔治-欧仁·奥斯曼恰巧一直在歌剧院门口等待着迎接皇帝夫妇。他参加了在前厅举行的临时会议，并与其他参会者商议后，决定最安全的方式是让皇帝夫妇按原计划行事。警方最不想要的就是护送他们穿过大屠杀现场，以及让歌剧观众走到街上并目睹惨状。因此，在处理完几处外伤后，皇帝和皇后出现在御用包厢里。他们聆听着《威廉泰尔》(*William Tell*)的演出，而卫兵们则在外面照顾伤者，搬运死者的尸体。

终于，内政部部长和警察局局长从各自的晚宴上匆匆赶来。拿破仑三世以他惯有的低调方式向他们清楚地表示自己并不感到震惊，但他们的下属还是迅速采取行动。在演出结束之前，皇帝就收到了一份初步报告，证实肇事者是一群意大利民族主义者，他们极度愤怒，因为拿破仑三世成功阻止了意大利建国的政策。

在上一次针对他的暗杀企图发生后,他因冷静的态度而广受赞誉——他亲自走进人群,要求将刺客毫发无损地交给警方。但是这一次,他深感不安。演出接近尾声时,他仔细考虑了一番。他与推动意大利统一的政治领袖加富尔(Cavour)和马志尼(Mazzini)保持着联系,认为他们不会通过直接威胁他而获得任何利益。与此同时,这次袭击并不是一个精神失常者的偶然冲动,而是专业煽动者精心组织的行动,他差点因此丢了性命。

黎明前,警方突袭了位于塔博尔山街的一家酒店房间,这里距离杜乐丽花园仅几步之遥。他们抓获了袭击事件的肇事者费利切·奥尔西尼(Felice Orsini)。

奥尔西尼既非精神错乱者,也没有怀抱不满情绪。他聪明能干,他的袭击不是出于冲动或妄想,而是为了实现明确的政治目标。作为意大利民族主义者的坚定共和派边缘成员,他是19世纪民族主义叛乱的产物,而拿破仑三世年轻时也曾是其中的一员。

尽管拿破仑三世曾声称在情感上支持意大利统一,但事实上他一直支持教皇对教皇国的世俗权力,这一政策得到了法国天主教徒的大力支持。因此,奥尔西尼视拿破仑三世为意大利民族主义事业的叛徒,并决心暗杀他。即使朱塞佩·马志尼(Giuseppe Mazzini)和其他民族主义运动领袖都反对此行动,奥尔西尼还是偷偷地让人在英国制造了炸弹,然后走私到法国。他招募了三名同伙,准备实施暗杀计划,并亲自投掷了第三枚炸弹。历史证明,帝国马车地板上的钢板起到了强有力的保护作用,否则奥尔西尼就会以暗杀拿破仑三世的刺客身份永载史册。

第十一章 《1.8 亿法郎协议》

尽管拿破仑三世个人可能倾向于宽大处理奥尔西尼,但他担心过度宽容处理暗杀事件可能导致类似事件再次发生。因此,在接受审判后,奥尔西尼和他的两名同伙被判处死刑并执行了处决。而第三名共犯被判终身监禁,被关押在圭亚那法国劳改营中。

在袭击事件发生后的数周内,拿破仑三世解雇了警察局局长和内政部部长,并让他自己的安全机构中更加严谨的成员取而代之。与此同时,他对自由实行了全面的新限制。另外,他宣布如果他去世,他当时年仅两岁的儿子将继承皇位,并通过了一项决议,允许皇后摄政。拿破仑三世明确表示了他的坚定意图,即使他被暗杀,帝国也不会受到任何损害。

****

当然,奥斯曼对这次暗杀事件感到十分不安。但他也清楚,在皇帝恢复自身权威的时期,可能也正是巴黎在改造方面取得进展的有利时机。

巴黎市政府和中央政府即将达成协议,共同出资 1.8 亿法郎,支持由 9 个项目组成的一套首都改造方案。如果这些工程能够如期完工,中央政府将支付 6000 万法郎。但不久后,这一数额削减至 5000 万法郎。

《1.8 亿法郎协议》涵盖了我们如今所说的奥斯曼式巴黎改造的大部分项目。这些项目包括:汇集于水塔广场(今天的共和国广场)的大道,这些街道构成今天的歌剧院社区;马勒塞布大道;星形广场以及该地区的几条新大道;左岸和右岸汇集于阿尔玛桥的大道;戈柏林大道和圣马塞尔大道。此外,圣米

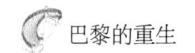

斯尔大道已批准三年之久，但由于缺乏资金，一直未动工。

恰巧在这个时候，人脉广泛的佩雷尔兄弟扩大了他们的房地产业务。他们向开发里沃利街的公司注资，将其更名为巴黎房地产公司。巴黎房地产公司随即在奥斯曼指定要接受《1.8亿法郎协议》资助的几个地区（特别是新的歌剧院社区和星形广场）购买土地。得益于内部消息，他们能够通过这些地区的重建而大赚一笔。

其他人也得到了风声。有一天，住在香榭丽舍大道后半段的查尔斯-奥古斯特·德·莫尼得知维克多·德·佩西尼的妻子在聚会上透露了一份为星形广场提供煤气照明的合同。他立刻赶往内政部，证实了这个消息。莫尼和他的朋友勒洪伯爵夫人（Countess Le Hon）马上买下了几千平方英尺的土地，这片土地后来成了这座城市最昂贵的房地产之一。然而，不幸的是，环境的变化迫使他们在实现预期收益之前就不得不将土地出售。[1]

****

1858年4月9日，星期五，奥斯曼准备在巴黎市议会发表重要讲话。他在任期内曾多次面临重要时刻，但这一刻具有里程碑式的意义。他终于从中央政府得到了一笔承诺的资金，但他向市政府提出的剩余资金比以往任何时候都要多。在奥斯曼的演讲中，市议会中身着黑色服饰的杰出议员们聚精会神地聆听着：

改造巴黎街道网络的事业，并非某些人认为的，是城市管理部门和市议会的痴心妄想；也不是稍微了解计划起源的人所认为的，是皇帝对一座华丽首都的特别品味和奢侈表现……

身为城市的管家，没有人比你们更不愿意看到城市财富被浪费。但要完成这么庞大的项目，我们必须坚定信念、坚持不懈、排除万难。虽然在这个过程中，我们会遇到反对和批评，但一旦项目完成，你们的工作将广受赞誉……

巴黎市议会多次证明了它在追求更大的公共利益过程中所展现的智慧、细致和热忱。提议项目的重要性以及对公共利益的贡献不言而喻，公众也期待国家预算能够得到合理利用。如果巴黎市有能力承担这项费用，我强烈支持由城市来承担全部费用。然而，这项任务已经超出了巴黎市预算所能覆盖的范围。正如提案所述，国家只能提供有限的资金，但我相信国家已经给得够多了。根据上一次预算，只要日常开支和债务利息得到妥善解决，市政府便可每年在特别项目上投资 2000 万法郎。为了满足日益增长的水网和其他各种基础设施项目的需求，并预留合理资金用于市政、宗教、医疗保健和教育建筑，我认为在未来十年内，从预算中拨出 1.2 亿法郎用于改善巴黎道路的设施，不会对财政造成冲击……

先生们，我相信你们一定会全力支持这项提议。[2]

奥斯曼的信任得到了回报。

巴黎的重生

****

不到一周后，拿破仑三世骑马参加了新建的塞瓦斯托波尔大道的落成典礼。当时是下午两点，春光明媚，阳光普照。那天是假日，毫不夸张地说，巴黎几乎所有的合法居民都前来庆祝典礼，场面十分盛大。[3]

当皇帝走近时，两根摩尔柱之间的巨大屏风向两侧展开，宛如窗帘，显露出一条庄严而崭新的大道。这条新大道被装饰得五彩缤纷，充满了政权的象征。士兵整齐排列在大道两侧。顺着大道向前望去，可以清晰地看到夏特莱广场及远处的塞纳河和西岱岛。而在皇帝身后，斯特拉斯堡大道一直伸展到火车东站。

拿破仑三世对这项新成果感到无比自豪。新大道所呈现出的军事化有序和精确美学令他非常满意。同时，新大道的名字以克里米亚战争中法国最著名的胜利命名，充满了历史底蕴，让法国人民可以再次为自己的国家感到自豪。

虽然里沃利街曾经轰动一时，但它只是一条穿过市中心的街道。更为重要的是，这个项目是拿破仑三世的前任政权发起的。然而，塞瓦斯托波尔大道却完全是属于第二帝国的工程。它代表着一条孤立的道路发展为一个有序的大道网络的重大转变，是拿破仑三世对城市愿景的完美体现。他坚信，除了波拿巴家族，没有人能完成如此壮举。

1858年4月15日，奥尔西尼事件已经过去几周。意大利的局势逐渐升温，帝国财政陷入极度困境，国内政治局势异常复杂。虽然没有人当面挑战他的想法，但是拿破仑三世听到越来越多的人对这个政权的独裁主义以及这些工程给巴黎带来的成本和其实际用处的批评声音。

拿破仑在讲话中提到了巴黎计划的进展，并向奥斯曼和市议会表示：

> 当后代穿梭于我们伟大的城市时，他们将通过这些艺术品领略美。但是，先生们，你们的工作还远未完成。虽然你们已经批准了总体规划，但必须继续努力。我希望议会能尽快通过这项法案，这样每年我们都会看到新的交通要道，人口稠密的地区变得更加卫生，新建筑的增加有望降低租金，工人阶层因工作而愈加富足，更好的慈善组织有助于减轻痛苦，进而促使巴黎肩负起其最崇高的使命。[4]

坐在为最高政要保留的座位上，奥斯曼满意地笑了。皇帝的赞美在他的耳边回荡，令他倍感荣耀。但更为重要的是，拿破仑三世直接向参议员和众议员表示，希望他们批准《1.8亿法郎协议》。毫无疑问，立法者最终会批准该协议。

奥斯曼静静地观察着眼前的场景，内心却在思考着。国家只出资不到三分之一，对这个规模的项目来说显然微不足道。但是，尽管这份协议存在许多缺点，但它却是巴黎改造得以继续进行和扩大的必要条件。虽然感到一丝沮丧，但奥斯曼还是能够尽情享受他作为塞纳省省长的最大胜利之一。

经过不到三周的时间，1858年5月3日，法国财政部部长皮埃尔·马涅以及农业部、商业部和公共工程部部长欧仁·鲁埃代表法国政府,与巴黎市代表乔治-欧仁·奥斯曼签署了协议。1858年5月28日,法国立法议会正式通过了《1.8亿法郎协议》。

****

随着协议的正式颁布,省政府工作人员也以全新的活力开始积极筹备征用、公共工程合同以及其他行政步骤,以推进新一波庞大的项目。

然而,在私下里,奥斯曼仍对资金问题心存疑虑。对像巴黎这样规模的城市来说,即将到来的项目才是对未来真正的重大赌注。市政府的投资份额将达到1.3亿法郎,而1859年总经常性收入仅为8000万法郎,到那时,市政府的债务会非常沉重。尽管奥斯曼曾公开表示,1.8亿法郎的预算对计划中的项目来说非常充足,但他知道事实并非如此。

经历了前几个月的拖延和各种障碍之后,奥斯曼早已认识到,普通的机构渠道只能提供所需资金的一小部分。因此,他决定直接拜访皇帝,提出建立一项特别基金,以使城市在资金使用方面更加灵活。实际上,他的目的是以一种不那么透明的方式筹集更多资金。最终,奥斯曼获得了胜利。1858年11月14日,帝国颁布法令,宣布正式成立巴黎公共事业基金会（Caisse des Travaux de Paris）。

巴黎公共事业基金会独立于城市账户之外运营,主要用于支付与新道路建设相关的各种费用,包括征用和承包费用等。同时,它还通过出售建筑材料或出售新道路沿线的土地等方式

第十一章 《1.8亿法郎协议》

获得项目相关收入。1859年1月到1869年12月，在它运营的11年里，巴黎公共事业基金会的总收入为3.65亿法郎，总支出为12亿法郎。

这一差额将由市政府支付。此外，巴黎公共事业基金会也有权发行自己的证券，并以巴黎市为担保。这些表外资金的数额，正如我们今天所料，不属于市政债务，因此不需要立法议会批准，甚至不需要财政部部长的批准，只需市议会批准即可。最初规定的金额为3000万法郎，但后来奥斯曼成功将其提高到1亿法郎。尽管这对巴黎公共事业基金会来说并非微不足道的帮助，但与奥斯曼接下来的想法相比，这只是迈向目标的一小步。

****

奥斯曼政府的大部分城市项目都是通过特许经营进行的，由城市道路部门编写规范，承包商进行投标。中标的承包商将自行承担资金支出，并在项目交付后收到市政府的付款。

而奥斯曼的想法是，让承包商收到未来支付的凭单，而不是在交付时直接获得款项，该凭单的利率为5%。通常，承包商愿意接受款项，不愿意接受凭单。但该想法的创新之处在于，由于城市作为担保方担保了凭单，承包商可以将其出售给第三方，从而立即将其货币化。这是一种巧妙的方法，可以让金融机构为这些项目提前提供资金，未来由市政府进行偿还，而不需要通过借贷的方式获得资金，因为借贷需要得到立法议会的批准。

该支付方式背后的重要支持者是奥斯曼的老朋友路易·弗雷米经营的法国土地信贷银行。该银行成立于1852年，旨在为法国民众提供廉价抵押贷款。然而自成立之初，该银行就开始涉足其他领域，主要是为市政当局的城市发展项目提供贷款。至今，该银行最重要的参与项目就是巴黎市的城市发展计划。

到19世纪60年代初期，特许经营已成为巴黎城市项目的常规实践方式。那时，承包商已经积累了丰富的征地经验，能够自然地将这些成本计入投标报价中。相较于公共行政部门，他们在与业主谈判解决问题方面更加高效，从而避免了不必要的法律纠纷和进度延误。市政府担保的凭证付款通常被承包商出售给法国土地信贷银行，成为一种标准操作方式。这对奥斯曼来说是一个巨大的工具，使他能够在未经披露和批准的情况下获得资产负债表以外数亿法郎的资产。到1867年，这种秘密债务累积达到了4.63亿法郎，其中86%由法国土地信贷银行持有。

国家议会主席朱尔·巴洛什（Jules Baroche）身材魁梧，然而他的脸却毫无威胁之感，像只哈巴狗一般，面颊下垂，鬓角浓密。他是19世纪40年代著名的巴黎律师，曾是反对路易·菲利普国王的保守派成员。1850年至1851年，他担任路易-拿破仑·波拿巴总统的内政部部长。政变后进入国家议会，担任议会主席长达10年。之后，他在19世纪60年代大部分时间里担任司法部部长。巴洛什是一个办事得力、理性冷峻的人，是拿破仑三世的宝贵盟友。

巴洛什是一个认真细致的法律专家，对于改造巴黎毫无兴趣，同时他非常讨厌乔治-欧仁·奥斯曼，认为奥斯曼是一个奢华无度的自我膨胀者。1858年12月27日，在他的领导下，国家议会作出了一项判决，推翻巴黎市多年来的做法。然而这项决定也大大提高了巴黎大改造的成本和管理上的复杂程度。

国家议会作出的决定是，土地所有者将保留不被用于新建公共基础设施的部分土地的所有权。他们将不仅为被征用的土地获得全额赔偿，而且还将为所有受影响的建筑物获得全额赔偿，哪怕这些建筑位于被所有者保留的土地上。对奥斯曼来说，这个决定是一个灾难性的错误。因为这意味着土地所有者将获得所有损失的全部补偿，但仍将被允许保留土地。这些土地将于不久后毗邻一条宏伟的新大道，其价值将大幅增加。同时，该决定也取消了城市通过出售新街道及沿线重新聚集地块来部分筹资的机制。对奥斯曼而言，这是对于巴黎愿景的一次恶性打击。

奥斯曼进行了反击，但这个问题对于拿破仑三世似乎很抽象，他从未真正关注。因此，他无法理解奥斯曼所面临的挑战。此外，考虑到巴洛什是负责执行帝国政策的关键人物，拿破仑三世从未在法律问题上为难他。奥斯曼最终被迫接受了失败。

一年半后，奥斯曼又遭遇了一次重大的法律挫折。1860年6月12日，上诉法院作出裁决，规定即使租户被允许继续享受租约，在业主土地被征用时也必须立即对租户进行赔偿。这一点非常重要，因为《1.8亿法郎协议》的实施计划为期十年，市政府希望利用市场条件尽早征收房产，并通过不再续租而非驱逐的方式让租约到期，以最大限度地降低成本。然而，上诉法院的裁决终止了这种做法，迫使市政府立即对租户进行赔偿。奥斯曼称这一决定是一场"真正的灾难"，将产生"难以估量的后果"[5]。市政府不得不遵从，并选择推迟征收，最后以更高的价格购买这些房产。

尽管在建设新巴黎的过程中遭遇了一些挫折，但到19世纪50年代末期，奥斯曼建立的多种机制已经为新巴黎的建设提供了大量资金。这些机制经证明非常有效，直到它们最终瓦解，使机制的"设计师"也一并受到牵连。

第十二章

新城崛起

第十二章　新城崛起

随着《1.8亿法郎协议》所涵盖的项目陆续动工，新巴黎的面貌逐渐呈现。新城内四个主要广场均具有独特的历史背景和特色，集中体现了奥斯曼治下庞大而多样化的建筑活动。

****

星形广场，今天已经正式更名为戴高乐广场（place Charlesde-Gaulle），是一个历史悠久的地标。然而，根据城市历史学家皮埃尔·拉韦丹（Pierre Lavedan）的观点，它却是奥斯曼时期闻名的"城市建筑杰作"。[1]

星形广场现已成为巴黎主要的入口之一，包括凯旋门和勒杜为收取城市边界税款而设计的亭子。省长在这里的贡献在于围绕这座纪念碑式建筑构思出了一个完整的城市结构。这个结构由一个大环形交叉口组成，有12条大道，呈车轮辐条状向外辐射。在这12条街道中，有5条是已存在的道路，而奥斯曼费尽心力规划了其他7条，以达到完美的对称和整齐。规划的结果呈现出一个引人注目的城市形态，特别是从凯旋门顶部俯瞰时更是如此，正如奥斯曼一直提倡的那样。

在星形广场的建设中，雅克-伊格纳斯·希托夫提出了采用低矮建筑并用拱廊连接的方案。然而，奥斯曼并不赞同这个计划，他选择建造独立的纪念性建筑结构，并注重车流的顺畅性。而希托夫坚持自己的想法，并提出了经过修改的方案——没有拱廊，建筑物比奥斯曼的设计更矮。最终，皇帝采纳了这个方案，因为较低的建筑更能突出拿破仑三世叔叔的纪念性拱门的宏伟气势。这种想法是正确而无可指摘的。然而，奥斯曼并不赞成希托夫的想法，也不喜欢希托夫本人。尽管如此，奥斯曼最终还是失败了。随着时间的推移，其余的建筑都按照希托夫的设计进行建造。奥斯曼唯一能做的就是在建筑物前种上三排树，进行一些小小的报复来掩盖希托夫建筑正面设计的效果。

尽管星形广场的建筑存在一些不协调的因素，但它展现出了极强的统一感和构图力量，这一点毋庸置疑。这座广场已成为第二帝国城市设计中的一个显著标志。

****

水塔广场，即今天的共和国广场，是欧洲最大的广场之一，长达 300 码，宽达 130 码。最初，皇帝计划在城市北部和东部的新工人阶级社区中心建造一个大型广场。然而，最终建造的广场位置和布局方案与皇帝最初的设想有所不同。这表明第二帝国时期的巴黎城市转型缺乏整体性的规划，而有随着时间的推移逐步演变的想法。

拿破仑三世还曾计划在两条新街道交汇形成的巨大十字路口上建造一个宏伟的广场。其中一条街道从巴士底广场通往拉雪兹公墓，另一条则从林荫大道通往御座广场。这个广场大致位于今天的莱昂·布卢姆广场。十字路口的长边通往御座广场，拿破仑三世最初的计划是向南延伸至林荫大道，以免干扰圣殿大道前段的街区。那个街区是巴黎人最喜欢的散步场所，有许多剧院和街头娱乐设施。

不过，奥斯曼在对该地区的规划进行审查后发现，使这条新大道通往圣殿大道的前段最为合适。在林荫大道的一个拐弯处，原本有一座名为"水塔广场"的广场。1854年，这里建造了一座兵营，因为奥斯曼认为，将新街道和广场连接起来，可以方便军队在军营和文森城堡这两个大型军事中心之间进行调度。同时，他认为这个计划不但没有任何缺点，还有一个额外的好处，就是可以摧毁当时流行的剧院。对他而言，那些剧院是造成许多恶习的源头。因此，1857年8月29日，当修建新大道的法令颁布时，这条新大道被命名为"欧仁亲王大道"（即今天的伏尔泰大道），它直通兵营的正面，连接"水塔广场"，并摧毁了圣殿大道前段及7个剧院。

奥斯曼的决策完全改变了巴黎这一区域的面貌。他扩建了广场，并将其打造成为新道路的交汇点。林荫大道一向备受巴黎市民的喜爱，曾经繁华热闹、人流如织，而现在则成了一条重要的干道路口。一开始，如何管理这些道路交汇的空间还没有具体的计划，这个问题留给之后处理，而市政府也开始着手修建自己的道路网络。

然而，如何跨越圣马丁运河又成了一个非常紧急的问题。宽敞的新欧仁亲王大道需要穿过运河，可能需要使用吊桥、旋转桥或带有陡峭坡度的固定桥。但这些解决方案都不太理想。

因此，奥斯曼经过深思熟虑，想出了一个更好的解决方案：通过降低运河水位来解决问题，而不是提高街道高度。1861年7月9日，一项法令通过，批准以1230万法郎回购圣马丁运河的特许权，这意味着政府可以在运河上建造额外的水闸，将水位降低20英尺。因此，在新欧仁亲王大道穿过运河的那段路行驶，不会有任何颠簸。皇帝甚至亲自骑马参观了这个解决方案的实现方式，他对奥斯曼的聪明才智感到十分满意。这个巧妙的解决方案使得在巴黎东部建造一条近两英里长的直线、不间断的大动脉成为可能。

****

在1860年修建欧仁亲王大道过程中，位于圣殿大道上的7家剧院被摧毁。奥斯曼看到了重建的机会。不过，他决定不在同一地区重建，而是在新的夏特莱广场上建造。这是一个大胆的决策，将文化机构移到市中心，为夏特莱广场带来了更加丰富多彩的文化形态。

夏特莱广场的原址已被大城堡占据多年。大城堡是一座防御塔，保护着连接两岸的兑换桥的北端，从这里可以通往巴黎的机构中心——西岱岛。然而，进入19世纪初，在拿破仑一世的统治下，庞大的大城堡建筑被完全拆除。随着塞瓦斯托波尔大道的建成，重新设计夏特莱广场的南端成了当务之急。

奥斯曼感到十分沮丧，因为他认为前任们犯了一个可怕的策略错误。如果当初斯特拉斯堡大道的修建位置稍稍向西移动，那么其延伸部分塞瓦斯托波尔大道就可以与兑换桥完美重合，让人们可以一览索邦神学院优美的圆顶。然而，现实却恰恰相反：塞瓦斯托波尔大道径直通向塞纳河，并且位于兑换桥的东侧。因此，在夏特莱广场的设计中，奥斯曼不得不解决这个缺乏远见的问题。

城市建筑师和工程师们想出了一个经典而优雅的解决方案。他们计划让塞瓦斯托波尔大道沿着新夏特莱广场的一侧延伸，而另一侧则进行对称的规划。这样，兑换桥将与广场的中心完美地排列在同一条直线上。整个广场的结构将凸显出秩序和对称性，成为一个完美的城市布局。

然而，夏特莱广场上已经存在的棕榈树喷泉是一个大问题，因为它没有与任何建筑对齐。虽然移动喷泉是一项艰巨的工程挑战，需要大量资金，但奥斯曼仍决定这样做，使其与兑换桥和未来广场的中心线对齐。1858年4月24日，在塞瓦斯托波尔大道仅落成9天后，大喷泉就被抬起并移动到了现在的位置。

不过，巴黎市民仍需要一些时间才能欣赏到城市的新布局。次年元旦，喷泉的脚手架被移除，但兑换桥仍在建设之中。直到1860年8月15日，这座大桥才正式开通。从此，人们终于能够从巴黎东站直达西岱岛，长达两英里的路程不再受到阻碍。完成这一举措后，夏特莱广场的结构才算是完整了。

被选中在夏特莱广场上设计两座新剧院的建筑师，正是主持喷泉迁移工程的加布里埃尔·达维乌（Gabriel Davioud）。他在布洛涅森林的作品引起了公众的广泛关注，而且他还将为巴黎设计更多的建筑和公共场所设施。毫不夸张地说，加布里埃尔·达维乌将成为对第二帝国时期巴黎城市景观影响最为深远的建筑师。

达维乌的父亲是一名基层公务员，在达维乌还很小的时候就去世了。达维乌的母亲独自抚养他长大，不辞劳苦地工作，努力给孩子提供良好的教育，并且灌输给他强烈的职业道德。达维乌曾就读于绘画学校，他聪明勤奋，1842年，年仅17岁的他就被巴黎高等美术学院录取。1849年，他第一次参加罗马大奖赛就荣获二等奖。尽管有实力争夺一等奖，但由于母亲经济困难，达维乌决定不再继续争取，而是全身心投入巴黎的市政工程中。

1853年，达维乌受命前往布洛涅森林工作。他负责建造了数十个售货亭、小木屋和咖啡摊，并设计了入口大门，修复了多座房屋以及隆尚修道院的旧风车。由于作品质量非常出色，达维乌迅速崭露头角，晋升为该部门的首席建筑师。

达维乌一生刻苦工作，默默耕耘。他不追求名利，也不在意自己的成就是否为世人所了解。但对于自己的手艺，他却怀有极大的热情。尽管即使到今天，他也不算是那个时代最负盛名的建筑师，但在巴黎，他却给市民留下了无可磨灭的印记："他为首都作出了最大的贡献，为城市赋予了如此熟悉的形象，以至于我们无法想象没有他的设计，巴黎会是什么样子。"[2]

达维乌设计了夏特莱广场西侧的皇家歌剧院和东侧的抒情歌剧院，这两座剧院采用同一主题的不同变体，坐落于繁华的街区，面向广场，相对而立。两座歌剧院的主立面均为一个巨大的拱形门厅，两侧以坚固的砖石角支撑，呈现出一种克制的古典主义建筑风格，既装饰精美又不过度雕琢，并且每栋建筑都有独特的设计细节，彰显了个性。这两座建筑遵循了法国剧院建筑设计的传统，灵感来源于 18 世纪晚期的著名建筑师维克多·路易（Victor Louis）和查理·德·怀利，同时也为迎合第二帝国的审美进行了一定的改良。

1862 年 4 月 19 日，皇后欧仁妮亲临现场，见证了夏特莱广场皇家歌剧院的盛大揭幕。这座歌剧院可容纳 2500 名观众，是当时巴黎最大的歌剧院。它以其卓越的音响效果闻名，还被用作音乐厅。多年来，包括柴可夫斯基、格里格、理查德·施特劳斯、德彪西和马勒等众多音乐大师，都曾在此演出。如今，这座历史悠久的歌剧院已更名为夏特莱剧院，扮演着重要的文化角色。

同年 10 月 30 日，抒情歌剧院也正式落成。在 19 世纪 60 年代，它曾是法国最顶尖的歌剧院，首演过古诺、比才和柏辽兹等名家的杰出作品。如今，这座历史悠久的建筑已成为城市剧院的所在地，承载着丰富多样的文化活动。

****

圣米歇尔广场是第二帝国在左岸兴建的首个广场，展现了当时先进的艺术风格和巴黎现代化的城市生活。实际上，这座广场是在曾经老旧、混乱的世界之上直接建造而成的。

圣米歇尔大道是一条贯穿左岸地区的南北向的全新轴线，也是拿破仑三世最初的"彩色计划"不可或缺的重要组成部分。早在 1855 年，该大道就被宣布为公共使用，但直到 19 世纪 60 年代初期，圣米歇尔桥重建工程基本完成后，该大道的建设才正式启动。圣米歇尔桥连接着圣米歇尔大道和西岱岛，这就自然而然地带来了处理街道和桥梁交汇处空间的问题。

此地原有一座小广场——圣米歇尔广场,坐落于桥的另一端,周围环绕着居民楼和喷泉,由弯弯曲曲的小街道与周边街区相连。然而,奥斯曼却完全不顾这里的历史和特色,决意摧毁整个地区,建造一个更加宏大和现代化的广场。建筑师加布里埃尔·达维乌被选为整个项目的设计和建造负责人。

在设计这座广场时,达维乌需要解决一个尴尬的街道布局问题,因为圣米歇尔大道和圣米歇尔桥之间的轴线是倾斜的。为了解决这个问题,他计划建造一个三角形区域,在后方建造一个巨大的喷泉,面向桥梁。两条对称的街道沿着三角形的两边延伸,其中一条作为圣米歇尔大道的起点。为了让构图更出色,达维乌依照详细的建筑规定来设计朝向广场的建筑。他还亲自设计了喷泉,包括石制的水池、粉色大理石柱、巨大的山形墙以及喷泉背后的建筑。此外,弗朗西斯·杜雷特(Francisque Duret)的雕塑《圣米迦勒战胜魔鬼》(*Saint Michael Slaying the Demon*)也被放置在适当的位置,为广场增添了艺术气息。

虽然当时的评论家们并不太欣赏这座喷泉,但现在它已经成了一个广为人知、备受欢迎的城市标志。这个布局优美、设计精良的整体建筑是第二帝国为了打造高品质城市空间而努力的重要典范。

公共场所和新街道只是巴黎大改造计划的部分内容。作为一个正常运转的城市实体,巴黎在许多方面都经历了深刻的变革。巴黎重建计划旨在更好地满足市民日常需求,不仅仅是出于纪念历史或提高流通性的考虑,而是在人口、社会和经济方

第十二章 新城崛起

面发生巨大变化的时代采取的重要举措。这是巴黎迈向未来的一大步。

整个国家正在经历一场转型，经济发生了深刻的变化，内部流动性显著增强。在第二帝国时期，超过 7% 的法国人口从农村迁往城市[3]，仅巴黎的人口就增加了近 100 万。许多新市民来自法国最贫穷的地区，他们大多定居于新的、更大的工人阶级社区，这些社区多位于巴黎北部和东部，还有一些是因市中心重建而搬迁过来的。这些变化带来了全新类型和规模的社会问题。

新兴工业城市面临着诸多严重问题，如非婚生育、自杀、犯罪和暴乱等。贫困、疾病、心理健康和治安等领域中需要解决的问题越来越多。当然，随着人口的不断增长，包括行政管理、教育和卫生在内的日常需求也随之增加。第二帝国政府非常重视这些问题，并努力制定政策、建造设施来满足这些需求。

在这场社会变革中，政府认为维护社会稳定和坚持基督教价值观至关重要。因此，政府新建了多座教堂，不仅包括纪念性的教堂，比如圣三一教堂和圣奥古斯丁教堂，或者已经在富裕社区建成的教堂，比如圣文生·德·保禄教堂和圣克萝蒂尔德教堂，同时还有为巴黎各阶层民众服务的日常教堂。在迅速发展的东北部地区，政府新建了四座教堂，分别为圣安布罗斯教堂、贝尔维尔圣若翰洗者教堂、圣十字圣母院和圣约瑟夫教堂；在城市北部则新建了三座教堂，分别为克利尼昂古尔圣母院、圣欧仁教堂和圣伯纳德教堂。此外，在城市南部，政府还新建了五座教堂，分别为蒙鲁日圣皮埃尔教堂、圣弗朗西斯泽维尔教堂、香榭圣母堂、车站圣母堂和圣朗贝尔教堂。这些教堂以各自独有的保守品位，以及对法国哥特式、罗马式和古典主义遗产的致敬，成为各自社区的重要地标，象征着帝国的道德价值观和对于巴黎的野心。值得一提的是，除了新建基督教教堂之外，政府还为其他宗教修建了一些教堂，例如为奥斯曼等首都新教徒建造了一些建筑，并为犹太教徒建造了两座犹太教堂。

拿破仑三世深知，公园在提高工人阶级的健康和道德方面扮演着重要角色，这也是他对文森森林计划如此热衷的原因。文森森林是布洛涅森林的工人阶级版本，于1865年开放。他还计划建造类似于伦敦的"广场"或私人公共花园的小型公园，并对公众开放。第一个这种类型的花园于1856年围绕圣雅克塔而建，位于里沃利街附近。公园和步行街负责人阿道夫·阿尔芬（Adolphe Alphand）及其团队在城市各处建造了23个这样的小公园，从巴蒂尼奥勒到蒙鲁日，从格勒奈尔到贝尔维尔。至今，这些小公园仍然被称作"广场"，与伦敦的"广场"一致，但是带上了法语的口音。

第二帝国时期政府进行了规模庞大的城市基础设施建设，涵盖了每个行政区的市政厅、帝国卫队的军营、教堂、医院、收容所、大学、高中、中学和小学。与此同时，奥斯曼政府也兴建了许多实用的日常建筑以满足现代城市的需求。其中一些著名的建筑包括1867年由查尔斯-奥古斯特·奎斯特（Charles-Auguste Questel）建造的圣安妮收容所，埃米尔·沃德莫尔（Emile Vaudremer）于1868年建造的拉桑特监狱，以及19世纪60年代末在维莱特新建的大型屠宰场。

尽管政府作出了许多努力，但许多同时代的人仍然认为巴黎的转型是一种社会倒退。总的来说，巴黎人的生活，特别是上层和中产阶级的生活得到了改善，但由于在20年里近70万人的新市民不断涌入，社会底层的人数也在持续增加。[4] 随着资产阶级重新占领城市中心，最贫穷、孩子最多、地位最不稳定的人被迫迁移到靠近防御工事的边缘社区。

历史上，巴黎由许多小而密集的社区组成，通常以经济活动为主导来定义身份。虽然存在富人区和穷人区，但这些街区各具特色，彼此相邻。然而，巴黎的重建改变了这种情况，富人们聚集在一起，穷人们同样被迫聚集在一起。一些人认为这种现象给社会带来了"危险的阶级分化……草率地打破了旧的平衡"。[5] 这无疑对工人们的生活产生了巨大影响，过去他们住在工作地点周围的社区，而现在常常要步行一个小时以上才能到上班的地点。他们如今生活在周围都是工人阶级人群的社区里，每到周日，只能待在这些偏远的社区，或者去小酒馆里消磨时间。

虽然皇帝声称对改善巴黎工人阶级的生活条件非常感兴趣，但却没有充分改善工人阶级的生活条件，这是第二帝国政策的一个重大失误。政府采取的措施非常有限，例如免除穷人某些税收，限制基本商品的价格上涨，如面包和肉类等。至于其他问题，如公共服务和私人慈善服务，政府都未能提供完善的安全保障。

经过早期的尝试，工人的住房完全落入私营部门手中，给工人阶级带来了相当大的困难。1856年至1866年，住房的租金涨幅比工人工资涨幅更高，每年涨幅高达3%。公寓空间狭小，卫生条件也很差——在郊区，很少有暖气和做饭的设备。业主也对租户施加了苛刻的条件。整个19世纪60年代，工人阶级对住房问题的抱怨不断出现，而且越来越尖锐。而对郊区的居民来说，尽管有铺砌的道路、路灯和教堂等基础设施，但仍难以弥补日常生活的艰辛。许多巴黎人认为他们根本没有从巴黎发生的变化中受益。

****

和拿破仑三世一样，奥斯曼并不是一名建筑专家，也缺乏对建筑美学的敏感度。尽管他年轻时喜欢弹奏大提琴，老年时涉足诗歌创作，希望展现自己的艺术功底，但实际上他的艺术观点非常保守、局限，缺乏广度。然而，这并没有妨碍他以权威的姿态表达个人观点，并将其强加给这座新兴的城市。他钟爱纪念性建筑，特别偏爱圆顶的，沿轴线精巧布局的宏伟建筑。他倾向于古典主义建筑的简洁和传统，对于大胆的创新和设计并不感兴趣。正如一位建筑历史学家所说："奥斯曼是一个有常识但缺少鉴赏能力的人。"[6]

实际上，奥斯曼确实从未宣称建筑美学是巴黎转型的主要关注点：

> 在城市规划中，打造美丽城市、建造宏伟景观的目的是基于对实用价值的深刻理解。然而，有些人只看到了表面现象，将城市发展的最终目标误解为只是为了追求辉煌和感官愉悦，因为巴黎的工程已经为行人开辟了

风景如画的景观，使得老城的一些地方呈现出宏伟的面貌。然而，最高级的美是自然美，真正严肃艺术的特点在于将优秀的事物塑造成卓越的形态。[7]

尽管如此，第二帝国的管理者和建筑师们仍然成功地建造了一座极具建筑特色的城市。这是因为巴黎改造规模宏大，修建的道路笔直平坦，并采用了组合原则。奥斯曼系统地追求简单、清晰的布局，并努力利用建筑元素来强调视觉效果。拿破仑三世和奥斯曼都将美与秩序相结合，欣赏线性轴线的视觉效果和沿街连续的建筑表达方式。

与此同时，第二帝国并没有完全取代旧城市的景象。相反，政府在新设计中融入了历史结构，创造出了一种独特的城市风貌。然而，这也导致规划中存在一些不完美之处，例如一些原本应该互相连接的街道未能实现连通。虽然这些街道在地图上非常明显，但是出于某些原因一直未得到建设。正是这些细微的瑕疵，让巴黎的城市结构远离了规划绿地时常见的单调和呆板感。正如皮埃尔·皮农所说："没有老巴黎，就没有奥斯曼的新巴黎。"[8]

第二帝国的建筑师对巴黎环境质量的提高也作出了贡献，然而这种贡献不仅体现在宏伟的建筑和华丽的纪念碑上。相反，是城市中大量的日常建筑共同塑造了巴黎的环境质量。这些建筑坚持高品质标准，只有极少数例外。19世纪下半叶是巴黎历史上小型公共建筑的巅峰时期，包括大型市政厅、教堂、市场和剧院等建筑。通过设计这些比较简朴的建筑，建筑师们在巴黎身份和特色的发展中扮演了重要角色，打造出学校、消防站等城市设施以及无数户普通公寓楼。

第二帝国的建筑风格多种多样。实际上，这种多元化的特点使得一些人很难理解，因为这些作品难以被归类为单一的风格。随着历史的演进，文化和技术不断发展，难以想象会有一种统一的建筑表现方式。随着工业革命的到来，金属逐渐成为广泛使用的建筑材料，土木工程学科也得到了全面发展。同时，随着长途旅行变得更快、更安全，以及图形复制工具的普及，建筑师和客户所参考的文化范围也越来越广泛。此外，考古学的新发现也扩大了人们对古代文化和历史的认识，提高了人们对于古代建筑表现形式的理解深度和广度。随着这一切的发生，建筑客户也逐渐多样化，从法庭和教堂的狭隘世界扩展到了政治家、公务员、新机构以及普通公民。

自此之后，建筑师们的表达方式越来越多元化，例如巴尔塔的金属结构、希托夫受希腊风格影响的反传统古典主义风格、维欧勒·勒·杜克（Viollet-le-Duc）的理性现代主义、拉布鲁斯特（Labrouste）优雅的理性主义、加尼耶（Garnier）的繁盛古典风格、勒费尔和杜克的宏大机构古典主义，还有达维乌更为克制和文雅的新古典主义等。

设计和监督第二帝国巴黎建筑工程的建筑师出身和性格各不相同，但他们能够发挥作用，这主要得益于他们所接受的正式培训、所处的出色文化环境和拥有的专业知识结构，以支持主要公共建筑的设计和建造。在这个体系中，巴黎高等美术学院扮演着核心角色，通过围绕每年春季颁发的罗马大奖赛的教学方法，培养有志之士成为优秀的建筑师。

建筑师在公共管理领域中扮演着同样重要的角色。长期以来，建筑师一直为王室服务，负责建造、扩建和维护王室财产。虽然政治变革改变了这些职位的确切形式，但建筑师队伍的核心理念仍然是为主要公共建筑提供服务。在此模式下，巴黎市也紧随其后。奥斯曼担任省长时，他手下的建筑师团队不乏罗马大奖赛得主。

奥斯曼与建筑师的关系通常非常不稳定，因为他认为自己比建筑师更了解问题。奥斯曼并未意识到，在建筑设计过程中，起草和解决设计问题的过程并非从属任务，而是建筑设计的核心。他最欣赏的建筑师，如达维乌，通常不会挑战他的偏好。这并非偶然，因为他无法与那些愿意为自己的职业价值挺身而出的建筑师合作，如希托夫。

1867年12月7日，维克多·巴尔塔反对奥斯曼成为法兰西艺术院的成员，这让奥斯曼备受伤害，他无法原谅这一行为。作为法兰西美术院的教授，巴尔塔头脑清晰，逻辑严密，在当时的建筑行业扮演着重要的角色。他认为，无论奥斯曼具备什么其他品质，他都缺乏成熟的艺术感知能力，完全不了解建筑师的工艺，因此理应不给他支持。尽管如此，奥斯曼最终还是成功当选。

第十三章

扩都与新纪念碑

第十三章　扩都与新纪念碑

每天清晨，天还没亮，菜农们就驾着马车或推着手推车，来到巴黎城门口。他们排成长长的队伍，等待缴纳入市税，将新鲜的农产品运入巴黎售卖。

17世纪时，路易十四下令拆除了巴黎的城墙，但从1782年开始，巴黎城周围又修建了一道新墙。这道墙更像是一道篱笆，主要是为了防止菜农逃缴入市税，其标志是克劳德-尼古拉斯·勒杜（Claude-Nicolas Ledoux）设计的关税亭。它一直是巴黎的边界，直至19世纪50年代。

但是，缴纳入市税给人们带来了极大的不便。每次重新进入巴黎，人们就得停下来，排上半小时的队，说明是否有什么事情要申报，这非常麻烦。虽然私人车辆一般不用接受检查，但整个流程仍然相当烦琐。此外，随着布洛涅森林的升级和皇后大道的建成，时尚的巴黎市民在散步时经常要穿过最为繁忙的星形广场检查站，更增加了不便。

而对巴黎的行政官员来说，检查站外工业区的不断扩大才是他们关注的焦点。市议会知名巧克力企业家弗朗索瓦·朱尔·德文克对此发表了自己的看法:"由18个市镇组成的一片工业区,已经成为首都周围的危险地带,它们享受着巴黎的各种优势,如巴黎的学校、巴黎的医院、巴黎的剧院,却不用缴纳货物入市税或为巴黎作出任何贡献,这非常不合理。"[1]

对于郊区无序的发展,省长奥斯曼也表示了担忧。他指出,在这片区域,涌现的新工坊和工厂没有缴纳原材料税,在郊区人们没有为新建房屋所使用的建筑材料缴纳税款,居民在消费商品时也没有支付入市税。但是,这些快速城市化的地区却需要大量资金来修建新的道路、供水设施、下水道网络以及街道照明系统。

奥斯曼也对意识形态问题表示了担忧。与大多数市议会成员一致,他认为,巴黎及其周边地区不应发展大规模重工业,因为这会吸引大量不熟练的工人。为了避免这种情况,他认为可以将该地区纳入入市税的管辖范围,对燃料和原材料征收税款,以遏制巴黎附近重工业的发展。

19世纪40年代以来,巴黎就被一座庞大的新防御工事紧紧包围。这座防御工事距离城市边界约半英里到一英里,环绕着城市及近郊。因此,将城市边界移动到这个新的物理边界就显得非常合理。1853年,西蒙委员会有意将整个地区都纳入城市规划的防御工事范围内,并指出:"很明显,这些城镇迟早会并入巴黎。"[2]

奥斯曼对此表示同意,希望能尽快实现。1856年,他尝试展开吞并进程。他召集了市议会的部分成员,详细阐述了他的观点。但是,议员们深知强制征收入市税必然不会得到民众的

第十三章 扩都与新纪念碑

支持，因此犹豫不决。奥斯曼非常失望，暂时放弃了这个想法。

在巴黎与中央政府签署了《1.8亿法郎协议》之后，原先承诺的6000万法郎却减少到了5000万法郎。面对巴黎大改造似乎无法解决的资金问题，奥斯曼开始思考另一种方法。在不增设新税的情况下增加收入，唯一的方法就是扩大城市规模，通过增加税基来获得更多收入。

奥斯曼拜访了皇帝和新任内政部部长克洛德-阿方斯·德朗格尔。德朗格尔此前一直担任巴黎市议会主席一职，并以此身份对于合并事宜持反对态度。不过，奥斯曼给出了经过充分论证的理由：对于这座快速发展的城市，扩大城市规模是获得建设基础设施所需资金的唯一途径，而且这种方式公平合理。

奥斯曼巧妙地把握着形势。他试探性地向市议会提出了这个想法，但表示自己不会立即采取行动。但这不过是他的缓兵之计，实际上这项计划的推进速度极其迅速。

一旦这项计划公之于众，受影响地区的居民和他们选出来的代表必定会集体抗议。许多工业设施都建在城外的原因就是不用交入市税。正如一位代表在议会辩论中解释的那样，城市外围基本上荒无人烟，而邻近税区却人满为患，这表明他们知道依附于城市边界的好处。此外，单纯扩大城市规模也无法从根本上解决问题。因为可以预见，一旦设立新的入市税边界，那么新的工业活动就会随之涌向该区域周围。

奥斯曼对此进行了反驳，强调了将市郊纳入巴黎扩建计划的好处，即可以为他们修建新街道，建造质量更高的基础设施。然而，尽管政府作出了这些承诺，7个受影响的城镇市政委员会仍投票反对该计划。在公众咨询期间，市政府共收到4000多份回应，大部分受访者要么抗议该计划，要么要求对其进行修改。但政府对此置若罔闻，仍声称该计划得到了民众的大力支持。为了对新吞并领土上的企业作出一项重大让步，市政府宣布在未来十年的过渡期内免征这些企业的燃料入市税。

而此时，国际形势的变化也为奥斯曼的吞并事业提供了有力的支持。1859年春天，法国在意大利问题上站在了皮埃蒙特-萨丁尼亚国王（the king of Piedmont- Sardinia）一边，并与奥地利开战。战争分散了全国人民的注意力。巴黎扩张计划在立法议会和参议院中只进行了短暂的辩论，就被匆匆通过了。《兼并法》（The Annexation Law）由摄政的欧仁妮皇后签署，因为当时她的丈夫还在意大利督战。最终，巴黎扩建至新防御工事的计划定于1860年1月1日开始进行。

夏季尚未来临，战争的火焰已经燃起。1859年，拿破仑三世率领法军在马真塔战役中取得了重大胜利，6月7日攻入米兰。6月24日，法国和皮埃蒙特联军在苏法利诺战役中再次获胜。尽管战事胜势如潮，拿破仑三世还是表现得十分谨慎。他深刻意识到让国家陷入战争泥塘的危险性，因此向奥地利提出了停战协议。

1859年8月14日，在国定节日前夕，拿破仑三世从意大利凯旋。奥斯曼回忆起当时的盛况，感慨道：

> 我永远也忘不了那个盛大的场面：军队在皇帝的率领下凯旋……从敌人手中夺回的旗帜和大炮、捕获的俘

第十三章 扩都与新纪念碑

房，都历历在目……为了庆祝凯旋，我在（旺多姆）广场周围搭建了露天看台，皇后和宫廷人员在帝国高官的陪同下坐在司法部前排；国家机关和当局的代表也身着全套制服坐在场内；巴黎上流社会的精英们争抢着最佳位置；最前排坐着衣着华丽的女士们，她们不断向士兵们投掷鲜花以示敬意。现场，掌声如潮，热情高涨，场面非常壮观，让人心潮澎湃。那一刻，我们处于帝国权力的巅峰。[3]

新年伊始，巴黎的城市扩张计划开始生效。一夜之间，这座城市的面积从 13 平方英里迅速扩大到 33 平方英里，还新增了 40 万居民，人口从 110 万飙升至 150 万。

13 个毗邻巴黎的城镇的部分土地被划归给了巴黎，另有 11 个城镇被完全吞并。在这些城镇中，人口最多的是贝尔维尔，其人口数量高达 5.5 万人，其次是巴蒂诺尔-蒙索（4.4 万人）和蒙马特（3.3 万人）。其他城镇还有奥特伊、帕西、拉夏贝尔、维莱特、夏罗内、贝西、伏吉拉尔和格勒奈尔。

对于这些被吞并的地区，奥斯曼曾形容它们是"随机建造的一个杂乱拥挤的郊区，由狭窄弯曲的道路、小巷和死胡同构成，形成了一座不可分割的迷宫。由于管控不力，与这片土地没有真正联系的游牧人口以惊人的速度聚集起来"[4]。但实际上，这些被吞并的土地是极具多样性的。虽然受到了第二帝国及其后期城市化的影响，这些地区依然保持着独有的魅力。这些隐藏在巴黎周围的村庄拥有风景如画的小街道和迷人的历史遗迹，至今仍是巴黎人心中的乐土。

其中最著名的例子当数蒙马特，它在某些地方仍然保留了村中心的特色。蒙马特距巴黎不远，位于一座可以俯瞰巴黎的山丘上。奥特伊和蒙鲁日也是由许多小村庄组成，虽然地形没有蒙马特那么引人注目。在伏吉拉尔和夏罗内，街道布局仍然保留着17世纪的贵族花园、菜园、葡萄园和乡村庄园所确立的风貌。维莱特也是如此，两条主道旁有很多旅馆。但是，随着19世纪初运河的建成，这些地方开始发生变化，早期的工业设施开始出现。到19世纪60年代，巴蒂尼奥勒、雅韦尔和贝西也成为工业发展的热门地区。位于东北高地的贝尔维尔因葡萄酒、炖兔子和节庆活动而备受欢迎，直到后来才成为法国工人阶级的主要居住区。新城内的其他地方还未完全开发。整个第二十区被称为"真正的巴黎西伯利亚"，御座广场（现在被称为"民族广场"）周围也还是一片空地。[5]

当时法国建立了一个全新的行政区划结构，至今仍在沿用。1860年之前，法国由12个形状各异的大区组成，后来被20个更加紧凑且排列有序的新大区替代。这些大区从中心向外呈扇形分布，顺时针排列，形成了完美的现代化城市管理结构。

这次扩建给拆除包税人城墙提供了机会，也意味着勒杜给每个检查站建造的亭子将一同被拆除。幸运的是，有四座亭子被保留了下来，现在分别位于丹佛罗什洛广场、民族广场、斯大林格勒广场和蒙索公园入口的多米尼加共和国广场。

****

1853年，法国政府没收了法国前国王路易-菲利普及其家族的财产，包括位于巴黎西北部的一处面积相当大的房产。但这座房产的所有权情况非常复杂。不过，事情在佩雷尔兄弟的帮助下最终得到了解决。

虽然佩雷尔兄弟帮助解决了这处房产的所有权问题，但人们仍然怀疑他们动机不良。自1837年通往圣拉扎尔火车站的铁路线开通以来，佩雷尔兄弟就对这个地区产生了浓厚的兴趣。到了1853年，他们在铁路两侧开辟了宽敞的大街，还建了一条以自己名字命名的佩雷尔街。此外，他们还与其他投机商一起，贪婪地购买未来蒙索公园附近的前皇家财产，并制订了各种开发计划。而此时，整个地区并入巴黎，为佩雷尔兄弟期待已久的发展计划带来了一个良机。

1860年，巴黎市政府与佩雷尔兄弟签署了一项影响深远的协议。根据协议，市政府同意向佩雷尔兄弟出售原公园三分之二的土地，用于开发项目。但佩雷尔兄弟和其他土地所有者也需要为市政府提供土地，建设贯穿社区的新大道，包括马勒塞布大道、维利尔大道、瓦格拉姆大道、瓦格拉姆广场和佩雷尔广场。市政府还决定调整马勒塞布大道的线路，以适应新的项目，为市中心和新社区打造一条时尚的交通要道。在这个过程中，市政府也参与了公园的建设。这次合作是著名的公私合作共同发展城市的例子，早在近几十年被理论化和重新发现之前就已经得到了实践。

这项交易为开发一个大型新城区提供了机会，克服了多重房产业主产生的困难，并且市政府没有直接使用财政资金进行投资。然而，尽管如此，由于该协议仅限于市政府和佩雷尔兄

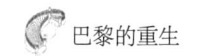

弟之间，缺乏透明的监督程序和正当程序，加之第二帝国时期经济快速增长和政策宽松的背景，这样的做法引起了人们的怀疑。

****

任期至今，奥斯曼在帝国政权的反对者中招来了许多批评声。不过，他最强劲的对手来自第二帝国内部的统治精英——阿希勒·福尔德。

与第二帝国的骨干维克多·佩西尼、埃米尔、伊萨克·佩雷尔以及拿破仑三世本人不同，福尔德并非理想主义者和现代化的支持者，也没有受到圣西门主义[①]和波拿巴主义思潮的影响。相反，在意识形态和气质上，福尔德更偏向于保守。他支持七月王朝，与詹姆斯·德·罗斯柴尔德等保守派利益保持紧密一致。

福尔德是一位优雅的绅士，常常将浓密的黑发梳到一侧，下巴上蓄着细小的胡须。他虽然长相粗犷，但极富魅力。他那厚实的嘴唇非常具有表现力，鼻子看起来像是粗糙的泥塑。和同时代的埃米尔·佩雷尔一样，福尔德也是犹太人，但他家世显赫，出生于著名银行家家庭，成长于巴黎上层社会，接受了顶尖的教育。在他的哥哥掌管家族银行期间，福尔德进入了政界，于1842年开始担任代表。1848年，他加入阿道夫·梯也尔的阵营，全力支持路易-拿破仑竞选总统。拿破仑成功当选总统后，福尔德逐渐赢得了他的信任，并于1849年升任财政部部长。

---

① 受圣西门伯爵思想启发的政治思潮和社会思潮。

第十三章　扩都与新纪念碑

1852年年末，第二帝国建立后，福尔德成为仅次于皇帝的重要人物。他在金融事务方面办事稳健，总能安抚银行界，并能确保政府债券的顺利发行。渐渐地，福尔德成了拿破仑三世身边不可或缺的人物，他的影响也逐渐扩展到政策的各个领域。最终，福尔德升任国务大臣，职责范围广泛，包括剧院、博物馆、图书馆和档案馆。也正是身处这个职位，他有权管理卢浮宫的扩建工程。

福尔德对佩西尼提出的"生产性支出"理论持否定态度，他认为政府的开支已经超出了承受范围。虽然无法对皇帝的支出进行实质性的控制，福尔德仍竭尽全力限制那些依靠皇室攫取巨额财富的人，并公开反对他认为毫无价值的项目，特别是巴黎重建计划。这使他成为奥斯曼、佩西尼以及另一位强势的第二帝国人物——亚历山大·瓦莱夫斯基（Alexander Walewski）伯爵的死对头。

从表面上看，瓦莱夫斯基伯爵是一个波兰-意大利贵族，在法国度过了他一生。但巴黎的每个人都知道，他实际上远不止于此。

1806年，拿破仑一世在华沙逗留期间邂逅了美丽的波兰伯爵夫人玛丽·瓦莱夫斯卡（Marie Walewska）。他向她展开了追求，二人开始了一段充满激情的恋爱。1810年5月，他们迎来了他们的儿子瓦莱夫斯基。因此，年轻的瓦莱夫斯基伯爵与在欧洲其他地区长大的路易-拿破仑·波拿巴成了堂兄弟。不过，这层关系并未对他们的生活轨迹造成任何实质性的影响。

瓦莱夫斯基在14岁时逃离了被俄国占领的波兰，迁居法国，开始了他的军事生涯。在此期间，他曾尝试创作剧本，但没有成功。他还参与过各种外交阴谋，涉足政治领域。在巴黎七月王朝社交圈，他成了焦点人物。1832年，他创办了备受争议的赛马俱乐部，并成了著名女演员蕾切尔的情人。

1846年，得到阿道夫·梯也尔的支持后，瓦莱夫斯基找到了自己的职业使命——外交。他被任命为法国驻佛罗伦萨大使，随后又被派往布宜诺斯艾利斯、佛罗伦萨、那不勒斯和伦敦。1855年5月，瓦莱夫斯基成为外交部部长，这一职位让他有机会主持结束克里米亚战争的条约。尽管瓦莱夫斯基或许不像其他第二帝国高级官员那样聪明，但他通情达理，备受信赖。此外，与莫尼不同的是，他很少涉及见不得人的金融阴谋。

1860年，瓦莱夫斯基卸任外交部部长之职。其实，他一直觊觎着福尔德国务大臣的位置和他在卢浮宫的住所，他的妻子比他更向往这种奢华的生活。此外，据宫廷传闻，美丽的瓦莱夫斯基伯爵夫人与皇帝存在一种非同寻常的关系。普罗斯佩·梅里美曾描述道："有段时间，我们的朋友（福尔德）不得人心，因为他把钱袋拴得很紧，比那些喜欢从钱袋里拿钱的人想要的更紧。有一个美丽的女人，她已经拿了不少了，但还是希望自己的丈夫能够取代我们朋友的职位。因为她总是把手放在别人无法拒绝的地方，所以她最终得逞了。"[6]

在1860年11月22日的议会会议上，拿破仑三世宣布任命瓦莱夫斯基为国务大臣，并提出了能够促使议会辩论更有意义的措施。这让部长们非常吃惊。他还提议让福尔德担任财政部部长，但福尔德却愤怒地离开了。福尔德对瓦莱夫斯基的行为感到愤怒，对议会的妥协感到不安。最终，福尔德选择退休，回到了比利牛斯山脚下的家。他感到非常痛苦和沮丧，似乎他的职业生涯已经走到了尽头。

瓦莱夫斯基取代福尔德成为国务大臣，标志着支持"生产性支出"阵营的胜利。佩西尼和瓦莱夫斯基再次回到政府，而莫尼则继续担任立法议会主席，这是一个极其重要的职位。与此同时，拿破仑三世还给予莫尼一个部长的职位，进一步巩固了他的地位。

这种情况为奥斯曼提供了一个绝佳的机会来澄清自己的身份。虽然他在名义上是内政部部长的下属，但实际上只要他认为有必要，他都可以直接面见皇帝。这种行为引起了内政部部长和其他官员的不满。在阿道夫·比约担任内政部部长时，他曾正式要求奥斯曼遵守命令，但拿破仑三世对他的抱怨置之不理。

当奥斯曼的计划得到皇帝的直接支持后，他对不断需要与内政部门打交道，并寻求所谓"官僚侏儒"的批准感到非常厌倦。因此，他向皇帝递交了一份建议，希望被任命为巴黎部长，并威胁表示如果不行，他将会递上辞呈，无论巴黎如火如荼的转型会怎样收场。

拿破仑三世原本打算接受奥斯曼的请求，但部长们强烈反对。他们认为，设立巴黎部长将意味着他们自己的权力在首都不适用。最终，双方达成妥协，不授予奥斯曼部长头衔或级别，但给予他更多权限，允许他参加部长会议。虽然这并没有完全达到奥斯曼的期望，但他还是表示满意。现在，虽然名义上他需要向内政部部长汇报工作，但事实上，他只对皇帝个人负责。

后来，奥斯曼还获得了出席国会会议的权利，只要议题涉及巴黎。加之参议员和准部长的地位，他现在能够出席除立法议会以外的所有关键决策会议。会上，每当巴黎的问题被提及时，奥斯曼总是充满热情，毫不掩饰地表示自己的党派立场，为自己的事业辩护。

随着权力的稳固，奥斯曼决定给自己增添头衔。他的外祖父乔治·丹泽尔是维也纳的前总督，因在拿破仑一世时期为法国效力，被封为男爵。然而，丹泽尔的儿子去世后，这个头衔就被废弃了。奥斯曼决定主动申请这个头衔，尽管他非贵族出身，对男爵爵位的要求也令人质疑，但是，从那时起，他就成了奥斯曼男爵。1862年12月，拿破仑三世授予奥斯曼荣誉军团大十字勋章，这对他来说是莫大的荣誉。此后，他一直在收集从瑞典到奥斯曼帝国的各种纯粹荣誉性的头衔。

奥斯曼省长大肆款待来宾，维持着奢华的家庭生活，并通过妻子慷慨地为慈善事业捐款。他的社会地位体现在他的两座官邸上：市政厅的省长公寓和布洛涅森林的隆尚城堡，奥斯曼将后者用作周末度假和夏季娱乐的场所。1861年，他的岳父去世后，除了已经拥有的洛特-加龙省的乡村地产，奥斯曼又继承了波尔多郊外优质的塞斯塔城堡。此时的奥斯曼省长已经拥有了第二帝国成功人士的所有标志——权力、头衔和丰厚的财产。

起初，拿破仑三世是因为对情妇的偏爱才任命她的丈夫担任国务大臣，结果却对另一个与政治和皇帝的私生活毫无关联的领域造成了影响——建造巴黎新歌剧院。这个决定带来了剧变，对法国建筑史产生了深远影响。

第十三章　扩都与新纪念碑

夏特莱广场建成后，巴黎迎来了两家大型的现代剧院，但致力于抒情艺术的最伟大机构——巴黎歌剧院，其正式名称为帝国音乐剧院，仍位于佩勒蒂埃街的一幢临时建筑中。该建筑建于1821年，之前的歌剧院在大火中被毁。

兴建一座永久性歌剧院是一项漫长而缓慢的工程。1847年，朗布托省长决定将新歌剧院建在巴黎皇家宫殿广场东侧，位于卢浮宫与皇家宫殿的中间地带，与里沃利街的延伸工程同时进行，与卢浮宫的新北侧一起为市中心的复兴添砖加瓦。然而，1848年的革命缩短了朗布托的任期，导致该计划流产。几年后，虽然里沃利街的延伸部分完成了，但新歌剧院已不再是计划的一部分。朗布托原打算选址的区域最终却成了卢浮宫大酒店的所在地。

查尔斯·罗豪·德·弗洛里（Charles Rohault de Fleury）是巴黎最杰出的建筑师之一，他于1846年被任命为歌剧院的官方建筑师。从那时起，他就广泛调研了巴黎周围的地点，以确定最佳选址。其他建筑师也在竞相争夺建造歌剧院的机会，并采取了和他类似的做法。有一段时间，协和广场似乎成了建造歌剧院的热门选址之一。此外，弗洛里还有一个计划，即在意大利大道上建造歌剧院，毗邻当时的佩勒蒂埃歌剧院，通过一条新的南北大道与今天的歌剧院大街尽头的安德烈·马尔罗广场相连。[7]

然而，弗洛里最终决定在嘉布遣大道边上建造歌剧院。这个地点位于从圣拉扎尔火车站通往市中心的新街道与林荫大道的交汇处，地理位置非常便利。1854年5月3日，一项法令公布，扩建拿破仑大道，将其与卢浮宫连接起来。在拟议的场地上，交汇处的街道布局问题引起了一些困扰，而这座新建筑刚好可以解决这个问题。更重要的是，这里土地充足，周围还有大型社区，可以为歌剧院的建设提供场地和观众基础。

1858年，奥尔西尼刺杀皇帝事件使得新歌剧院的建设工程变得更加紧迫。这一事件提醒人们，佩勒蒂埃街上的歌剧院原本只是临时建筑，却使用了30多年，很多方面都不完善，无法保障重要客人的安全。为了解决这个问题，弗洛里为位于嘉布遣大道上的新歌剧院设计了多个备选方案，并逐渐获得了负责此项目的国务大臣阿希勒·福尔德和省长奥斯曼的支持。

1853年，佩雷尔兄弟开始在该地区购买土地。随着时间的推移，他们逐渐扩大了公司的规模，并在未来歌剧院大街附近购买了更多房产。这一行动早在广场布局和新歌剧院位置公布之前就已经开始了。佩雷尔兄弟在巴黎第二帝国时期玩起了现实版的大富翁游戏，开始兴建另一家宏伟的酒店——和平大酒店，比之前的卢浮宫大酒店更加宏伟壮观。该酒店再次由佩雷尔兄弟的建筑师阿尔弗雷德·阿尔芒（Alfred Armand）设计，拥有800间客房及各种先进设施，包括电灯和世界上最早的液压电梯之一。和平大酒店于1862年正式开业。

1860年9月29日，一项皇家法令正式宣布，将在巴黎拿破仑大道与嘉布遣大道交汇处建造新的歌剧院，这将成为整个城市建筑群的中心。这个宏大的项目由弗洛里设计，是他职业生涯的巅峰之作，使他留下了永恒的印记。与此同时，市政府还委托他设计广场上其他建筑的外立面，以保证整个区域呈现出一致的风貌。

1860年11月，新歌剧院选址法令公布两个月后，弗洛里顺利完成了建筑设计。他所打造的歌剧院，中央是一座宽敞的大厅，两侧是弯曲柔美的翼楼。这是一幅伟大的作品，秉承着法国剧院设计的传统。

然而，就在当月，弗洛里作为新歌剧院的设计师而被载入史册的梦想遭遇了残酷的命运。支持弗洛里新歌剧院建设的国务大臣福尔德被瓦莱夫斯基伯爵取代。这突如其来的人事变动将给新歌剧院的故事带来巨大的转折。

负责新歌剧院项目的瓦莱夫斯基得知，目前还有几个设计方案在与弗洛里的设计竞争，其中甚至包括受到皇后青睐的建筑师欧仁·维欧勒·勒·杜克公爵的方案，这让他倍感压力。为了解决这愈演愈烈的竞争，瓦莱夫斯基采取了不同寻常的策略——他发起了一个设计竞赛，以此来减轻自己在做决定时的负担。正是通过这个策略，一个年轻、尚不为人知的巴黎建筑天才——查尔斯·加尼耶（Charles Garnier）——出现在了众人面前。

****

查尔斯·加尼耶出生于穆浮塔街的工人阶级家庭，他的父亲是一名铁匠，母亲从事制作蕾丝饰带的工作。在他父母的重视下，他接受了基础教育，并获得了上绘画课的机会。15岁时，他开始在一位建筑师那里工作。工作室倒闭后，他又得到了巴黎最负盛名的建筑师之一希波利特·勒巴斯（Hippolyte Lebas）的工作室的工作机会。1842年，年仅17岁的加尼耶被巴黎高等美术学院录取。他对自己的艺术天赋非常自信，就像他第一次见到帕特农神庙时所说的："在艺术之间不应有任何犹豫。造物主只有两位，上帝和建筑师。"[8]

1847年，加尼耶首次参加罗马大奖赛，但遗憾未能获奖。次年，革命爆发，巴黎陷入混乱。加尼耶再次参赛，以"国家艺术与科学学院"为参赛项目。他凭借精妙的构思和精心制作的效果图，荣获一等奖，赢得了罗马梅迪奇别墅奖学金。他立刻前往罗马，深入研究古罗马和希腊的建筑，并将自己的作品寄回巴黎进行展示。

1853年，加尼耶重返巴黎时，这座城市已经面目全非。在皇帝的统治下，市中心正在进行宏大的新项目建设。尽管加尼耶是罗马大奖赛的冠军，拥有非凡的才华，却无法为他赢得这些项目的委托。此外，他还面临着健康问题和抑郁症的困扰。最终，他只能通过一些微不足道的项目来维持生计。他曾在塞瓦斯托波尔大道为一位投机商设计了一座公寓大楼。有时，他乐观地认为自己终将有所成就，但在其他日子里却倍感绝望。他一直等待着一个机会，能够完美地展现自己的才华和抱负。

1860年12月29日，就在大多数人准备庆祝新年的时候，新歌剧院设计比赛的消息传出。提交设计方案的最后期限非常紧急，只有短短的一个多月的时间。然而，这并没有让加尼耶感到沮丧，他早已习惯了快速设计和紧张绘图。尽管他知道自己获胜的机会微乎其微，但仍然全神贯注地投入"冲刺"之中——建筑师们用"冲刺"这个词来形容全力以赴地完成一套画作。

1861年2月初，新歌剧院设计比赛举办方共收到了171件设计作品。最终，评审团选出了5名决赛选手。令人意外的是，罗豪·德·弗洛里和维欧勒·勒·杜克都未能入选。这5位建筑师中，唯一有些名气的是约瑟夫-路易·杜克（Joseph-Louis Duc），但由于他当时还负责西岱岛上司法宫的重要工程，于是选择了退出。其余3位建筑师都在35岁左右，分别是加尼耶、加尼耶的好友莱昂·吉内（Léon Ginain）——1852年罗马大奖赛获得者，以及阿方斯-尼古拉·克雷皮内（Alphonse-Nicolas Crépinet）。评审团由杰出的建筑师们组成，他们注重设计质量，而非建筑师的亲和力、名声或人脉关系。这实际上已经确定了当时最负盛名的建筑项目将会授予一位籍籍无名的建筑师。

在进入决赛的5件作品中，加尼耶的设计排名最低。他曾向获得第一名的吉内建议合并两人的作品，但遭到了拒绝。因此，加尼耶在有限的时间内重新修改了自己的方案，尽力将它改至最好。

在收到最终提交的作品后，评审团成员展开了审查、分析和讨论的工作。经过一番努力，他们于5月29日准备宣布他们的决定。

那天早晨，评审团成员阿尔方斯·德·吉索尔（Alphonse de Gisors）亲自前往加尼耶的住所，向他传达了评审团的结论："你的作品进步很大，而吉内的作品则稍显逊色。你的设计方案非常简洁、清晰、有逻辑，且威严非凡。评审团对你的设计在三个不同方面都给予了高度赞扬：公共门厅、大厅和舞台，以及外廊、楼梯和立面的原创性，尤其是侧立面。"[9]吉索尔向这位年轻人传达了他梦寐以求的好消息：加尼耶已经当选为巴黎新歌剧院的设计师。

****

加尼耶的容貌与众不同，让人一眼难忘：他头形古怪，鼻子尖如鸟喙，皮肤犹如革质，眼中透着好奇和梦幻，下巴上有一撮向下翘着的胡须。他头发蓬乱，似乎从来没有去理发店修整过。

加尼耶酷爱吸烟，常常与幽默风趣的建筑师、艺术家为伍。他十分活跃，积极参与巴黎文化活动和娱乐活动，经常在深夜的聚会上与朋友们一同高歌粗俗的歌曲。此外，他在创作上也颇有天赋，写出了许多粗俗而有趣的小调和几部戏剧。然而，在创造力旺盛的时期，他也有陷入昏睡和抑郁的时刻。尽管如此，他仍然成了法国最知名的建筑师之一，他的形象常常被绘画描摹，因此走在街上也会被人认出来。他是浪漫主义艺术家的代表人物。

赢得比赛后，加尼耶迅速成立了自己的工作室，全身心投入新歌剧院的设计中。他召集了一支由9名建筑师和绘图员组成的团队，在施工现场搭建了一座临时建筑，上面还建有一个阳台，方便他和工作人员直接观察施工进度。工作室内摆放着一排长长的画桌，墙上装饰着古典风格的装饰品。这个地方成了这座建筑的核心，多年来吸引了许多杰出人物的参观，包括皇帝和皇后。

加尼耶热情大方，关心员工，对他们的私人问题也倾心帮助。尽管他是工作室的负责人，但与发号施令不同，加尼耶更喜欢与员工一起讨论遇到的挑战,并凭借他敏锐的直觉和迅捷的思考帮助合作者找到最佳解决方案。加尼耶思路活泛、思维敏捷,他总是期望自己不用解释,合作者就能理解他的思路,因此他很难找到合拍的合作者。然而,他和他的员工们合作得很顺利,画室里洋溢着友谊之情,充满了活力。

在这座小木屋里,设计团队日复一日地绘制着无数草图,新歌剧院的计划逐渐成形。与此同时,周围的挖掘工作也在逐步展开。

第十四章

四面楚歌的省长

第十四章　四面楚歌的省长

1861年8月13日，星期二，马勒塞布大道正式开通，政府的官方报纸《箴言报》（*Le Moniteur*）称其为"诸多有益工程中的一项，是皇帝政府最值得公众感激的成就之一"[1]。但实际上，此时巴黎的改造工程比以往任何时候都更惹人争议。

建设马勒塞布大道并非新想法。早在1808年，拿破仑一世颁布的法令中就提出了该计划，作为围绕马德莱娜教堂的城市结构的一部分。虽然计划最终敲定，但建设却从未开始。直到1852年，该计划被重新提出，为了"缓解繁华的马德莱娜教堂和蒙索屏障周围富裕地区和人流量较大地区之间日益增长的交通压力"[2]。然而，在1855年，整座城市都在全力筹备世界博览会，因此建设工作被立即暂停。直到《1.8亿法郎协议》签署后，建设工作才得以恢复，马勒塞布大道准备于1861年夏季正式通车。

马勒塞布大道长约一英里，将市中心与正在开发中的蒙索外围地区连接起来。然而，要修建这条大道，就必须清理臭名昭著的小波兰山丘，那里遍布简陋的棚屋。此外，大道还穿过了巴黎最豪华的几条街道，例如主教城街、拉瓦锡街和伦福特街。这也是巴黎富有阶级首次受到巴黎大改造的影响。

在马勒塞布大道开通前的几周，这条新街道引发了激烈的争论。媒体报道称："20年前，这条街道还很便宜，但如今因为要征用那些被优雅舒适的建筑占据的土地而变得异常昂贵。"[3] 然而，成本只是众多问题的冰山一角。在建设过程中，市政府还强制征用了圣奥诺雷街区古老贵族家族的土地，拆除了他们的宅邸，以便让佩雷尔兄弟和富有的新合作伙伴开发马勒塞布大道尽头的蒙索平原，从中获取巨额利润。受影响地区的富裕居民对此非常不满，并表达了抗议。然而，奥斯曼却指出，过去，市政府在搬迁里沃利街和塞瓦斯托波尔大道上的工人阶级家庭住宅、商店和作坊的时候，从未听到任何怨言，"而现在，仅仅是干扰了权贵们的生活习惯……就听到了前所未有的反动言论"[4]。

此时也正是展开争论的最佳时机。1861年六七月份，巴黎市民热议纷纷，讨论着第二帝国的银行家朱尔·米雷斯（Jules Mirès）因被指控金融犯罪而被逮捕受审的事情。这个事件的发展令人惊讶，因为米雷斯是佩雷尔兄弟的合伙人，同样来自波尔多的葡萄牙犹太人社区。米雷斯手握两家报纸，是政府的喉舌，被认为受到政府的庇护。据小道消息，"米雷斯事件"涉及向高级官员和波拿巴家族成员行贿，但真相永远不会浮出水面。这也是第一个与当局关系密切的人被正式指控受贿的案件。

米雷斯和高级政府官员亨利·西蒙伯爵一起被起诉，后者曾在1853年领导巴黎规划委员会。审判充满了戏剧性的转折，

第十四章 四面楚歌的省长

最终两人都获得了赦免。与此同时,查尔斯-奥古斯特·德·莫尼被授予了公爵头衔,他幕后交易的名声早已广为人知。所有这些给人留下了一个印象,即使皇帝没有亲自鼓励,他也是在纵容他的亲信从事猖獗的腐败行为。

由于米雷斯涉足房地产项目,加上他与佩雷尔兄弟过去的关系,这次事件不可避免地引发了人们对巴黎房地产交易的质疑,并对无处不在的佩雷尔兄弟产生了关注。佩雷尔兄弟为城市提供资金,代表城市进行交易,开发城市土地,甚至经营公共汽车,他们似乎渗透到巴黎的方方面面。

而此时,银行家们还在恣意炫富,这更加剧了人们对他们的质疑。佩雷尔兄弟在圣奥诺雷郊区35号街拥有一座宏伟的府邸,装饰着豪华的精美艺术品,如今是英国大使馆的办公地点。一位宾客曾形容"金色的溪流缓缓流过,水晶吊灯闪耀夺目,地毯如同森林中的苔藓般厚实"[5]。

奥斯曼省长自然成了怀疑的中心人物。他和佩雷尔兄弟以及莫尼有着密切的关系,公众普遍将他与腐败环境中的轻松获利和内幕交易联系在一起。在这个收益高到肆无忌惮、投机者晕头转向和腐败成为常态的世界里,人们普遍认为,相信巴黎市关起门来进行的项目和正常项目没什么两样的人,得是多么天真。

媒体对此进行了猛烈的抨击,以至于一位圣西门派作家被征召出版了一本小册子,为塞纳省省长的行政管理和佩雷尔兄弟的房地产公司辩护。这位作家曾反对政变,流亡国外,因此他的文笔具有一定的公正客观性。文章重申了许多关于"巴黎大改造"的官方论调，断言：

> 奥斯曼省长的一切行动都是合法的，受到法国法律和行政机构的监管和控制。而这些机构的模式是如此完善，甚至在世界各地都是令人钦佩甚至模仿的对象。
>
> "巴黎房地产公司"并非垄断企业，其地位是通过充分利用自身的自由和资本获得的……该公司所做的一切都是为了证明其成功是正确的，应该得到鼓励和与其合作，而非遭受持续攻击。[6]

显而易见，没有人会被这种直白的宣传手法洗脑。

马勒塞布大道的落成典礼再次成了一场规模庞大的自我吹嘘的盛会。拿破仑三世身着法军将军制服，乘坐敞篷四轮马车，沿着新建成的大道缓缓前行。大道两旁点缀着威尼斯式的桅杆和小树，士兵们整齐地站在路边。大量政要聚集在为这场盛典临时搭建的帐篷内，他们纷纷发表演讲，场下充满了庆祝胜利的呼声。然而，也有相当数量的人在为自己进行辩护，愤怒的声音不时传出。在这个场合上，支持巴黎大改造的人处于守势。

首先发言的是奥斯曼。他提醒听众，马勒塞布大道项目已有50年历史，他提到过去几十年在大道上违建的17幢华丽住宅，都要归咎于早期政府管理的不善。然而，他的政府勇敢地拆除了这些住宅。但是，相对于新大道和蒙索平原上的新建筑来说，这些拆迁只是微不足道的牺牲。他强调"这不仅仅是一个新社区，而是一座正在建立的新城市"[7]。他进一步重申了城市东部、南部和西部的巴黎市民所作出的牺牲,并表示,"在这些方向上,充满活力的巴黎市民将会很快发现这个比许多城市都要庞大的新城市,他们可以根据自己的需求和品位自由地在其中安居"[8]。

奥斯曼还回应了另一个长期存在的批评,即他只为最富有的阶层建造豪宅。他承认,"在主干道两旁的高价地块上,人们看到的确实都是豪宅"。然而,他同时指出,这些豪宅都是私人开发商建造的,这证明确实有这样的需求。奥斯曼强调:"一旦市区的豪宅供应市场达到饱和,自然就不会再兴建了。"[9]

奥斯曼也对那些诋毁他的人提出了批评,指出他们并没有目睹为工人阶级建造新住房的实际情况。同时,他还提供了有关房屋建设和租金的具体统计数据。尽管他承认租金上涨是无可争辩的事实,但他坚信"巴黎大改造并不是招致人们抱怨高租金的罪魁祸首。相反,这一行动刺激了许多地方的建设,促进了市场竞争,同时平抑了租金上涨的趋势。他相信这种影响将持续存在,最终让租户受益"[10]。

接着,奥斯曼又转向了另一条攻击战线,指责那些声称他将巴黎推向财政崩溃的人。令人惊讶的是,作为一个极其关注数字的人,奥斯曼并没有提供关于巴黎大改造的总体成本或所筹集资金数量的具体信息。他只是泛泛而谈,向听众保证巴黎的账目依旧管理得当。为了证明这一点,他从去年的预算中举出了一些不相干的数字,并大胆地宣称,就在此刻他讲话的时候,巴黎市财务部门的账目上还有 3000 万法郎的余额,以此来打消巴黎破产的谣言。

在演讲的结尾,奥斯曼运用了一段经典的第二帝国式的讨好之辞:

> 我们对恺撒的侄子(奥古斯都皇帝)所能给予的最高赞扬,便是他美化了帝国的首都……陛下对巴黎事务的持续关注,将为我们的后代带来长远收益。我们的子孙后代会发现,在我们国家,当代的恺撒侄子(即拿破仑三世)也在致力于复兴帝国首都,而他的主要目的是增进臣民的福祉。并且,通过对这项艰苦事业坚持不懈的努力……陛下为我们的时代和子孙后代赢得了无上荣誉。[11]

紧接着,那位听了这番谄媚之词的对象登上了讲台。拿破仑三世宣称:"如今,开辟新路已不值一提。"他解释说,如果不是为了公开支持市议会和塞纳省省长的工作,他是不会举行庆祝仪式的。他承认巴黎大改造存在争议:"一旦首都的修缮工程完成,必然会得到赞赏;但在执行过程中,势必会招致批评和抱怨。这是因为在如此庞大的事业中,不触犯某些利益是不可能的。而政府的作用就是管理和平衡各方,不偏离自己前进的方向。"[12]

奥斯曼听到此处,心中感到无比欣喜,因为这是皇帝公开支持并鼓励巴黎大改造的证词。然而,不幸的是,演讲很快就会发生一个让省长大为不悦的转折。

拿破仑三世突然话锋一转,谈到了巴黎穷人的处境。他赞扬了巴黎市政府采取的一些措施，比如降低水费、减免最贫困家庭的租金税，以及控制面包和肉类的价格上涨。他还提到，整座城市建立了教堂、学校和公共卫生设施，但仍需要做更多的工作。他表达了自己的愿望，希望巴黎市"在资金允许的情况下，尽可能地减少对首要必需品的税收"。

奥斯曼感到非常沮丧。他向皇帝解释了资助巴黎改造所需的城市税收数额。他也曾试图说服皇帝，认为巴黎市民至少应该为他们已经受益的巨大改善支付一些费用。他还提出了一些技术性的论据：入市税是固定金额，没有根据通货膨胀进行调整，因此实际上，税收已经在逐年减少。他解释说，随着巴黎的发展，中央政府征收的税收在大幅增加，但这笔钱没有拨给巴黎进行再投资。然而，所有这些都被无视了。拿破仑三世发表这一声明，就是明确向奥斯曼表示，不会进一步讨论该问题。奥斯曼被命令停止争论，服从命令。

奥斯曼已经意识到，如果不采取他提出的新税收措施，巴黎的项目将难以获得所需资金。他曾经努力从中央政府获得资金，甚至不得不依赖非正式的融资方式，依靠他的金融界朋友们发挥创造力。然而，此时对巴黎居民减税的命令使他所面临的不可能解决的困境变得更加严峻。

****

在落成典礼的晚上，巴黎人迎来了探索新马勒塞布大道和蒙索公园的绝佳机会。

尽管沿途只有零星的建筑物，但第一批建筑仍然激起了人们的热情。"从马德莱娜广场到苗圃街，路人们好奇地凝视着那两排房子，它们被大理石和雕塑装饰的柱廊所点缀，谁能想象这些房子是如何仿佛施了魔法般从尘土和瓦砾的旋涡中冒出来的"[13]。马勒塞布大道随即成为巴黎的著名地标之一。

但是，在大道的中央，还有一个建筑工地，直到落成典礼才刚刚开始动工。这个工地要建造的是新圣奥古斯丁教堂，就在大道转角处。为了这项工程，奥斯曼选择了巴黎大堂的建筑师维克多·巴尔塔，他为巴黎的多个教堂做过设计。将圣奥古斯丁教堂安置在狭小而独特的场地上，让穹顶同时呈现在马勒塞布大道和弗里德兰大道的轴线上，对巴尔塔来说是一项具有挑战性的任务。但他凭借着精湛的隐藏式金属结构运用技巧，成功地完成了这一重要工程，并因此名声大噪。

在落成典礼的夜晚，蒙索公园成了一道亮丽的景观，为了这个特殊场合，它装饰精美，灯火辉煌。穿过公园优雅的铁艺大门，人们进入了一个精心打造的植物世界，感受到与城市其他角落截然不同的独特魅力。公园内，宽敞的小道蜿蜒穿过郁郁葱葱的草坪，没有传统的法式花园严谨的秩序，而是以奇特的植物和花卉巧妙地搭配地形。沿着通往池塘的小路，游客们能够欣赏到古老的柱廊，感受置身于古代诗人世界的神秘感。再往前走，还能看到一座小人行桥、一个山洞和一个小瀑布。整个空间也充满着当代品味的亭台楼阁和装饰陈设。

蒙索公园是公园和步行街部门的负责人阿道夫·阿尔芬和建筑师加布里埃尔·达维乌共同打造的骄傲之作。达维乌负责设计公园中各种亭子、栏杆和其他建筑细节。蒙索公园因此被誉为奥斯曼政府历史上最伟大的成就之一，它完美地展示了第二帝国精英社会所追求的精确风范。

****

正如奥斯曼在演讲中所述,巴黎市区到处都在建设。特别值得一提的是,"巴黎大改造"计划正在对巴黎左岸一些最具历史意义的街区进行全面改造。

拉丁区位于西岱岛的南侧,仅有不到一英里长、大约半英里宽,人口密度很高。这里文化氛围浓厚,周围环绕着许多宗教机构和巴黎的大学。例如,18世纪哲学家德尼·狄德罗在此编撰了《百科全书》,度过了他的大半生。在附近的小酒馆里,他与朋友弗雷德里希·梅尔基奥·格林(Friedrich Melchior Grimm)和让-雅克·卢梭痛饮了许多个夜晚。拉丁区是名副其实的自成一体,既有重要的学术活动,也有轻松愉悦的学生狂欢活动,丰富多彩的传统历史可谓不胜枚举。

19世纪60年代初,奥斯曼政府的规划工作已经开始永久性地改变这个古老奇特的世界。圣米歇尔大道自北向南横贯整个街区,将几十条历史悠久的街道从地图上抹去。圣日耳曼大道自东向西垂直延伸。宽敞的街道和有序排列的现代公寓楼取代了狭窄的中世纪街道和密集的住宅,城市结构发生了根本性的变化,不可逆转地破坏了拉丁区悠久的历史特色。

尽管有些人强烈谴责对巴黎历史街区的大规模残酷破坏,但在左岸工程中,一个近乎微不足道的小事却引发了最激烈的政治斗争。作为圣米歇尔大道规划的一部分,奥斯曼计划砍掉卢森堡花园的一小部分,并重新规划美第奇街。当然,在当前大规模破坏的背景下,这似乎只是个微小的违法行为,但由于涉及参议院所在地卢森堡宫附属的官邸,它变成了一个重大问题。

奥斯曼被卷入了一场与参议院领袖的激烈争斗,这些领袖坚决维护与他们职位相关的特权和物质享受。这个问题在参议院全体会议上进行了热议,皇帝本人也被要求作出公正的裁决。虽然奥斯曼在这场争斗中争取到了大部分利益,但这一事件加深了参议员们对这位省长的不满,他们准备一有机会就采取行动反对他。实际上,这个机会也正在迅速逼近。

****

1861年9月,隐居塔布的前财政部部长阿希勒·福尔德终于打破了沉默,向皇帝呈上了一份题为"论国家财政"的长篇备忘录。概括来说,这份备忘录全面地批评了帝国的财政政策:

> 在审查财政状况时,显而易见,若不作出重大改变,我们将面临严峻的困境。公共债务和财政透支不断攀升。为了解决这些支出问题,我们已经采取了各种形式的信贷,并动用了国家下辖特别机构的资源。
>
> ……
>
> 在最近的预算讨论中,我们得出结论:到今年年底,国家债务可能接近10亿法郎,这一数字并非危言耸听。立法议会和参议院已经对此表示关切,商界也开始感到不安,预见到可能更加严峻的危机,因为地方政府和私人公司可能会效仿中央政府,贸然追求改善和发展的目标,投入了大量的资金。[14]

第十四章 四面楚歌的省长

这篇文章直接抨击了政府,尤其是国务大臣瓦莱夫斯基、佩西尼和省长奥斯曼。然而,出人意料的是,拿破仑三世公开回应福尔德说:"你向我揭示了政府面临的风险……你的观点清晰,论据有力,我完全接受你的观点。"[15] 有传言称,拿破仑三世希望福尔德重回政府,同时保留瓦莱夫斯基,并任命奥斯曼为公共工程部部长,负责管理巴黎市。福尔德起初拒绝了,但后来经过考虑,他妥协了。

在报道这些幕后交易时,《纽约时报》记者写道:

> 据可靠消息,福尔德先生最初确实向皇帝提出了许多条件,但后来他同意放弃这些要求。现在,他在与密友交流时透露,他将除掉瓦莱夫斯基伯爵、以推倒半个巴黎而著名的省长奥斯曼先生以及其他一些人,而皇帝只是要求延缓他们的垮台。虽然福尔德的说法可能属实,但这些人在宫廷内部势力强大,而像皇帝这样的人往往难以捉摸,很难预测他会采取何种行动。[16]

尽管福尔德可能对奥斯曼持反对态度,认为他在财政上不负责任,对政权构成了威胁,但他的真正敌人却是瓦莱夫斯基伯爵。《纽约时报》的记者描述了这场斗争:"反对(福尔德)的阴谋集团正在极力谋划,并得到了皇后和瓦莱夫斯基伯爵夫人的支持。这些多年来一直在吞食国家命脉的害虫正在为生存殊死搏斗,不会轻易投降。"[17]

1861 年 11 月 14 日,福尔德再次出任财政部部长,瓦莱夫斯基继续担任国务大臣,奥斯曼继续担任省长。福尔德得到了强大的盟友朱尔·巴洛什部长和欧仁·鲁埃部长的支持。他们决意使奥斯曼及其贪婪的野心遭受尽可能多的困难。

尽管佩西尼、莫尼、瓦莱夫斯基和奥斯曼之间存在巨大的个人差异和许多对立,但他们有着一个共同的意识形态,这个意识形态源自波拿巴计划的核心。然而,福尔德、巴洛什和鲁埃等人则不同,他们都是出色的官僚,让自己看起来对帝国的稳定至关重要,但对拿破仑三世的统治并没有深刻的信仰。在敌人眼中,他们并非通过行使权力来推动变革,而是寻求有序稳定的方式来有效维持现状,他们实际上正在破坏帝国主义的愿景。

皇帝试图充分利用这些人的才干,并努力维持微妙的平衡。然而,福尔德已成为金融界利益的代言人,他的地位变得无可动摇。1863年,福尔德迫使前财政部部长皮埃尔·马涅辞职离开政府,接着又换掉了佩西尼、瓦莱夫斯基和德朗格尔,而他自己仍然占据要职。奥斯曼虽然仍然担任省长,但已经孤立无援。

随着时间的推移,拿破仑三世渐渐不再亲自参与巴黎的改造,因为他被帝国内部的政治、外交和战争等重大问题所占据,同时还要应付一些私事,比如调情和写作《恺撒生平》(*History of Julius Caesar*)。然而,他始终坚持着对新巴黎的愿景,并且一直坚定地支持奥斯曼。一位评论员对当时的情况做了总结:"无论是来自福尔德……来自其他部长、国家议会,还是来自上诉法院、审计法院的敌意,甚至对非选举产生的市议会的控制不足,这些都无法阻止省长,因为拿破仑三世一直支持着他。"[18]

第十四章　四面楚歌的省长

人们对奥斯曼的看法褒贬不一。有时候，他被认为是皇帝政治上的包袱，但实际上，他的工作却极其高效。此外，他还拥有皇帝最珍视的品质之一：忠诚。奥斯曼对皇帝的忠诚不是出于便利或机会主义，而是深深根植于他的信念之中，这种信念已经代代相传。自从他首次被任命为瓦尔省省长以来，直到他卸任省长职位，他都毫无保留、全心全意地服务于拿破仑三世，从未有过丝毫松懈。

虽然奥斯曼有些傲慢自大，但他对皇帝可以说是近乎奴性般的顺从。他从未对拿破仑三世的智慧产生过任何怀疑。最多，他有时认为皇帝过于心软，希望皇帝能坚定立场，这正是奥斯曼所期待的：

> 皇帝拥有冷静坚定的意志、不屈不挠的毅力和耐心，假以时日，定能完成任何事情。然而，在表达自己的想法和处理反对意见时，他过于谨慎和礼貌，以至于许多人希望改变他的决定。的确，当他构思一项计划时，常常需要深思熟虑，只有确信无疑才会着手实施。一旦他下定决心，那些受他计划影响的人只有一种有效的办法：争取时间，而皇帝温和的性格通常使得这一点容易实现。[19]

奥斯曼还有一种对于皇帝极为重要的品质。尽管在政治斗争中，他使用了权宜之计，但奥斯曼从未丧失自己对改善社会的信念。他坚信，良好组织和勤奋的公共行政能够带来秩序和进步。在前进的道路上，奥斯曼常常遭遇来自一些人的障碍，比如贝尔热和现在的福尔德，他们无法理解他的愿景。另外一些人则陷于狭隘的个人利益，忽视更大的格局。而奥斯曼则完全不同。尽管他的观点在当时可能未必算得上进步，但他依然坚信人类的努力会带来更美好的未来，相信每一代都应承担对于后代的责任。对他来说，任何阻碍这项伟大事业的人都将被打败。

在帝国成立的最初几年里，绝对不能容忍任何反对的声音。一切都要按照统一的规定来统治，以华丽的官方辞令宣告，由内政部部长和各省省长通过公正或不公正的手段来执行。

1857年的立法选举成为改变的第一个标志。受到官方认可的候选人有极大优势，因为只有他们才被允许举行竞选会议，并得到政府认可的媒体的公开支持。尽管如此，在巴黎和里昂依然有三位共和党候选人成功当选。这三人打破了共和主义教条，选择宣誓效忠于帝国，并在立法议会中占据席位。雅克·路易·艾农（Jacques Louis Hénon）、路易·达里蒙（Louis Darimon）和埃米尔·奥利维尔（Emile Ollivier）成了帝国的第一批共和党议员。在次年的非周期选举中，又有两名律师当选为共和党议员：朱尔·法弗尔（Jules Favre）和埃内斯特·皮卡尔（Ernest Picard）。

在接下来的几年中，立法议会的五位共和党成员以出色的口才和智慧有效地对政权进行了攻击。他们巧妙地避免直接抨击帝国或皇帝，而是通过追求一些可能吸引公众关注或引发立法议会分歧的议题来实现目标。这个团队很快被冠以"五人党"

的称号，成为法国回归民主的先锋力量。

"五人党"纪律严明，主要针对四个固定问题进行攻击。其一是批评巴黎和里昂"市政当局的无节制经营，缺乏控制和制约"。当然，他们对奥斯曼保守甚至反动的政治观点和个人独裁风格深感厌恶。更重要的是，他们认为抨击省长可以为他们带来政治利益。省长代表了对首都实行专断和集权统治的形象，他在缺乏透明度和忽视民意参与的情况下进行了大规模的城市重建。塞纳省省长代表了帝国的无度行为，但与此同时，他与皇帝的距离足够远，容易成为攻击的目标。

埃内斯特·皮卡尔将自己定位为省长的反对者，以巴黎不得人心的城市扩张为活动主题。1861年，在立法议会的演讲中，皮卡尔批评了巴黎的改造，他所批评的并非城市的愿景，而是实现愿景的手段：征地权的滥用、缺乏透明的交易方式以及所带来的大额债务。皮卡尔公开谴责了"神秘的独裁政权对社区进行强拆和破坏的行为，却不公开财产和负债表，这种剥夺财产的方式和裁决是非法的"[20]。

在接下来的几年里，皮卡尔带头展开了一场严厉批评省长的运动。尽管奥斯曼非常气愤，但他并不认为这个摇摇欲坠的反对派会对他构成严重威胁。他坚定地继续着自己的工作，一如既往地坚信这项工作对于人类进步具有价值，同时它是拿破仑三世想要实现的强烈愿望。

随着1863年选举的临近，帝国的政治机器重新开始运作，以确保官方候选人的胜利。尽管在农村地区取得了一定的成功，但在大城市中的表现并不尽如人意。令人意外的是，巴黎市民并未对政府怀有感激之情，即使政府在竞选口号中宣称巴黎是"世界上最宁静、最富有、最美丽的大城市"。

最终，35名非政府派候选人成功当选为立法议会议员。尽管反对派的规模不大，但这是一支人才济济的队伍，此时的成员包括共和党的朱尔·西蒙（Jules Simon）、保守派的皮埃尔-安托万·贝里耶（Pierre-Antoine Berryer）以及拿破仑三世曾经的盟友阿道夫·梯也尔。

政府受到多方抨击。不出所料，共和党人指责政府限制了个人自由和新闻自由，并大肆批评未经选举产生的官员对巴黎和里昂的管理。保守派对政府的外交政策和不负责任的财政政策提出批评。贝里耶指出，尽管铁路特许权带来了2.85亿法郎的意外收入，但第二帝国在12年里积累了与法国前50年累计赤字相当的财政赤字。此外，波拿巴主义者还批评福尔德和鲁埃用强行制约的手段来管理经济。1863年7月，实业家阿曼德·贝希克（Armand Béhic）出任农业、商业和公共工程部部长后加入了批评者的阵营。仅几天后，他与福尔德就发生了公开冲突。

皮卡尔和西蒙领导的议会反对派最常攻击的目标之一依然是奥斯曼。在他的一次演讲中，奥斯曼提到，在没有增加新税的情况下，平衡预算的最佳途径是"生产性支出"，也就是增加政府的支出。这番言论激起了反对派的怒火和嘲笑。在另一次演讲中，他用"巴黎游牧民族"的说法来形容新移民，再次引起了反对派的强烈不满。

尽管奥斯曼省长备受争议和政治攻击，但他成功地建立了

第十四章 四面楚歌的省长

一个庞大且高效的行政机构,并致力于聘任杰出人才,这些人"将自己的忠诚和热情发挥到极致",按照他的意愿尽职尽责为他服务。[21]他与警察局、内政部和其他行政部门分道扬镳,让塞纳省省长独享管理和开发首都的主导权,将自己的权力推向了顶峰。

奥斯曼将自己的一生都奉献给了工作。每天早晨,在其他员工到达办公室之前,他就已经坐在办公桌前,阅读当天的报纸。晚上,直到完成所有工作,他才会离开办公室。他与同事保持着正式的关系,但与像弗雷米这样的人成了最亲密的朋友。他们一边喝酒,一边抽雪茄,探讨着帝国内部的政治局势。他的乐趣都与他所拥有的办公室有关,如参加长时间的正式晚宴,与部长和银行家秘密会面,以及享受在歌剧院的私人包厢度过的夜晚。有人甚至怀疑,他从芭蕾舞团和剧团中选年轻的情妇,这不仅是为了体验身体上的快感,更是出于社交惯例。他声称自己喜欢感官享受,但从他的文字中难以看出任何感情色彩。而对于他的妻子,他似乎只尊重她的家族背景、出身血统和在维护丈夫社会和政治地位上的作用。虽然他对自己的地位痴迷,但他的女儿们成为他焦虑的源头,特别是小女儿瓦朗蒂娜(Valentine)。据说她在父亲为她物色合适的人选之前就与皇帝私通。

1864年3月,奥斯曼获得了一生中的最大荣誉:巴黎市为了纪念他,给一条主干道冠以他的名字。最初,政府考虑将现在的圣米歇尔大道以他的名字命名,但后来选择了新建的大道。这条大道穿过了省长出生地附近的房子。传言称这所房子在巴黎大改造中被摧毁。虽然当时只修建了该街道的第一部分，但至今仍然保留奥斯曼之名。与此形成鲜明对比的是，许多以第二帝国著名人物命名的巴黎街道如今都已改名。就连拿破仑三世的名字也只出现在巴黎北站前的一个小广场上，而几乎没有人知道这个广场的名字。

一位记者总结了一种与政权信奉相符的情绪，但许多巴黎市民也真切地感受到了这种情感："在奥斯曼先生之前，没有人敢想象对巴黎进行如此大规模的改造，巴黎的发展离不开他的贡献。我们必须给予他公正的评价，再怎么表扬他也不为过。这样意志坚定、持之以恒的人实在是难得一见，通常我们得等到他们去世才会意识到这一点。"[22]

奥斯曼是一位杰出的管理者，给新巴黎建设事业打上了他独特的个性印记。正如与他不合的政府部门同事欧仁·鲁埃所说的那样："奥斯曼的优点和缺点都非常明显。"[23]

第十五章

巴黎摇篮,夷为平地

第十五章　巴黎摇篮，夷为平地

几个世纪以前，巴黎起源于一座小岛。在这座岛上，巴黎人建起了市场、礼拜场所和首个政府机构，这就是著名的西岱岛。后来，尽管城市扩张到了大陆，但西岱岛一直是巴黎跳动的心脏。

如今，我们已经很难想象出西岱岛曾经的面貌。狭小的广场和拥挤的胡同已经被庄严的行政机构和开放的公共空间所取代。如今，律师、法官、法院职员、警察总部的各级官员，以及主宫医院的医生、护士和患者，还有进入巴黎圣母院和圣礼拜堂的游客，成为这里的主要人群。曾经在这些狭窄、曲折的街道上奔波的商人、家庭主妇、游手好闲的懒汉和衣衫褴褛的孩子，已经成了过往。

在19世纪，狭窄而拥挤的西岱岛对巴黎市民来说极具吸引力。那些热爱哥特式建筑的人们经常聚集在这里，包括作家维克多·雨果。他在1831年的小说《巴黎圣母院》中，为这座岛屿中世纪的记忆写下了触动人心的颂词。但同时，西岱岛也被视为罪恶和犯罪的"温床"。作家欧仁·苏（Eugène Sue）在他于 1842 年至 1843 年连载发表的备受欢迎的小说《巴黎的秘密》（*Mysteries of Paris*）中，描绘了这座岛上底层社会丑恶黑暗的景象。

巴黎最具象征意义的建筑——巴黎圣母院正位于西岱岛上。这座美丽的建筑高居整座岛屿之巅，居高临下地俯瞰着周围密集的房屋，宛如一位牧羊女守护着她的羊群。然而，这座大教堂如今已状况堪忧，多年来一直未得到维护。砖石严重老化，尖塔和山墙损毁不堪，彩绘玻璃已经褪色，许多装饰性雕塑也被盗走了。

这座纪念碑的破败不堪令许多法国知识分子深感愧疚与愤怒。于是，在 1842 年，一群作家和艺术家，包括维克多·雨果、阿尔弗雷德·德·维尼（Alfred de Vigny）和让-奥古斯特-多米尼克·安格尔（Jean-Auguste-Dominique Ingres）等人联名请愿，呼吁政府采取行动，恢复巴黎圣母院昔日的辉煌。为了响应这一呼声，政府专门成立了一个协调修复工作的委员会，著名的历史古迹总监察长普罗斯佩·梅里美就是其中一员。

今天，梅里美最广为人所知的身份是作家，著名歌剧《卡门》即是以他的同名小说为剧本创作的。作为历史古迹总监察长，他的职责包括记录和研究历史建筑，尽可能地保护和保存它们。在法国建筑修复的早期阶段，梅里美是一个重要的推动者。他提高了人们对法国建筑遗产的认识，并培养了一批精通建筑、考古和历史的专业人才，致力于保护和修复这些宝贵的文化遗产。

巴黎圣母院修缮委员会组织了一场比赛。多个建筑师团队展示了资格证书，提出了各自的修复方案。最终，1844年，委员会选择了让-巴蒂斯特-安托万·拉索斯（Jean-Baptiste-Antoine Lassus）和欧仁·维欧勒·勒·杜克组成的团队共同负责翻修工程。

当时，37岁的拉索斯已成为法国历史建筑保护和修复领域的第一代杰出人物。而维欧勒公爵还不到30岁，此前只完成过勃艮第维兹莱大教堂的修复工作。作为皇家宅邸管理员之子，维欧勒在一个充满艺术和文学氛围的家庭中长大，与法国名流接触频繁。梅里美可以说是亲眼见证了维欧勒的成长。在他25岁时，梅里美就为他提供了韦兹莱大教堂的修复项目，为他打开了职业生涯的大门。如今，梅里美又再次力荐他参加巴黎圣母院的修缮工程。此后，梅里美还将继续推动他的事业向前发展。

拉索斯和维欧勒对建筑有着共通的理解，这种理解植根于他们对巴黎高等美术学院传统的坚决反对。1828年，拉索斯进入了该学院学习，但很快对学校的文化感到不满，最终决定退学，并拜师于亨利·拉布鲁斯特（Henri Labrouste）。而维欧勒则完全未在学校中学习过建筑，而是通过自己的研究、旅行以及担任绘图员的工作经验来积累建筑知识。

这些建筑师对美术学院体系的不满，部分源于该体系对古典建筑的过度偏爱，而忽视了其他建筑风格，尤其是哥特式建筑。拉索斯坚信，哥特式建筑不仅具备内在的品质，而且对法国来说有着独特的价值。在他看来，哥特式建筑是法国本土建筑，彰显了民族天赋，完全不依赖于外来审美和理念。

> 走在哥特式教堂中，每走一步，观者的视角都会发生改变，眼前的景象也会发生变化，仿佛瞬间飞向一个充满奇迹的世界。这座建筑的整体性让人深感震撼，而每个部分、每个细节又都呈现出一种新的组合，巧妙而又出人意料，因此每一步都可以带来新的发现和乐趣。在这里，灵感战胜了尘世的障碍，打开了通往新世界的大门。[1]

受到这股精神的激励，拉索斯和维欧勒开始投身于修复巴黎圣母院的工作中。他们首先进行了深入的历史研究和考古研究，以全面了解这座建筑的背景。接着，他们开始了实际的修复工作。然而，由于资金缺乏，工作时断时续。

但在拿破仑三世和欧仁妮在圣母院举行完婚礼后，修缮项目就变得非常稳固了。皇后的支持成为新动力的重要因素，这不足为奇，因为欧仁妮就是以她强烈的天主教情感而闻名。除此之外，还有一种更为偶然的关系，将这位新皇后和修缮这座摇摇欲坠的大教堂工程联系在了一起。梅里美和欧仁妮的父母是多年的好友。欧仁妮小时候常常在梅里美膝头玩耍，他从没想过小姑娘有一天会成为法国的皇后。因此，拿破仑三世和欧仁妮结为夫妇后，梅里美成了宫廷的核心人物，在推动巴黎圣母院修复工程中处于理想地位。说得更明显一点，他利用自己的特权地位，领导了第二帝国统治下第一次严肃的运动——保护和修复法国的建筑遗产。

在近6个世纪的历史中，巴黎圣母院经历了许多变迁和扩建。因此，拉索斯和维欧勒面临着保护主义者同样面临的难题，即在多年的改建过程中，应该保留哪些历史元素，或者在某些情况下，应该恢复哪些历史元素。最终，他们决定拆除18世纪唱诗班的装饰，以恢复更早时期——中世纪的特色。此外，尽管与时代不相符，他们最终还是决定在13世纪的中殿保留12世纪的玫瑰窗。

他们进行了大量的重建工作。通过研究图像，他们发现圣母院曾经有一个尖顶。为了尽可能忠实地重建，他们根据研究过的图像建造了一个精确的模型。此外，由于许多大教堂装饰性雕塑已经损毁，他们也必须重新进行雕刻。在必要的时候，他们还会根据同时代大教堂保存完好的雕塑进行推测，例如沙特尔（Chartres）、亚眠（Amiens）和兰斯（Reims）。因此，圣母院正面的许多装饰雕塑实际上是复原品，而非原作。不仅如此，建筑师们还注入了一些全新的想法，比如维欧勒为外墙顶部建造的著名石像怪。但同时，他们也坚决遵循最初建造者所使用的材料和技术，避免使用新树脂、水泥和人造材料。

1864年，修复工作终于完成，巴黎又有了一座与法国首都相称的大教堂。巴黎圣母院成了法国宗教和历史身份的象征。如今，大多数游客所看到的巴黎圣母院，实际上是19世纪建筑师对它的诠释和重建，而非历史原貌。然而，尽管可能令人难以置信，但它在很大程度上是第二帝国的纪念碑。

****

对西岱岛的构想及规划贯穿了整个19世纪40年代。其中一个想法是将这座岛屿打造成一个哥特式的圣地，让游客们可以身临其境地感受雨果笔下 15 世纪的风貌。另一个想法是拆除旧城区，以更好地展示主要的历史纪念碑，并建造一些能够彰显现代风格的建筑。

起初，西岱岛的全面改造并未引起太多关注。1858 年，市政府开始扩建从北向南穿过岛屿的两条街道。这两条街道位于兑换桥和圣米歇尔桥之间，都在进行大规模的重建。在岛屿北部，有一个花卉批发市场。奥斯曼省长认为此地非常适合建造新的商业法庭，因为它位于证券交易所的上层。于是，他扩大了征用范围，为新建筑腾出了空间，包括东侧的新花卉市场和南侧的开放空间。从此，西岱岛老城区的第一个重要部分开始被拆除。

奥斯曼之所以喜欢这个地方，其中一个原因是它与塞瓦斯托波尔大道成一条直线，这让他可以充分利用其位置来打造一道视觉效果，突出这座伟大建筑的特色。拿破仑三世同意了他的建议，并提议以他所欣赏的意大利布雷西亚洛基亚宫为蓝本来建造新建筑。建筑师安托万-尼古拉·拜伊开始按照这些建议工作，并于 1865 年完成了新商业法庭建筑。这座建筑有一个圆顶，在塞瓦斯托波尔大道上可以欣赏到。奥斯曼为这一成果感到非常自豪，但如果他知道如今塞瓦斯托波尔大道的车辆通行方向已经改变，司机们已经无法看到他所精心准备的圆顶，他一定会非常失望。

奥斯曼还在继续拆除西岱岛的老街区。随着行政程序逐渐展开，商业法庭所在地南边的房屋很快也被征用，为新的巴黎警卫队和消防队总部腾出空间。许多人将该社区视为巴黎犯罪中心，因此拆除并不出人意料。这座建筑始建于1862年，由名不见经传的建筑师维克多·卡利亚特（Victor Calliat）设计，一直由巴黎警方占据。尽管这座建筑规模庞大，但并不引人注目。因此，这让人非常意外，巴黎居然在市中心这么宝贵的土地上建造了一座对城市景观贡献微不足道的建筑。

****

在1863年3月的一场招待会上，拿破仑三世结识了40岁的科学家——路易斯·巴斯德（Louis Pasteur）。当时，巴斯德刚刚发现了一种新型微生物，这种微生物能引发传染病，后来被称为细菌。

巴斯德的研究深深吸引了拿破仑三世。阅读完巴斯德的论文后，他再次与这位科学家见面，与他分享自己的想法。不仅如此，拿破仑三世还邀请巴斯德到贡比涅开展生物学讲座，为客人们讲解该领域的最新进展。他对巴斯德研究的兴趣并非一时兴起。后来，拿破仑三世一直支持着巴斯德的研究，直到第二帝国结束。

巴斯德的发现彻底改变了医院的护理模式。他们逐渐意识到了患者隔离和医疗设备消毒的重要性。这个认识对医院的设计产生了深远影响。现如今，新建的医院必须设有独立的病房，并且病房之间需设置通风良好的开放空间。

拿破仑三世、奥斯曼和阿曼德·胡森（Armand Husson）——巴黎新成立的公共卫生健康部门负责人——对将这些概念付诸实践充满了热情。他们决定以巴黎历史悠久的中心医院主宫医院为基础，重建该医院，打造一个新理念的典范。

医院将建在西岱岛上，位于其历史遗址附近。为了扩大教堂前的开放空间，位于圣母院前沿河的旧建筑将被拆除。整座岛屿的中心部分，从西岱街到阿尔科莱街的北部街区，将被夷为平地，为新医院腾出空间。拿破仑三世迫切希望医院这个"苦难的避难所"能在歌剧院这座"快乐的殿堂"之前开始动工。[2]

建筑师埃米尔-雅克·吉尔伯特（Emile-Jacques Gilbert）被委任为该项目设计师，他提出了一个当下时兴的新哥特式建筑方案，包括竖框和横梁构成的十字窗设计。然而，拿破仑三世拒绝了这个想法，他希望呈现出一座完全现代化的建筑。

于是，吉尔伯特重新开始设计，他构想出一座四层楼高的医院，由一系列平行的双翼组成，被多个庭院分隔开，环绕着一个宽敞的中央庭院。不同部分的建筑通过带有顶棚的走廊相互连接。这一设计与当时的众多市政设施建筑一样，采用了简洁明快的古典风格，没有过分豪华的装饰。

吉尔伯特去世后，该项目移交给了他的女婿——同样是罗马大奖得主的亚瑟-斯坦尼拉斯·狄也特（Arthur-Stanislas Diet）。但随后，一场关于建筑高度和开放空间不足的争论就爆发了。在接近完工时，他们将建筑的高度从原计划中减少了一层，在实际建设时又减去了一层，以满足医生、科学家和公务员对光线、空气和宽敞空间的需求。虽然奥斯曼对于医院所处的西岱岛上的位置感到满意，但他对高度的降低感到失望，因为这使得医院的床位数量减少了一半，从原计划的800张减少到了400张。因此，他认为整个项目在经济价值方面并不理想。直到1878年，这座建筑才最终完工。

第十五章 巴黎摇篮，夷为平地

在奥斯曼进行清理和重建区域的西部，屹立着西岱宫。这座宫殿在 12 世纪到 14 世纪是法国国王的居所，如今被称为司法宫（the Palais de Justice），是法国法院系统的核心。19 世纪 30 年代，扩建建筑群的规划已经开始，但直到 1847 年，场地建筑师约瑟夫-路易·杜克和艾蒂安-特奥多尔·多米（Etienne-Théodore Dommey）的设计才获得了批准。随后不久，建设工作开始，并在 1858 年至 1865 年完成了大部分工程。

司法宫的扩建和重建导致该建筑群边缘的建筑物以及内部被认为没有历史或建筑价值的其他建筑物被破坏。在杜班和拉索斯费尽心思修复圣礼拜堂的建筑瑰宝时，杜克和多米却在监督着拆除周围不可替代的历史建筑，其中就包括西岱宫的住宅区。这在今天看来是一个矛盾的情况。[3] 为了填补这些被摧毁的建筑物的空缺，杜克重新设计了"庄严而冷酷，让人觉得与其中的正义感相称"的新建筑。[4]

但最大的问题出现在建筑群的西端，因为它将被打造成法院的新入口大门。杜克设计的大厅内部非常美丽，赢得了同行们的赞赏。在室外，杜克建造了一座沉重但美丽的立面，我们可以想象它与公园或其他大型空间和谐地融合在一起。然而，它与附近的太子广场完全不协调，因为太子广场上是 17 世纪红砖房屋和石灰石建筑。此外，楼梯奢华夸张，几乎让人怀疑这不是一个建筑师的杰作，更像是一个甜点师的作品。公正地说，杜克计划拆除整个西岱岛的西端，并以一座与他新建筑风格相符的建筑物代替它。虽然与这座新建筑相邻的房屋很快被拆除，但太子广场的其他可爱而亲近的部分被保留下来，使杜克设计的外立面如今看来就像一个不太优雅、穿着过度的客人闯入了一场私人晚宴。

在第二帝国时期,巴黎城市改造的影响非常显著,尤其是西岱岛,改造前和改造后的样貌令人惊叹。在不到十年的时间里,这个原本拥有复杂的有机房屋结构和小巷的人类活动密集区域被完全清除掉,取而代之的是宽敞的开放空地和四四方方的公共设施建筑。随着西岱岛的改造,人口也大幅减少,从19世纪50年代的1.5万人减少到19世纪末的5000人,如今更是不到2000人。

为了避免有人认为奥斯曼只是假装热衷于摧毁建筑,以下是他的原话:"当我还是一名年轻的法律学生时……我经常沿着老司法宫散步。在我的左边,是卑鄙小偷们的巢穴,他们玷污了西岱岛的名誉。后来,我终于享受到毁掉这些建筑的乐趣,将它们彻底夷为平地。"[5]

在巴黎的城市发展进程中,这座岛屿逐渐失去了几个世纪以来所积累的独特魅力和丰富历史。一位明智的观察者曾经写道:"作为巴黎的摇篮,西岱岛很快将被岁月的洪流吞噬,留下的只有它的名字。"[6]这则预言最终成了现实。

第十六章
衰落先兆

第十六章　衰落先兆

1865 年，一场新的争论再次爆发。这次争论的焦点是奥斯曼计划切断卢森堡花园西部和南部的大部分地区，以进行开发。尤其值得注意的是，他打算牺牲花园中被称为苗圃的部分。如今，多年过去了，这片土地早已消失不见，但居伊·德·莫泊桑写下了优美的短篇小说《小步舞》(*pépinière*)，赞美这个"被时间遗忘的美丽花园，有着迷宫般的小径，弥漫着昔日的氛围，还有蜿蜒多姿的角树篱"[1]。

卢森堡附近的居民大多来自上层社会。在奥斯曼的计划公布后，他们感到非常震惊，但并没有被这位强大的省长吓倒。尽管项目已经正式颁布，他们还是收集了 12000 多个签名，联名请愿，直接上书皇帝。反对派媒体也介入其中。1866 年 3 月，皇帝在附近的奥德翁剧院观看演出时，遇到了一群示威者，他们高喊着"开除奥斯曼"。

针对该问题，内政部部长向皇帝递交了报告，参议院发表了自己的观点，立法会也对此展开了讨论。最终，在 1866 年 8 月 14 日，政府发布了一项新法令，公布了一个明显折中后的版本。原计划中公园西部的切断将被取消,但是穿过公园南侧的新街道,即今天的奥古斯特·孔德街(rue Auguste Comte),保留了下来。该街道南侧公园的开发计划也得以保存。实际上,该工程在短短几年内就圆满完成了。市政府最终决定将部分土地用于兴建如今占据该地区的公共设施建筑,而没有像奥斯曼一开始计划的那样将整块地区交给私人开发商。

经过改造,公园南部的天文台大道如今成了一条人行道。这项工程耗资巨大,被奥斯曼视为他最伟大的成就之一。达维乌再次担起了设计师之责。公园以雕塑和喷泉闻名,特别是位于南端的喷泉,中心是雕塑家让-巴蒂斯特·卡尔波(Jean-Baptiste Carpeaux)的最后一件作品。卡尔波是加尼耶的密友,为新歌剧院创作过雕塑。

****

经过了一段时间的拖延,政府终于找到了一家愿意接受特许经营的承包商。于是,1865年,圣日耳曼大道的最西段终于开始了修建工作。

虽然东端与圣米歇尔大道同时建成,但之后却未继续穿过历史悠久的老左岸核心区域,反而选择从另一端开始兴建工程。

新建的道路穿过圣日耳曼郊区,这个郊区曾一度成为巴黎最负盛名的地区。这里是真正的贵族聚集地,到处可见宏伟豪华的私人住宅,散发着宁静祥和之气,与西岱岛、巴黎大堂或圣安东尼郊区的混乱喧嚣截然不同。新的主干道部分或全部覆盖了一些私人住宅,并从大量花园中占据了大片土地,而这些花园正是这些房产的魅力所在。

第十六章　衰落先兆

到 19 世纪 60 年代末，圣日耳曼大道的两端路段已经竣工。尽管市政府工作人员已经清晰地描绘了这两端之间的路径，但这个项目至今仍未取得进展。

****

随着欧仁亲王大道和圣马丁运河覆盖工程的完成，以及《1.8 亿法郎协议》中其他重要项目的竣工或正在进行，当局开始将目光投向未来的共和国广场，即新扩建水塔广场的规划。1865 年 2 月 11 日，一项帝国法令被颁布，规定了广场的最终边界，并委任加布里埃尔·达维乌进行设计。

但是，广场的规划完成后，设计却成了难题。其巨大的规模、众多的交通入口以及繁忙的人行道让人眼花缭乱。而当其同时用作有轨电车站和大型地铁枢纽时，问题变得更加复杂，成为几代设计师头疼的难题。最佳的解决方案是重新建造位于广场中心的剧院，改善广场过于开阔的面积，重建人类活动区域，为其注入活力与生机。然而，该方案至今仍未完全实现。150 年后，巴黎市政府仍在努力解决广场的问题，最近又进行了全面的重新设计。

在广场的东北侧，兵营的旁边，达维乌设计并监督建造了一家名为联合百货公司的百货商店。近些年来，巴黎市民在街头看到了许多类似的新商店，它们出售各类商品，包括 19 世纪 50 年代的博纳马歇百货公司和卢浮宫百货公司，以及 19 世纪 60 年代的莎玛丽丹百货公司和巴黎春天百货公司。但这些商店都坐落在城市的繁华中心社区。在工人阶级的聚居区建立一家百货商店是为了抓住一个真正的机会。不过，联合百货公司最终在商业上惨遭失败。该建筑之后进行了重建,如今已成为一家酒店,一楼也有商业空间。

在广场的西北侧,原本有一座喷泉,奥斯曼和达维乌曾经设想在此处建造一个大型的文化设施,取名为大音乐厅。这座音乐厅能够容纳万名观众,旨在"让大众了解法国所有杰出剧目,为法国的艺术和文学教育作出贡献"[2]。奥斯曼对这个构想非常感兴趣,认为这是工人阶级对歌剧院的一种制衡。然而,直到第二帝国时期结束,这个计划都没有启动,后来的政府也没有提供资助,音乐厅最终未能建成。

在展示第二帝国城市规划的优缺点方面,水塔广场是一个典型的例子。奥斯曼大胆地建造了一个大型广场,极大地促进了巴黎东北部重要地区的交通流动。然而,在这个过程中,他也造成了一个城市质量较低的空间,永久地破坏了林荫大道上最有特色的环境。正如19世纪70年代广场项目的参与者所描述的那样,"这种活力和繁荣感都已经消失了。这个巨大的广场白天看起来像是块荒地,晚上则黑暗荒凉……与周围的一切格格不入"。[3]

****

到了19世纪60年代中期,奥斯曼意识到《1.8亿法郎协议》资助的项目已经超时,而且会大大超出预算。同时,他又希望开始实施一些未包含在协议中的项目。因此,他宣布巴黎大改造的最后决战已经来临,并请求市政府批准有史以来最大规模的债券发行。在贝尔热时期,他筹集了5000万法郎;在自己任职初期,他筹集了6000万法郎;1860年,他通过《1.8亿法郎

第十六章 衰落先兆

协议》又筹集了 1.3 亿法郎。而现在，他又要求不少于 3 亿法郎的资金。

根据公开声明，这笔资金将用于新城区的街道和广场建设，以确保其与市中心的水平相当。此外，这笔资金还将用于历史街区和新公共设施，例如教堂和新主宫医院的建设。奥斯曼解释说，虽然巴黎可以依靠城市内部资源，在十年内完成这项工作，但通过借贷资金，则可以将整个项目缩短至五年。不过，他并没有公开提到，这笔新资金的很大一部分将用于支付先前项目的超支金额。

该事件引起了立法议会的激烈辩论。在这个问题上，皮埃尔–安托万·贝里耶表达了坚定的反对：

> 我坚决认为，没有任何证据证明我们需要进行此项借贷。如果一座城市能够在十年内完成其所期望的工作，那么它就不应该寻求借贷。巴黎需要恢复权衡和智慧，这样的债务将会带来灾难，我坚决反对。[4]

但最终，债券发行的提案还是以 181 票对 51 票顺利通过，但发行规模削减至 2.5 亿法郎，梯也尔、贝里耶、法弗尔和皮卡尔等人也都投了反对票。

奥斯曼向立法议会提交了债券发行的完备准备，甚至在议会辩论期间，安排交易的银行家埃米尔·佩雷尔也在场。奥斯曼傲慢地直接与佩雷尔谈判问题的条款，既没有征求其他银行的意见，也绕过了财政部的核准。甚至这样一项规模如此庞大

263

巴黎的重生

的债券发行都没有经过民意调查,这对阿希勒·福尔德来说简直不可思议,他开始向拿破仑三世抱怨。1866年1月及其后几个月里,他告诉皇帝自己掌握了巴黎账簿中财务违规的证据:"巴黎没有预算,因为我们不知道确切的收入和支出。"[5]尽管如此,拿破仑三世却还是不愿谴责或质询他的塞纳省省长。

奥斯曼还没有披露关于《1.8亿法郎协议》项目超支的情况,而《政治与文学辩论杂志》(*Journal des débats politiques et littéraires*)的读者早已习惯了看到莱昂·萨伊(Léon Say)关于巴黎市政债务的文章。萨伊通过分析公开披露的城市账户信息,撰写了一系列批评城市财务管理的文章。奥斯曼和德文克曾针对他的文章进行了冗长的技术性反驳,但萨伊仍坚持继续撰写文章。

萨伊并非反对派的煽动者,而是著名自由市场经济学家让-巴蒂斯特·萨伊(Jean-Baptiste Say)的孙子。他曾在巴黎一家大银行工作,并在几家公司担任董事职务。此外,他还撰写了一本专门研究18世纪法国信贷政策的专业书。萨伊的原则简单明了:减少开支、偿还债务、降低税收。1864年12月,他发表了一篇文章,指出在当前繁荣时期,巴黎并不需要也不应该承担额外的债务。相反,他认为应该利用城市的盈余,大幅降低成本,从而激励企业发展。

在接下来的三年里,除了继续发表文章外,萨伊还出版了两本关于巴黎市财政状况的著作。他比省行政机构以外的任何人都更加了解城市预算问题,并坚决反对当前的做法。他的著作引发了一系列调查,以了解巴黎的账目到底出现了什么问题。

第十六章　衰落先兆

****

19世纪60年代下半叶,《1.8亿法郎协议》的资金用尽后,所有这些城市项目都需要由巴黎市政府资助。这些项目被奥斯曼称为"第三网络",包括奥斯曼大道、拉法耶特大道的延伸部分、圣日耳曼大道、雷恩大街的延伸部分以及阿曼代尔大道(今天的共和国大街)。此外,还有一些新的街道,比如穿过贝尔维尔和夏罗内的比利牛斯街和蒙马特的科兰库尔街,这些街道都是为了1860年并入巴黎的市镇而修建的。

在市中心之外,新项目为巴黎增添了特色:在广阔的区域上保持了高密度的建筑。

巴黎通过了一项规定,允许建筑达到相当于6层或7层公寓楼的高度,这样人们就可以合理地步行爬上这些楼层。可以说,在广泛使用电梯之前,巴黎正在实施着几乎是最密集的土地利用系统。

但行政部门该如何确保实现大规模的高密度发展是一项技术难题。贝尔热最初采取的方法是减免税收,促进整个地区的迅速发展。例如,1851年延长里沃利街时,对于在道路两旁立刻建造的建筑物,相关法律免除了其20年的财产税。但奥斯曼对此有不同的看法,他不希望将税收作为谈判桌上的筹码。相反,他采取了完全不同的方式:通过谈判,市政府立即开发街角的土地,有时使用公共建筑来引导城市结构,然后让该区域随着时间的推移逐渐填充。因此,多年来,我们在许多街区都可以看到街角上伫立着奥斯曼式建筑,而其他部分则完全闲置着。

在大部分城市中,一旦人们离开市中心,人口密度会迅速下降。但在巴黎，整座城市都是高密度发展，甚至延伸至某些郊区。巴黎的人口密度每英亩超过80人，与曼哈顿的112人相近，而巴黎的土地面积几乎是曼哈顿的两倍。与美国市中心每英亩仅不到20人相比，巴黎的人口密度是许多美国其他市中心的几倍之多。反过来，这种高密度的居民需要相应数量的服务来满足他们的生活需求，比如咖啡厅、餐馆、面包店、杂货店等。如此，高度集中的城市环境已经成为巴黎独特风格的重要组成部分。

另一项对巴黎城市景观非常重要的政策是在大型道路的两旁系统地种植树木。该做法始于19世纪30年代，由朗布托发起，奥斯曼继任后继续推行。只要有足够的空间，奥斯曼就会在离建筑物大约5米的地方种植成排的树木。他尤其喜欢栗树，这就是栗树如此之多的原因。然而，由于拿破仑三世更喜欢广阔的视野和开放的建筑立面，奥斯曼有时必须费尽心思才能种植树木。最终，巴黎看起来变成了一个绿树成荫的城市，但实际上，除了城郊的两个大型公园之外，巴黎几乎没有其他公园。

****

1866年夏季，国际形势再次引起了全国人民的关注。当时奥地利和普鲁士这两个欧洲大国冲突不断，法国局势紧张。7月3日，在经历了短短几周的战争后，普鲁士军队在柯尼希格雷茨战役中彻底打败了奥地利军队。这对法国来说，就是一场灾难，因为法国的外交政策是让普鲁士陷入战争旋涡，从而削弱普鲁士军力，让法国作为和平调停者在东北边境获得领土收益。然而，普鲁士的胜利使这一计划化为泡影。柯尼希格雷茨战役之后，普鲁士成为德语世界的领导力量，小德意志单方面取得了优势，奥地利则被排除在统一德国之外。

1866年8月，巴黎采取了典型的第二帝国手法，刻意营造了一个现实和虚构之间模糊的氛围，通过庆祝布拉格和约来掩盖普奥战争的失败。割让给法国的威尼斯让法国保持着扮演"强大角色"的幻觉，然而实际上威尼斯很快就被移交给了意大利共和国。而现实中，导致法国1870年惨败的错误和误判的循环已经开始了。

而此时，法国人民还不知情的是，皇帝的身体状况已经日趋恶化。长期以来，拿破仑三世一直饱受多种疾病的折磨，包括风湿病、贫血和肝脏问题。自1865年开始，他的健康状况明显恶化，小腹疼痛的问题越来越严重，身体逐渐变得虚弱，严重影响了他在这个关键时刻统治国家的能力。

第十七章
魅力与衰败

第十七章 魅力与衰败

1867年冬季，成千上万的工人在战神广场上奔波劳碌，安装铆钉、搬运玻璃板、运送土壤、种植树木，为一场新的世界博览会做着周密的准备。与1855年的博览会相比，这场盛会将更加宏大。尽管一切都如往常一样耗时，但当所有的准备工作都完成后，这场博览会将会成为一场令人振奋的庆典。

拿破仑三世希望利用1867年的世界博览会，比较和观察不同国家的工业活动，学习来自世界各地的理念，从而改善巴黎工人阶级的处境。为此，他选择了弗雷德里克·勒普莱（Frédéric Le Play）作为博览会委员。勒普莱是一位采矿工程师，致力于劳动经济的统计研究和实地调查，被公认为是社会学的先驱。

拿破仑三世和勒普莱自然也意识到了支持社会主义革命的新兴运动已经兴起。在巴黎博览会筹备期间，国际工人协会正计划在洛桑召开第二次国际会议。而就在博览会举行前几天，其早期成员卡尔·马克思正在德国专心修改将于1867年9月出版的《资本论》第一卷的手稿。

然而，拿破仑三世的观点和勒普莱的观点与马克思及其追随者的观点完全不同。他们设想将工人派往博览会，让他们分享自己的思想和技术。通过这种方式，他们希望将工人阶级纳入这场运动中。

****

在巴黎即将担任全球东道主之际，法国正面临多种形式的危机。

1867年3月17日，博览会开幕前两周，阿道夫·梯也尔向立法议会的同僚们发出了严厉的警告："我们不能再犯任何错误了。"[1] 他所指的是法国在外交政策上频繁犯错。在克里米亚、罗马、波兰和墨西哥，法国已经逐渐失去了每一个潜在的盟友：无论是英国、俄罗斯、意大利还是奥地利，法国都积极地削弱了他们。而一旦战争爆发，法国无法指望他们来阻止日益强大的普鲁士。面对这个新敌人，法国没有采取谨慎的行动来应对。甚至，在1867年年初，拿破仑三世还笨拙地试图从荷兰的威廉三世手中购买卢森堡，这无疑激怒了威廉一世。在博览会开幕前几周，法国和普鲁士正处在战争的边缘。

过去，法国一直保持着良好的经济势头，但现在却面临着动摇的局面。农作物收成不佳，市场对赤字水平的担忧也日益加大。政府首脑欧仁·鲁埃已经开始动用公共资金来支持银行和工业企业。与此同时，拿破仑三世正在考虑一项新的10亿法郎的公共债券计划，希望通过这种方式重振经济。

政权对国家的控制逐渐减弱。拿破仑三世试图实施有控制的自由化进程，以期过渡到一个更民主的帝国，再传承给他的

第十七章 魅力与衰败

儿子。1867年1月,他宣布开始实施一系列措施,旨在"充分发展帝国机构,进一步扩大公共自由"。[2]在某些方面,情况确实有所改善,例如立法议会重获召集部长会议的权力,在新闻自由方面也有一定的放宽。然而,令人遗憾的是,拿破仑三世仍然委任了相同的人员来负责这项新政策。只有福尔德是个例外,他因健康原因离开了政府,10个月后不幸离世。

而关于皇帝的健康状况,虽然很少有人了解,但每个人都能察觉到他现在虚弱不堪。据医生透露,他可能患有尿结石,病情非常严重。他们曾考虑进行探查手术,但手术本身也存在风险,因此只开了些药物来止疼,别的什么也没做。虽然止疼效果卓著,但是服用这些药物会让皇帝极度疲惫。毫无疑问,他的健康状况对法国领导层的决策产生了巨大影响,导致了多次战略性失误出现。

****

1867年的世界博览会是拿破仑三世统治下最盛大的庆典,也是他炫耀和展示宏伟首都的机会,整座城市焕然一新。这是第二帝国的巅峰,也是法国历史的巅峰。然而,也有一些观察家讽刺地指出,这可能只是"无法治愈的虚荣心的顶峰,这种虚荣心使法国人几乎在任何方面都自大地宣称自己是世界上最伟大的"[3]。但毫无疑问,这是法国最后一次自信地相信自己是世界上最伟大的国家,尽管可信度有待商榷。

爱弥尔·左拉曾这样说:

> 帝国的盛世即将开启,这座城市将成为世界上最繁

荣的住所，闪烁着灿烂的光芒，充满了音乐和欢笑。每个房间都摆满了诱人的美食，洋溢着浪漫的氛围。在历史上，没有哪个时代能像现在这样召集各国参加如此壮观的盛会。在这神秘的仪式中，来自世界各地的皇帝、国王和王子们排着长长的队伍，向辉煌灿烂的杜乐丽宫走去。[4]

然而，现实情况是，博览会的开幕式并没有预期的盛大。那天天气非常糟糕，准备工作都还没完成。因此，没有任何演讲或仪式，只有皇帝和皇后巡视了一下正在准备的展箱。

整个4月都被沉闷的雨天所笼罩，直到天气慢慢好转，花园才终于完工。迟到的中国、日本等参展商也终于做好了准备。随着时间的推移，人群逐渐增多。

博览会的中心是一座巨大的椭圆形单层建筑，由工程师让-巴蒂斯特·克兰茨（Jean-Baptiste Krantz）设计，占地150万平方英尺，完全由金属和玻璃构成。这座建筑给巴黎人带来了震撼，因为他们认为它完全背离了新古典主义建筑的经典风格。这座建筑看起来很难理解，它没有醒目的正面，也没有任何突出的地方。唯一真正让人能够理解它的地方是屋顶，其中一部分对公众开放，可以看到巴黎壮观的景色。尽管这座建筑看起来是为了实用而设计，但浑身散发着一种奇怪而超凡的魅力，尤其是在氧化金属的红色色调烘托下。一些人沉醉于这个被称为"新的国际大都市、工业与艺术的罗马"的"钢铁竞技场"[5]，而另一些人则无法找到合适的形容词来描述它。泰奥菲尔·戈蒂耶称它看起来像是"来自另一个星球的纪念碑,像是木星或土星,用了我们不懂的品位和不熟悉的颜色"[6]。

这座建筑的结构非常简洁:通往椭圆形中央的通道分别属于各个国家,可以看遍各个国家的所有展品;通往七个同心圆形展厅的通道分别属于各个主题,可以看遍不同国家的同类产品。边缘是各种餐饮场所。内部是宽敞的展厅,展示了机器和工具,还有一个悬挂的走道和一个巧妙设计的金属板结构,这些都是由当时还不出名的工程师居斯塔夫·埃菲尔(Gustave Eiffel)协助设计的。同心圆形展厅的最深处是劳动史展览,包括从铁器时代到19世纪初的工具和产品,还有一部分展示了提高"人口的身体和道德水平"的新理念:实用的服装、家具、样板房以及供儿童和成人教育使用的材料。中心地带则是一座美丽的花园。

由于布局的限制,这座建筑没有宏伟的远景和广阔的视野,但提供了无尽的新奇事物等待游客去发现。然而,这个简单的设计确保了游客不会迷路。因此从实际的体验来看,这座建筑取得了巨大的成功。

即使是那些参观过1862年伦敦国际博览会的人,巴黎博览会展品的数量和质量也给他们留下了深刻的印象。会上展出了各种各样的物品,包括工业设备、马车、照片、乐器、家具、陶器和瓷器、珠宝、大炮和弹药。参观者惊喜地发现了奥的斯公司的全新电梯、首次获得专利的钢筋混凝土、一辆蒸汽动力汽车、可调节车棚的马车,以及重达55吨的普鲁士克虏伯大炮。英国和美国的游客对法国在蒸汽动力机械方面的进步和展出物品的高质量感到非常惊讶。其他国家也在一些特定领域有出色的表现，比如，"新世界不懂艺术的野蛮人"获得了乐器大奖，这要归功于纽约的斯坦威先生。"这让巴黎人感到震惊，甚至比看到当天下午俾斯麦带领着普鲁士人在林荫大道上游行时的场面还要震惊"。[7] 在艺术展上，法国人重新确立了他们在艺术领域的霸权地位，但这次展览的特色是首次亮相的重要的美国艺术家，如詹姆斯·麦克尼尔·惠斯勒（James McNeill Whistler）和温斯洛·霍默（Winslow Homer）。

主楼四周环绕着精致的花园，令游客陶醉其中。《纽约时报》称："如果说法国人有什么天赋的话，那就是建造精美的花园。这片花卉大国及其邻国的众多花卉种植专家所展示的植物和花卉，本身就非常值得一看。"[8] 公园内有美丽的俄罗斯、瑞士、德国和奥地利式亭子，均采用木质结构，还有一座法国亭子，展示了法国精致的木工艺术。此外，还有一座"精致而丑陋"的英国建筑，和"简洁而丑陋"的美国建筑。游客还可以参观中国茶馆、埃及宫殿、土耳其浴池、俄罗斯木屋、吉尔吉斯帐篷，以及突尼斯国王夏宫的复制品。这座夏宫曾矗立在蒙苏里公园，直到1991年被大火烧毁。而在这一切之上，一个热气球高高飘起，给整个景象增添了别样风情。

通过摄影这一新技术，游客们得以前所未有地感受到世界的广阔性和多样性。展览中呈现了英国和俄国所拥有的大片领土上的工艺品和建筑，以及来自突尼斯、埃及、土耳其、中国和日本的展品。英国人还举办了一场盛大的印度建筑摄影展。[9] 花园里的突尼斯馆和印度馆深深吸引着游客们的目光。难以避免的是，所有这些外来的刺激将在法国和整个欧洲掀起几十年的建筑设计浪潮，从新摩尔式的凉亭到仿制中国的宝塔，无所不包。

****

多亏了奥斯曼14年的努力，法国的首都巴黎成了世界上最迷人、最令人兴奋的地方。正是在那个时刻，巴黎获得了"城市女王"的美誉，至今无人能撼动其地位。随着欧洲逐渐整合成一个个民族国家，有传言称整个欧洲大陆有一天会成为一个单一的国家。维克多·雨果为世博会写了纪念性的《巴黎指南》，在第一章中他写道："欧洲在拥有人民之前，先有了首都巴黎。"[10]

《纽约时报》的记者也分享了他在世博会期间感受到的巴黎的热情：

> 星期日下午5点到6点，当普鲁士大钟发出关门信号时，展览馆门口涌出大批人群，场面非常壮观。轮船、公共汽车、美国式电车以及巴黎的出租车每小时可搭载11000人次，而这只是人群中的一小部分。天气晴朗的时候，他们会挤满整条大街和特罗卡德罗山顶，然后逐渐散布至巴黎的各个角落。不久，香榭丽舍大街上就又挤满了几乎同样多的人，甚至还有更壮观的人群从森林公园回来。夜晚的景象更加热闹，每个剧院、舞会、花园和音乐厅都座无虚席。华丽的火车从法国各地运来了大批游客，导致旅馆爆满，马车和公共汽车也挤

满了人。无论是街道还是公共场所，都充满了欢迎各国国王和人民来到巴黎的热烈气氛，巴黎乃至整个法国都沉浸在这场盛宴之中。而在这一切中，我没有看到一个衣衫褴褛或肮脏的人，但在伦敦我却经常看到。这里没有酒鬼、乞丐，抑或妓女。整座城市无处不体现出整洁、有序和端庄。如果巴黎有另一面，那也一定不会出现在公共场所。[11]

全新的大道，优雅的新建筑，卢浮宫和巴黎圣母院的修复和扩建，壮丽的公园和花园，丰富的现代化基础设施，以及各种创新，例如沿着塞纳河运载游客的全新游船，还有新的铁路线将游客带向巴黎周围的战神广场，这一切让游客目不暇接。即使在这一切发生变化后，林荫大道也没有丧失其魔力。正如一位观察家所评论的那样："林荫大道不仅仅是巴黎的头脑和心脏，更是世界的灵魂。没有林荫大道的巴黎将是一片悲伤的宇宙。"[12]

1867年4月到10月，皇室成员的游行接连不断。首先是希腊国王，紧随其后是比利时国王和王后，之后是普鲁士王子。到了6月，俄国沙皇亚历山大二世也到访了。仅过了几天，普鲁士国王威廉一世也到来了。这一系列的游行活动一直持续到10月。

这几个月来，奥斯曼省长一直忙于引领贵宾们参观，以及在市政厅组织招待会和晚宴。其中最盛大的一场是在1867年10月28日为来访的奥地利皇帝弗朗茨·约瑟夫（Franz-Josef）、巴伐利亚国王路德维希二世（Ludwig Ⅱ）、荷兰王后索菲

（Sophie），当然还有法国皇帝和皇后所举行的宴会。菜品非常丰富，有鹅肝、小龙虾、大比目鱼、野鸡、松露、木鹬、狍子等，均配以精选的法国高档葡萄酒。阿道夫·阿尔芬后来写道："1867年，（奥斯曼）在市政厅举办了令人难忘的庆祝活动，接待了欧洲所有的君主，他比部长更风光、更成功。"[13]

整座城市都沉浸在疯狂的狂欢气氛中。正如一位作家所述："巴黎缺乏的不是令人愉悦的消遣活动，而是让人可以尽情品味其中美好的时光。"[14]

一本英国游客指南建议游客去法国歌剧院大厅观看一场精彩的假面舞会：

> 为了欣赏这一壮观的场景，参观者应该等到12点或1点，等舞厅内的人员全部到齐，充满激情的舞者们会开始全力以赴地表演。此刻踏入广袤的舞厅，效果几乎无法想象，巨大的剧院、奢华的装饰、闪烁的灯光、各式华美的服装、欢快的音乐、欢声笑语，最重要的是，舞者们循着华尔兹、波尔卡和马祖卡的舞步在舞池中快速旋转，形成一幅让人眼花缭乱的热闹场景，简直无法言喻。……晚饭过后，当香槟开始发挥令人兴奋的作用时，现场立刻变得更加热烈和活力四射。然而，尽管喧闹非常，人们仍然轻松愉快。[15]

作者热心补充道："可以想象，如果有宾客带着家里的女士来观赏这番非凡景象，他定会将她们安排在包厢中，只作为旁

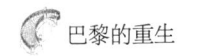

观者。因为与这些过于活跃的人群混在一起,将是比行为轻率更糟糕的事情。"

来自外省的游客们也感受到了首都令人沉醉的氛围。居伊·德·莫泊桑曾生动地描绘了这座城市对他笔下主人公——那位来自拉罗谢尔的商人的深刻影响:

> 你知道一个外省的商人在巴黎逗留两个星期会有怎样的感受吗?这座城市会让你血脉偾张,夜晚的演出令人如此振奋,女人们的身姿轻轻拂过你,令你精神焕发。这种感觉让人陷入疯狂。最终,你满眼都是那些身穿紧身衣的舞者,低胸装的女演员,圆润的大腿,丰满的肩膀,几乎近在咫尺。当他离开时,他的心被彻底地动摇了,灵魂也在震颤。[16]

这股精神在博览会期间乃至随后的日子里一直持续:"在仍然沉醉于快乐和权力的巴黎,这个时刻是独一无二的,是对良好运势的信仰,对永无止境的幸运的确定感。"[17]

****

拿破仑三世并没有忘记他对工人提供住房的承诺。在他的坚决要求下,1867年世界博览会特别展示了劳动阶级的生活条件,其中包括了模型、图纸和房屋原型。这些房屋的设计中包含三个房间和一个厨房,满足了他所说的"日常所需"。[18]

拿破仑三世委托建筑师欧仁·拉克鲁瓦(Eugène Lacroix)在蒙坦特斯街上为工人建造一座经济实惠的现代住宅,这条街紧靠博览会场地。拉克鲁瓦最重要的考虑是确保这个项目在经济上可行,因此他在四层楼的每一层(不包括一楼)都设计了八套公寓,并尽量缩小了庭院的规模。这个项目表明,为城市居民建造体面的住房确实可以赢利,但在确保质量和创新方面可能不太显著。四座原始建筑中有三座经过了大规模的改造,至今仍然屹立不倒。[19]

这个项目的方法引起了一些重视社会问题的实业家和管理者的真正关注,其中包括勒普莱本人。他们担心,这种密集的住房形式可能会促进社会主义革命思想的传播。相反,许多人认为,避免酗酒、堕落和革命对工人造成负面影响的关键是低密度的住房,最好还有一个工人可以打理的花园。

拿破仑三世指定了位于巴黎对面的多梅尼斯大道上的另一个地点,作为低密度模式的示范区。建筑师设计了42栋工人住宅,每栋两层,采用了当时革命性的钢筋混凝土技术。这些公寓的面积为400平方英尺,被认为是宽敞的工人住房,设计非常合理。在建造过程中,每栋房屋又都增加了一层。1868年2月13日,拿破仑三世参观了完工的建筑。这些房子至今仍然保存完好。

此外,拿破仑三世还资助了一项独特而激进的计划,允许工人参与设计过程。然而,这个实验的结果令人失望。建造出的密集公寓大楼与蒙坦特斯街已有的建筑几乎毫无差异,与当时的私营开发商建造的楼房非常相似。这表明工人们关注的并不仅仅是创新,更多是对现有的资产阶级模式的再现。[20]

拿破仑三世的工人住房计划虽然取得了一定的进展,但还不足以对巴黎产生实质性影响。与此同时，私营实业家们，如米卢斯的让·多尔弗斯（Jean Dollfuss）和勒克佐的欧仁·施耐德（Eugène Schneider），在主要制造业中心修建了更多的低密度工人花园社区，起到了更重要的作用。但在巴黎，大部分修建的工人住房都是为了赢利，是质量较低、密度较高的租赁综合体。

拿破仑三世是一个有远见和理想主义的人，但并非执行者。在许多领域，他善于寻找有技能的人来实现和改进他的愿景，比如佩西尼在政治阴谋方面的能力，奥斯曼在巴黎重建中的作用，以及费迪南德·德·雷赛布（Ferdinand de Lesseps）在苏伊士运河建设中的贡献。然而，从历史的角度来看，虽然工人住房是他真正感兴趣的领域，但他在这方面的行动只能被视为一次巨大的过失。

****

在豪华的蒙梭公园建成之后，拿破仑三世和奥斯曼意识到，为了满足迅速增长的十九区和二十区工作人口的需求，建造一个公园在政治上显得尤为重要。十九区和二十区有一片陡峭的土地，以贫瘠的黏土地貌、污水池和极易成为罪犯的藏身之处而闻名。然而，这个看似毫无前景的地方最终却成了巴黎最宏伟壮观的公园——肖蒙山丘公园（the parc des Buttes-Chaumont）的所在地。

自1864年起，阿尔芬的公园和步行街区再次为世人呈现了惊艳的景观。在公园的中心，一片湖泊被挖掘出来，湖中心是一个壮观而引人注目的陡峭山峰。在这个山峰上，达维乌建造

第十七章　魅力与衰败

了一个圆形的观景亭，游客可以从那里俯瞰巴黎的美丽景色，山峰的悬崖峭壁上有迷人的桥梁，与临近的山峰顶部相连。这座公园以其美丽如画的植被、舒适宜人的小路、肆意生长的草坪、幽暗深邃的洞穴和高达100英尺的瀑布而闻名。公园在1867年世界博览会期间竣工，引起了极大的轰动和赞叹。

目前，南部地区是巴黎唯一没有公园的地方。为了满足第十三和第十四区居民的需求，省长奥斯曼决定选择蒙苏里山作为公园的建设地。蒙苏里公园与之前的第二帝国公园一样，拥有一个湖泊、一个洞穴、一个瀑布，以及其他种种特色。蒙苏里公园于1869年竣工，之后又施工了9年，至今仍是巴黎南部地区居民的休闲场所。

****

在1867年4月12日的星期五晚上，巴黎最受欢迎的地方是位于蒙马特大道7号的游艺场剧院。雅克·奥芬巴赫（Jacques Offenbach）的新歌剧《热罗尔坦公爵夫人》（*The Great Duchess of Gerolstein*）在这里首演，主演是霍尔坦丝·施奈德（Hortense Schneider）。

朱塞佩·威尔第回到巴黎后，忙着为巴黎歌剧院对《唐·卡洛斯》（*Don Carlos*）进行最后的润色。与此同时，查尔斯·古诺正准备《罗密欧与朱丽叶》的公开演出，乔治·比才（Georges Bizet）则在为即将推出的《柏斯的美丽少女》（*The Fair Maiden of Perth*）进行准备。然而，在19世纪60年代的巴黎音乐界，出现了一个与众不同的人物——雅克·奥芬巴赫。作为这个时代的音乐娱乐王子，他的作品充满了活力、嬉闹、讽刺而又荒诞的幽默，以及彻头彻尾的愚蠢，与时代的特点完美契合。他的音乐为第二帝国带来了完美的伴奏。

奥芬巴赫和建筑师希托夫一样，来自德国科隆。他的父亲是一位犹太教堂领唱员，奥芬巴赫从小接触音乐，成了天赋极高的大提琴家。在他14岁时，他的父亲动用积蓄把他送去巴黎——这座欧洲的音乐之都，更为特别的是，在这里，他的犹太身份不会成为他事业上的障碍。

奥芬巴赫在巴黎的沙龙中逐渐崭露头角。他是一个坚定的浪漫主义者，被誉为"大提琴界的李斯特"。随后，他开始着手创作一些小型的独幕轻歌剧。1858年，他上演了第一部四幕轻歌剧作品《地狱中的奥菲欧》（*Orpheus in the Underworld*）。1864年，他的作品《美丽的海伦》（*The Beautiful Helen*）获得了巨大的成功。

奥芬巴赫是一个让人难忘的人物。他充满活力，调皮捣蛋，令人不容忽视。他的法语中带着浓重的犹太-日耳曼口音，加上他热情洋溢的风格，呈现出一种令人无法抗拒的喜剧效果。作为一名表演者，他创作了壮观的音乐、服装和布景，塑造出宏大的作品。他和他的剧作家在作品中增加了比前人多得多的幽默和讽刺，虽然受到评论家们的嘲讽，但赢得了观众的喜爱。这些作品的旋律让人难忘，观众会一连哼唱数天。雅克的歌剧是第二帝国时期生活乐趣的音乐体现。

奥芬巴赫的《热罗尔坦公爵夫人》大获成功。拿破仑三世于1867年4月24日观看了这部剧，几天后与皇后一同再次观看。每天晚上，观众中都有一些欧洲最为出名的人物：威尔士亲王

(他后来成为国王爱德华七世)、俄国沙皇亚历山大二世和他的儿子弗拉基米尔大公、奥托·冯·俾斯麦、赫尔穆特·冯·毛奇(Helmuth von Moltke)、巴伐利亚国王路德维希二世、葡萄牙国王路易斯一世、瑞典国王查理十五世,还有埃及总督伊斯梅尔·帕夏(Ismail Pasha),他非常喜欢这部戏,在巴黎逗留期间,几乎每晚都来欣赏!

尽管人们对音乐和歌词很感兴趣,但他们如此激动地观看演出,是出于对演员霍尔坦丝·施奈德的崇拜。她是超级明星,巴黎人民深爱她的活力,以及她在演出中慷慨展示的身体。她的蓝色闺房成了巴黎社交圈的中心:"她的府邸和杜乐丽宫一样车水马龙,但比杜乐丽宫更加有趣!"[21]她长长的情人名单包括了威尔士亲王,未来的英国国王爱德华七世。事实上,她如此大方地将自己的魅力赋予欧洲皇室,以至于那些总是在说着低俗双关语的巴黎人称她为"王子之路",以巴黎第二区黎塞留街最近开业的一家行人画廊命名。

****

1867年春天,一位雄心勃勃的26岁画家奥古斯特·雷诺阿(Auguste Renoir)在卡鲁塞尔桥附近的马拉凯(Malaquais)码头上架起画架,准备开始作画。他是被称为"毫不妥协派"的年轻艺术家中的一员。这群艺术家决定"用个人印象来表现事物,不受常规的束缚"[22]。然而,根据一位当代评论家的说法,他们"在很大程度上缺乏独创性和才能"[23],因此作品很难在国家赞助的年度艺术展览上展出。但在几年后,他们开始组织自己的展览,这引起了争议,但也获得了一些认可。一位评论家嘲讽他们称为"印象派",如今已成了他们的代名词。

这群新兴艺术家被户外景观吸引,试图在原地捕捉世界的光线、运动和色彩。他们通常以田园风光为题材,其中著名的作品描绘了枫丹白露、阿让特伊、布吉瓦尔和诺曼底乡村的景色。但雷诺阿居住在城市里,在维康蒂街附近,于是他决定描绘一幅城市风景。在他创作的这幅画中,就像琼康、勒平和莫奈在同一时期创作的其他作品一样,我们能看到旧巴黎的景色。但在艺术桥和法兰西学院的后面,画中突然出现了新城的身影,那是夏特莱广场上达维乌设计建造的两座剧院。印象派与现代巴黎的结合将展现出极其丰富的成果。

印象派几乎没有涉及城市风景画这一流派。但他们将自己的敏感度与巴黎大改造后城市环境中潜伏的艺术潜力相结合,创作出了一些独特的作品。这些令人难忘的画作包括莫奈描绘的巴黎嘉布遣大道,以及后来在圣拉扎尔车站及其周围创作的作品,西斯莱描绘的圣马丁运河,雷诺阿描绘的加莱特磨坊和其他地方的生活,以及卡耶博特对雨天林荫大道的描绘。

所有这些19世纪中期重建的城市画作都是标志性的,但最能代表奥斯曼时代巴黎的画作来自一位出生于世界另一端的艺术家——卡米耶·毕沙罗(Camille Pissarro)。直到19世纪末,他才对巴黎的城市景观表现出兴趣。1893年到1903年,他创作了一系列从街头高处俯瞰现代巴黎的全景图,包括勒阿弗尔广场、蒙马特大街、法兰西剧院广场和歌剧院大街。这些画作展示了高度有序的建筑结构、宽阔的街道、川流不息的车流、灯火通明的人行道、报摊和连绵的树木。无论是工作日还是节日,

第十七章　魅力与衰败

无论是晴天、阴天，还是雨雪天，这座充满活力、生机勃勃的城市景象都成了永恒的、集体无意识中的巴黎的决定性形象。

****

当巴黎沉浸在博览会的兴奋和周围地区的娱乐中时，奥斯曼省长在立法议会中遇到了一大难题。

随着拿破仑三世在1月宣布的自由化措施逐渐实行，立法议会和参议院正在探讨一项关于市议会的新法律。该法案的目的是扩大市政委员会的权力范围，提高其独立性，但不会影响巴黎和里昂这两个没有选举产生市长或市议会的城市。虽然关于改变巴黎和里昂地位的提议从未被认真考虑过，但这场辩论为反对派提供了一个指责塞纳省省长缺乏问责制的机会。虽然与正在辩论中的法案没有直接关联，但立法议会长时间讨论了巴黎市的筹资机制。根据讨论的结果，议会达成了一致意见，正如莱昂·萨伊三年来一直争论的那样，发放凭证，使持证人有权获得城市未来付款，构成了一种隐性债务。根据这一分析，巴黎市违反了法律规定，因为任何新债务都需要立法议会的批准。[24]

当然，奥斯曼进行了反驳，解释道，根据法律条文，这些承诺是经法律认可的延期支付计划，期限不超过十年，因此并不构成债务。然而，到了秋天，奥斯曼未能赢得辩论，会计法庭裁定该付款计划构成债务，巴黎市被迫与土地信贷银行进行谈判，将秘密债务转变为普通债务，从而解决这个问题。1867年12月2日，市议会批准了第一项与土地信贷银行的协议，用于偿还该市担保的凭证，总价值3.98亿法郎，分40年支付。之后，市议会于 1868 年 7 月 10 日批准了另一项与土地信贷银行的协议，用于偿还 6700 万法郎，包括承包费、土地征用费和利息，将在 39 年内支付。当然，这些新协议还需要立法议会的批准，这意味着奥斯曼可能会面临更多充满敌意的辩论。

****

1867 年 8 月 15 日，正值国定假日，又在世博会期间，新巴黎歌剧院的脚手架被拆除，向公众展示了宏伟建筑的主立面。

一些人对此充满热情。泰奥菲尔·戈蒂耶写道：

> 歌剧院是现代文明的殿堂，是艺术、奢华、优雅的巅峰体现，是高品质生活的精华。那些处在社会顶端的幸运儿经常造访歌剧院，他们品位独到，期望在这里找到与他们宫殿和府邸一样奢华的享受。它必须既具魅力又充满浮华，既腼腆又单纯，既时尚又经典，可见难度颇高。而加尼耶先生成功地完成了这看似几乎不可能完成的任务。[25]

然而，并非所有人都对此持相同看法。有本小册子嘲笑新歌剧院是一个"巨大的烟囱"，批评建筑师"试图将从法老时代到现代的各种建筑风格融合在一起，使其显得宏伟而繁复"[26]。

对于新歌剧院的外观，巴黎市民意见不一，但在建筑界，新歌剧院及其设计师已成为激烈争论的焦点。一方是维欧勒公爵及其拥护者，而另一方是巴黎高等美术学院的维护者，加尼耶就是其中一位突出的代表。

第十七章 魅力与衰败

虽然维欧勒和加尼耶相识多年，加尼耶曾在年轻时作为绘图员为维欧勒工作，但两人一直持不同立场。加尼耶是古老美术文化的崇尚者，也是天才的代表。而维欧勒公爵则是一位自学成才的叛逆者，他从未考虑过加入巴黎高等美术学院，并将法国中世纪的天才视为自己的理想。加尼耶认为，一座建筑应该展示出其背后文化的精髓和价值；维欧勒则从哥特式大教堂和希腊神庙的建筑理性中汲取灵感，对历史上的模仿感到厌烦。

维欧勒公爵在普罗斯佩·梅里美的介绍下进入皇宫，成为这对皇室夫妇的宠儿。1857年，他被任命负责修复皮埃尔丰城堡，后来这项任务升级为重建工程。这座中世纪城堡令人印象深刻，它距离贡比涅只有10英里，皇后欧仁妮对这个项目非常关注。维欧勒还受邀前往贡比涅居住，在那里他扮演了一个完美的仆人角色，参与编写和表演宫廷喜爱的小戏剧，画了很多皇后喜欢的可爱速写。

1863年，令许多人吃惊的是，维欧勒受政府邀请前往巴黎高等美术学院授课。他试图在这个坚定维护法国古典传统的机构中提出一套开创性的讲座，却遭到一批学生的反对，建筑思想上的冲突爆发了。然而，他将自己的想法写入了一本名为《建筑学论述》（*Discourses on Architecture*）的书中，并在同年出版了第一卷。尽管维欧勒参与了中世纪遗产的修复工作，对建筑史有深入了解，但这本书明确表明他是一个现代主义者，他反对盲目重复使用历史建筑词语，并主张运用知识来帮助每个时代通过建筑艺术来表达自己。

> 正是由于现代社会中的混乱和一系列错误的教义，我们今天在建筑领域看到了无政府状态和矛盾的现象。然而可以确定的是，从这种暂时的混乱中一定会出现适应我们这个世纪和社会的方法。善良、没有偏见的人们应该努力结束这种混乱。如果我们将过去的作品看作过去的产物，我们就可以把它们看作要攀登的阶梯，来理解我们相应的社会状态；如果我们进行分析，而不是盲目模仿；如果我们能够从遥远时代的所有片段中找到适用的部分，并且能够解释它们为什么适用；如果我们抛弃陈旧的教条，我们将开辟前进的道路，自主前行。[27]

这就是建筑历史学家约翰·萨默森爵士（Sir John Summerson）认为现代建筑诞生的时刻。[28] 当时，维欧勒的思想迅速传播至欧洲和美国，对亨德里克·彼得勒斯·伯尔拉赫（Hendrik Petrus Berlage）和维克多·霍塔（Victor Horta），以及无法归类的加泰罗尼亚天才安东尼·高迪（Antoni Gaudí）等现代建筑先驱产生了深远影响，为现代建筑奠定了重要基础。

此后，维欧勒将他的精力转向建立一所独立的建筑学院，摆脱巴黎高等美术学院的权威地位。许多重要的人物，如埃米尔·佩雷尔、米歇尔·谢瓦利埃和埃米尔·德·吉拉丹等人，都纷纷予以支持，教育部部长维克多·杜鲁伊（Victor Duruy）也给予了必要的授权。1865年，中央建筑学院正式成立，采用

第十七章 魅力与衰败

了创新的教育模式,并持续运营至今[①]。相比之下,高等美术学院的建筑部门则于 1969 年关闭。

一直以来,维欧勒并没有放下自己在新歌剧院竞赛中提前被淘汰的现实,他一直对加尼耶的作品提出批评,认为它过于夸张,设计上存在基本错误,而且选择了错误的技术。相反,加尼耶通常把注意力集中在自己的工作上,而不是与反对者争论。尽管如此,他并不是一个没主见或胆小的人。

在一次访问加尼耶工作室时,皇后亲自参与了这场辩论。她对理性主义的原则有所了解,因此询问加尼耶为何要将柱子加倍,因为她看到古人并未采用这种设计。加尼耶坚信,维欧勒才是这个问题的幕后推手。据说他当时回答道:"古人也未曾通过铁路旅行。"[29]

尽管加尼耶无疑拥有令人惊叹的才华,但如今大多数建筑历史学家认为,他在这个行业中的影响最终是负面的。他的个人风格虽然为后来的建筑师开辟了新的道路,但这些后辈盲目地模仿他,却没有他的创作技巧和卓越能力来完整地把握艺术作品。结果是,在世界各地的城市中充斥着大量壮观但空洞的、匆忙完成且作出折中主义妥协的建筑。

前往巴黎参加 1867 年世界博览会的游客不仅可以欣赏新歌剧院的外观,还能领略其周围壮丽的新街区风光。该区域的核心是歌剧院广场,周围环绕着由罗豪·德·弗洛里设计的建筑。

[①] 现在的名字是巴黎专业建筑学院。

巴黎的重生

虽然这些建筑与歌剧院的设计完美契合,但歌剧院并未全部完工。然而,广场周边已建设全新的街道网,上面矗立着非常优雅的建筑,包括豪华的大型现代酒店。

催生整片街区的拿破仑大道迟迟未能完工。大道的起始段直面新歌剧院,延伸至穆兰高地的住宅区,一个尚需整治的工人阶级社区。多年来,这条新大道似乎没有被视为优先事项,直到最近才开始进行筹备工作。

歌剧院社区是第二帝国城市规划意图的象征。"这可能是唯一一个严格应用奥斯曼主义理论——奥斯曼用他的名字命名的城市转型理论——的地方。但无论如何,这无疑是其中一个最能感受到变化的地区。因此,我们不应感到惊讶,尽管这一成就发生在第二帝国晚期,但它确实是19世纪巴黎所渴望的城市中心再生的典范"。[30]

1867年7月,马克·吐温来到巴黎,随后创作了《海外无辜者》(*The Innocents Abroad*)一书,对巴黎的描述非常生动。他住在卢浮宫大酒店,其间按部就班地参观了世界博览会、卢浮宫、凡尔赛宫、巴黎圣母院等著名景点,以及其他意料之中的地方。在他的作品中,他用幽默的笔触描述了参加康康舞和理发的经历,还讲述了对那些以举止轻浮而闻名的工人阶级女孩的失望。不过,出人意料的是,吐温竟然还去了圣安东尼郊区。

> 在整个圣安东尼郊区,苦难、贫穷、邪恶和罪恶交织在一起,这些证据无处不在,摆放在我们面前。这里居住着"革命的火药桶",他们时刻准备着行动。他们

第十七章 魅力与衰败

享受修筑路障的乐趣,就像割断朋友的喉咙或把他们推入塞纳河一样。这些粗鲁野蛮的恶徒,有时会冲进杜乐丽宫的华丽大厅,在国王被召唤去作出解释时冲入凡尔赛宫。

然而,如今他们已不再筑起路障,也不再用铺路石砸击士兵的头颅。路易·拿破仑已解决了这一切困扰。他正努力消除弯弯曲曲的街道,用全新的笔直而高贵的林荫大道取而代之。这样,炮弹可以从大街的一端穿到另一端时,不会遇到比人类肉体和骨骼更坚固的阻碍。这些壮丽的大道被设计得无法成为饥饿和不满的革命分子的藏身之处和密谋场所。五条宽敞的大道从中心地带伸展开来,形成放射状的、巧妙交错的道路网络,完美适合部署重型炮兵。过去,暴民经常在这里制造骚乱,但未来,他们将不得不寻找其他聚集地。[31]

在马克·吐温之后,又有三位美国人踏上了巴黎之旅。虽然他们的名气不及吐温那般响亮,但他们对美国文化产生了巨大的影响。1867年9月,年仅22岁的罗伯特·皮博迪(Robert Peabody)和20岁的查尔斯·马吉姆(Charles McKim)抵达巴黎。10月,弗朗西斯·W.钱德勒(Francis W. Chandler)也来到了巴黎。

年轻的建筑师们紧随着理查·莫里斯·亨特(Richard Morris Hunt)的步伐。1846年,亨特成为第一位在巴黎高等美术学院学习建筑的美国人,接着加入了埃克托尔·勒费尔的工作室，参与了新卢浮宫的设计。1855年，亨特回到纽约，成了19世纪最杰出的美国建筑师之一。他设计了许多纽约和纽波特的住宅，并为常春藤盟校和大都会艺术博物馆的第五大道立面提供了设计方案。亨特在19世纪中期扮演了法国建筑文化与美国建筑文化之间的第一条重要纽带。

马吉姆、皮博迪和钱德勒在奥诺雷·多梅（Honoré Daumet）的画室里学习，直到他们被巴黎高等美术学院录取。他们充分利用了这座城市的优势，在卢森堡花园打棒球，在布洛涅森林的冰面上滑冰。他们参观了鲁昂的哥特式建筑，甚至还去了诺曼底海岸的特鲁维尔度假小镇和伦敦。在这个对艺术和建筑专业学生来说充满活力的环境中，他们就像是海绵一样吸收知识。

返回美国后，马吉姆和皮博迪分别继续参与美国纪念碑式建筑的建造项目，如纽约宾夕法尼亚车站、波士顿公共图书馆和波士顿海关大楼。而钱德勒则成了麻省理工学院建筑系的教授和主任。这些人都深受他们在拿破仑三世统治下度过的巴黎时光以及巴黎建筑世界的浸染，这种影响持久而深远。[32]

****

1867年秋天，一起惊人的金融丑闻震撼了法国公众舆论：动产信贷银行破产。

1852年，佩雷尔兄弟在新政权早期创建了动产信贷银行，为巴黎的重建工程提供了大量资金。此外，他们还投资了众多铁路线、卢瓦尔地区的矿山，还有一家跨大西洋的远洋班轮公司以及其他众多企业。到19世纪60年代末，该银行的业务扩展到意大利、西班牙和荷兰，并为俄罗斯铁路建设提供资金，同时为奥斯曼银行提供担保。

但公司的股票价格经历了剧烈的波动。自1852年12月首次公开发行以来，股价一度飙升至1750法郎，之后在1854年4月暴跌至430法郎。随后又出现了回升迹象，在1856年3月达到历史最高点1982法郎。然而，这种不稳定的市场情况一直持续到19世纪60年代中期，当时股价进一步下跌的趋势变得非常明显。到了1867年10月，股票交易价格仅为140法郎。

小股东们深信投资动产信贷银行是一个明智的选择，甚至认为在任何投资组合中都不可或缺。他们坚信"股价的下跌并不要紧。每个参与其中的人都明白，当动产信贷银行股价下跌时，它只会像一只气球一样反弹得更高"[33]。

实际情况是，与实际投资相比，市场交易在公司运营中变得越来越重要。公司几乎没有向外披露任何信息，因此投资者对其真实运作状况几乎一无所知。现在，动产信贷银行已经不再仅仅是工业融资工具，它更像是一只对冲基金。

截至1867年秋季，动产信贷银行的投资者的累计亏损达到了5.81亿法郎，相比初始股票发行价，亏损额高达14亿法郎，令人震惊。为了重整旗鼓，公司接受了政府贷款和新股本1600万法郎的支持，进行了重组，这使公司能够在未来几年免于破产。佩雷尔兄弟被迫辞去职务。

对许多将毕生积蓄投资于动产信贷银行股票的小股民来说，此次崩盘是一场全面的灾难。对整个国家来说，一家曾经被视为与政府一样强大的公司破产，令人深感不安。然而，创始人们并没有过得太糟糕。有消息估计，他们赚了4亿法郎，其中包括给佩雷尔兄弟的 1.5 亿法郎。

动产信贷银行丑闻只是一个最引人注目的例子，它展示了疯狂地追求利润的决心，甚至不顾破产的不可避免性。虽然这家银行表面光鲜亮丽，但许多观察者都能看到其背后的腐败现象。19 世纪 50 年代，奥地利大使亚历·冯·休布纳伯爵（Count Alexander von Hübner）后来写道，1867 年是"贵族和人民能够看到法国政府道德败坏、傲慢和漠不关心的一年。这让欧洲感到担忧，或许不久的将来，法国将再次爆发革命风潮"[34]。

《纽约时报》记者也表示了这种担忧：

> 巴黎的暴民群体每年都在增长，其规模之大足以让管理者深感忧虑。但问题不在于规模的大小，因为他们不仅比伦敦的暴民更鲁莽、更容易受到外界影响，而且由于长期受到专制统治的影响，他们更加恶毒，脾气也更暴躁。我不知道政府对这个巨大且不断增长的危险因素有多么警觉，但我承认，年复一年地目睹这个问题继续膨胀，并看到政府盲目地继续采取相同的专制措施，让我对即将到来的灾难感到恐惧。[35]

后来，在这个世界陷入混乱之后，马克西姆·杜·坎普在给一位朋友的信中写道："没错，你说得对，我们正在为我们生活长期以来的谎言付出代价，因为实际上一切都是假的：假军队、假政治、假文学、假信用，甚至连妓女也是假的。"[36]

第十八章

最后之战

第十八章　最后之战

1867年12月20日,《时代报》的读者在翻开报纸头版时,目光往往会停留在一篇名为《塞纳省省长的忏悔》(*The Confession of the Prefect of the Seine*)的头版文章上。这篇文章的作者是年轻律师朱尔·费里(Jules Ferry),他与反对派的共和党有着紧密联系,同时也是一位备受争议的记者。

费里以沉稳而有力的口吻分析了几天前市政府发布的一份报告。这份报告概述了大巴黎改造项目的进展,以及巴黎的财政状况。费里在文章中指出,这是公众首次真正了解市政府的账目。过去,对于奥斯曼权力过大和缺乏监督的批评总是遭到反驳,声称省长以合理的代价取得了巨大进展。然而,现在奥斯曼不得不承认实际情况并非如此,工程项目的实际成本远远超过他承认的水平。

接下来的一年将标志着《1.8亿法郎协议》十年计划的结束。奥斯曼将不得不公布最终的财务情况。他还必须向立法议会公布巴黎大改造的费用,以便重新谈判与土地信贷银行的债务并得到批准。出于这些原因,省长必须坦白地说明情况。费里的报告指出，最初估计的 1.8 亿法郎已经膨胀到 4.1 亿法郎。这意味着市政府需要支付高达 3.6 亿法郎的费用，而不是之前请求并获得批准的 1.3 亿法郎。

费里认为，"第一网络"——也就是在 1848 年至 1852 年共和国时期开始的市中心项目，如里沃利街和塞瓦斯托波尔大道——已经满足了市民的切实需求，没有引发争议。而"第二网络"——即《1.8 亿法郎协议》的项目——得到了帝国官方机构的批准，但管理方式却受到了批评，因为最终预估费用已经超过了最初的两倍。而至于"第三网络"，也就是"奥斯曼先生的个人网络"，则完全遭到了反对。它从来没有得到任何管理机构的正式批准，但估计的费用居然高达 3 亿法郎。

费里指出，突然披露出这些之前未披露的费用不可避免地引发了公众对奥斯曼管理能力的质疑："如果塞纳省省长在 1864 年对自己计算中的巨大错误有所怀疑，那么我们对他的坦率会有何看法？另一方面，如果他没有怀疑……我们该如何评价他的警觉性、智慧和远见呢？"[1]

和其他成千上万的巴黎人一样，奥斯曼也读了《时代报》上的这篇文章。他像往常一样准备了一篇详细的反驳文章，引用了大量数据和法律条文，并声称费里对公共行政的各种细节存在误解。

1867 年 12 月 31 日，费里又发表了一篇标题极具挑衅性的文章。他绕开了会计和法律方面等令人困惑的细节，也没有指责成本上升的事实，因为巴黎大改造引发了房地产投机，房地产价格的上涨是不可避免的。虽然奥斯曼本人不对超支负责，但他对未能预测或公开披露这些超支负有一定责任。

而且,现在已经知道,在他意识到或者应该意识到成本超支的同时,他还秘密开始了一系列新项目。1866年,奥斯曼曾声称:"巴黎既没有计划进行新的建设,也无意放弃资源。我们要像抵制过早减税一样,坚决抵制任何重要的新项目。"[2] 然而,如今公众发现了一个完全不同的真相。"1867年12月11日报告首次向公众、市议会和全世界披露了一个令人惊讶的事实,即还有一个'第三网络',计划在1868年年底完工,预计耗资3亿法郎"。[3]

费里在《时代报》上的文章一直持续发表到1868年5月。这些文章都是政治写作的典范,简明扼要、有力、优雅、引人注目。费里将这些文章汇编成一本书,递交给立法议会,供即将开展的关于巴黎市财政问题的辩论作参考。这本书之所以成功,部分归功于它幽默的书名《奥斯曼的奇幻账目》(Les Comptes fantastiques d'Haussmann),这个名字的发音与德国作家 E. T. A. 霍夫曼(E. T. A. Hoffman)的法文故事集《霍夫曼的奇幻故事》(Les Contes fantastiques d'Hoffmann)非常相似。① 然而,这本书不是关于疯狂的发明家、神奇的魔法和奇妙的诅咒,而是关于另一个奇幻世界——塞纳省省长的行政管理账目。

费里质疑的重点是缺乏透明度。巴黎的财政披露仅限于定期发布的凯旋公报。大多数特许经营合同没有公开披露,也没

---

① 雅克·奥芬巴赫非常成功的同名滑稽歌剧,于1881年制作。

有进行公正竞争招标。没有给予任何独立机构进行知情监督的机会。对费里来说,巴黎体现了帝国拒绝真正民主与制衡机制所产生的负面影响。

> 除了他(奥斯曼),每个人都明白,缺乏控制导致了一系列的损害。早在很久以前,政府就应该对征用行为进行严格的控制、规范和限制。只有通过严格的控制,才能及时发现2.3亿法郎的差额;如果进行了严格的控制,就不会突然出现3亿法郎的计划外开支。议会作为制衡机构通常被看作一种阻碍,但它也经常起到保护作用。议会代表们天生谨慎、尊重法律。相比之下,个人政府只会不耐烦地忍受法律的限制。在市政府的工作中,塞纳省省长竟然使用违法手段来掩盖自己的轻率行为。至少这一次,这种情况是不能容忍的。[4]

在1867年至1868年寒冷的冬天,巴黎经济形势堪忧,大量人员失业,找不到工作。巴黎市民们的对话主要集中在这些困难以及对国家债务规模的担忧,据统计该数字已达14亿法郎。政府负责人欧仁·鲁埃坚持认为,尽管财政赤字不断攀升,但"政府并没有犯任何政治错误"[5]。

即便是那些仍坚定支持皇帝的人也对局势感到不安。佩西尼在给拿破仑三世的一封信中写道,这个国家正处于"道德无政府状态"。他指出:"帝国似乎正全面崩溃。那些发誓要摧毁陛下的人进行了激烈无情的斗争,而且不断取得胜利。"他问道:"对一座正在被大火吞噬的建筑来说,制订修复计划又有何意义呢?"[6]

而民众普遍认为,这个政权正逐渐耗尽资源。有人指出:"统治法国的三位关键人物正面临危机,皇帝因身患疾病而衰弱不堪,皇后因轻浮行为而损害了声誉,鲁埃则被谎言所摧毁。"[7]第二帝国的许多重要人物相继去世:阿道夫·比约于1863年去世,查尔斯-奥古斯特·德·莫尼于1865年去世,阿希勒·福尔德于1867年去世,亚历山大·德·瓦莱夫斯基于1868年去世。

1868年3月25日通过了一项关于公民自由的法律,此法案的前提是政府在1867年1月作出的承诺。尽管法律中依旧保留了一些压制性条款,但它已经足以为言论和辩论自由铺平道路。人民开始自由地批评政权,讽刺性的报纸文章也开始蓬勃发展。书本中也出现了一些以前被禁止谈论的禁忌话题,比如1851年12月发生的路易-拿破仑政变。

1868年11月,记者查尔斯·德勒克吕兹(Charles Delescluze)因为发起筹款为一位在1851年死于路障的代表建造雕像而被判入狱。这桩案件给年轻的律师莱昂·甘必大(Léon Gambetta)展现才华的机会。甘必大来自法国西南部的卡奥尔,除了在奥德翁广场的伏尔泰咖啡馆里的顾客,很少有人认识他。正是在那个地方,他通过长时间的政治辩论磨砺了自己的修辞技巧。

在庭审中,甘必大发表了慷慨激昂的演讲。他衣冠不整,下巴方正,声音充满了威严,不为外界的干扰和抗议所动摇。他严厉谴责政府拒绝纪念那个路易-拿破仑解散民主机构、以武力夺取政权的日子。甘必大的远见和坚持不懈的呼吁成了法国公共演讲史上的伟大时刻：

> 过去的十七年中，你们一直是法国绝对自由裁量的主宰者。我们不会指责你们利用法国的宝藏、鲜血、荣誉和光荣，不会讨论它的完整性是否受到了损害，也不会提及它的工业成果如何，更不会提及在我们谈论的同时，像地雷一样在我们脚下爆炸的金融灾难。
>
> 最能评判你的是你自己内心的悔恨，这是你从不敢说出口的事实：我们将庆祝12月2日，将其定为法国庄严的国家纪念日。每个政权都会庆祝自己的诞辰。我们庆祝过7月14日、8月10日、1830年7月和2月24日。而只有两个日期，雾月十八日和十二月二日，却从一开始就未得到应有的重视，因为你知道，一旦提及它们，普遍的良知都会将其拒之于门外。
>
> 非常好！我们将宣告这个你们不愿提及的日期，我们将把它留给自己，永远不停地庆祝它。每一年都将是我们对死者的纪念，直到国家再度成为主宰者，以自由、平等和博爱的名义将伟大的国家赎罪强加给你们。[8]

弗朗西斯·鲁德尔·杜·米拉尔（Francisque Rudel du Miral）的脚步声在波旁宫的走廊中回荡。他怀揣着一叠文件，轻盈地穿过越来越多的代表和助理，向全体会议大厅的人群聚集地走去。这是1869年2月22日，这一天将首次讨论涉及巴黎市财政的拟议法律。作为一位来自多姆山省的地方官员，自1852年首次参选以来，杜·米拉尔一直支持帝国政府的政策，他将向委员会递交他的报告。在选举开始的几周前，这个备受期待的会议举行时，政治气候愈加紧张。

会议室内座无虚席，人群躁动不安。立法议会主席、实业家欧仁·施耐德宣布会议正式开始，并邀请杜·米拉尔登台宣读他的报告。杜·米拉尔立即提醒大家，这些项目对巴黎来说有着极其重要的意义，已经带来巨大且有益的变革。他制定了最基本的原则：重点并不在于对已完成工作的批评，而应审议该事业的资金条件，决定如何最佳地处理巴黎现有的债务。他详细解释了筹资机制，特别是土地信贷银行手中大部分持有的凭证，以及巴黎公共事业基金会的运营情况。

冷静的立法记录人员记录了以下内容："巴黎市的行政机构受到了尖锐的批评和积极的辩护……辩论中，党派分歧和个人仇恨发挥了过大的作用。"[9] 在一场持续了11次会议的辩论中，一位接一位的议员纷纷发表自己的意见。反对派的主要代表包括奥利维尔、皮卡尔和法弗尔，他们将这次会议视为一个机会，以对抗行政当局在巴黎市的自由裁量权。同时，这也是由皇帝任命的人员和选举产生的人民代表之间权力斗争的一部分。阿道夫·梯也尔敏锐地意识到了这个机会，并积极参与其中。

由于奥斯曼在立法议会中没有担任职务，因此他竭尽全力确保他的故事能够被他人传达。他撰写了备忘录，详细描述了巴黎在现代化方面的历史失败以及过去20年来所做的一切改进。他提供了所有的成本和数据，并以朋友们可以使用的论据呈现出来。一些代表几乎逐字逐句引用了奥斯曼在之后的《回忆录》（*Mémoires*）中发表的文本。

代表阿德里安-查尔斯·卡利-圣保罗（Adrien-Charles Calley-Saint-Paul）是一位银行家，曾参与巴黎市的一些金融交易。他就巴黎市政府所涉嫌接受或容忍的可疑行为发表了一篇详尽的演讲。负责在议会程序中为政府进行辩护的国务大臣鲁埃的回应相当尴尬，仿佛并没有打算否认所谓的违规行为。奥斯曼听到鲁埃这种半推半就的辩护时，愤怒难平。奥斯曼再次详细陈述了案件的所有细节，直到没有任何疑问，他的论点无可辩驳。那么，为什么鲁埃要毫不犹豫地将宝贵的阵地拱手让给那些只想破坏帝国的反对派呢？

关于通过可交易凭证向承包商分期支付的款项是否构成债务还是延期付款，在法律上一直存在长期争议。奥斯曼的观点得到了许多同情他的议员的支持。然而，国家议会——由巴洛什和鲁埃领导的机构，一直对奥斯曼及其对巴黎市的管理持反对立场——及会计法庭——由已故的福尔德的友人主导，他们提出的意见是，奥斯曼使用的机制属于债务，未经立法议会的批准，属于非法行为。

当时就巴黎市的管理问题展开了一场激烈的辩论。梯也尔指出，巴黎已经具备了自行管理债务的能力，几乎成为一个国家中的国家，但没有相应的问责机制。他认为，即便巴黎不能选举产生市议员或巴黎市长，最好的问责机制也应该由立法议会进行监督。然而，亲政府的代表则表示反对，认为这样做有点过度，可能会破坏政府部门之间的权力分工。

第十八章 最后之战

奥斯曼对鲁埃的态度越来越愤怒。作为政府代表,鲁埃并没有为巴黎的领导者辩护,而是对民众的抱怨表达了同情之心,甚至开始怀疑这个体制是否合法,质疑是否存在腐败和公共财富的浪费。尽管奥斯曼相信如果对此进行表决,政府会取得胜利,但鲁埃却一直向反对派让步。然而,当奥斯曼最终在4月13日参议院的演讲中有机会直接表达自己的想法时,已经为时已晚了。

经过长达5天的等待,关于巴黎财政的新法律终于进行了投票。最终,巴黎市和土地信贷银行的协议得到通过,将凭证转换为债务,并将还款期限延长至40年。然而,这也意味着立法议会不仅需要批准巴黎市的借款,还将完全监督其财政状况。相关委员会强调,这是一次"要求有效监测和控制行政当局的机会。因为行政当局的收入和支出已达到如此巨大的比例,已经对国家局势产生了明显的影响"[10]。自此以后,巴黎市的预算将由立法程序决定。

****

几周后,随着新法律的通过,选民们迎来了自1867年新自由化阶段以来的首次大选投票。

新法律通过后几周,全国各地的选举活动变得异常激烈。在贝尔维尔,一个委员会为他们的候选人莱昂·甘必大制订了一项激进的计划。该计划的首要要求是普选,"包括市长和市政委员会,无论地区"——也就是说,包括巴黎。

这次选举给法国带来了全新的政治格局。许多支持帝国政权的候选人在选举中成功当选或连任,但他们更倾向于支持更大程度的自由，并且比之前更加独立。共和党在几乎所有大城市中都取得了胜利，占据了四分之一的席位。新面孔朱尔斯·费里和莱昂·甘必大首次当选。与此同时，法国各地爆发了一系列罢工，其中一些甚至演变成了暴力事件。极端主义的革命团体在工人阶级社区获得了一定的支持。

尽管国内动荡不安，但人们仍然怀抱着对未来的信念和勇气。1869年，博马歇百货公司开始兴建一座宏伟的新店铺。庆祝活动在精英阶层中进行得如火如荼，毫无减弱的迹象：

> 1868年，（法兰西喜剧院负责人亚森·豪赛）举办了他的第一次威尼斯假面舞会，第二年又举办了一次。这些庆祝成了当季最引人注目的社交活动之一，吸引了交际花、女演员、上流社会和宫廷贵妇们的热情参与。她们佩戴着面具遮掩身份，而每一位能到邀请的绅士也都加入其中。这些舞会之所以成功，恰恰在于其并没有过多的计划：放松的交谈、宽敞的舞池、丰盛的自助餐，没有过度组织的娱乐活动。
>
> 1869年9月，亚森·豪赛在他的著作《贵妇人》（*Les grandes dames*）取得巨大成功之后，举办了一场被称为"乡村集市派对"的盛大娱乐活动。这场活动在他的拉福尔城堡举行，位于离布吕耶尔不远的里昂古尔-昂布勒伊（Riancourt-en-Breuil）。庆祝活动中，人们将整只牛、羊、猪、鹧鸪、野兔和鹌鹑放在明火上烤制，烤炉足足绵延了四分之一英里。喷泉中流淌着葡萄

酒，人们喝完了一千瓶香槟酒，还有一千份奖品供参与者抽奖。现场有管弦乐队演奏、小丑表演、杂耍表演、赌博等。为了满足参与者的需求，他还特意安排了一列火车专门从巴黎来往接送客人。这一天，差不多刚好是色当战役的前一年。[11]

1869年8月15日，是最后一次隆重庆祝圣拿破仑节的日子。在这个国家即将陷入战争、第二帝国仅剩几个星期寿命的时刻，这一天具有里程碑的意义：它标志着拿破仑一世100周年诞辰的到来。香榭丽舍大街变身为一个充满乐趣的游乐园，沿途洋溢着管弦乐队和歌手的欢快音乐声。

在随后的日子里，拿破仑三世逐渐消失在公众视野中。在那段时间见过他的人说他突然变老了很多。由于风湿病的困扰，他不得不派自己的儿子代替他参加沙隆的年度阅兵。自从1857年他创办阅兵活动以来，他一直非常注重此活动。坊间流传着他的健康状况非常糟糕的传言。此时，证券交易所的股票价格也在迅速下跌。

****

奥斯曼已经开始解散他建立的金融机构。尽管他觉得这些交易毫无保证，只会让市政府付更多的钱，但他还是用债券取代与土地信贷银行的合同。市政府承担了公共事业基金会的债务，该机构将在1869年年底正式解散。然而不可否认的是，奥斯曼建立的这一备受争议的金融机制已经完成了使命。

1869年秋天，令人惊讶的是，奥斯曼似乎成功度过了这场风波。他没有下台，城市的财政状况也得到恢复，甚至还获得了一些新项目的财政收益。只要立法议会不考虑设立一个由选举产生的巴黎市长职位，他就不会面临被免职的可能性。然而，事态却在此时突然发生了变化。

全国范围内兴起了一阵自由风潮，引发了一场无政府状态的危机。反对派媒体开始奏响战歌。在一次宴会上，甘必大发表了一场大胆的演讲，坚定地宣称他"不会停止追求在共和制度下实现自由的最终目标"[12]。勒克佐和其他地方爆发了多起罢工，甚至有人密谋拉拢巴黎军营的士兵，企图刺杀拿破仑三世。面对持续且严重的困扰，皇帝发誓要坚决镇压暴力，决不妥协。

拿破仑三世一直在策划一场重大的转变：他准备于1874年，即小路易18岁时，将权力交给他的儿子。拿破仑三世和欧仁妮计划退休，前往他们钟爱的比亚里茨——那个巴斯克海岸小镇，他们每年9月都在那里度过。但在此之前，他需要重建帝国的基础。因此，他决定采取大胆的措施，重新起草宪法、修改制度结构，开启他执政的新阶段。立法议会和参议院将成为真正的两院制议会，各部长将承担政治责任。这将成为帝国的新面貌，传承给未来的拿破仑四世。

在这种政治环境下，旧政权的核心成员日益失去地位，特别是在新一代亲工人的共和党强硬派崛起的情况下。面对这样的形势，皇帝作出了令人难以置信的决定——与温和的共和党人合作，甚至让他们掌控政府。从1869年10月开始，他展开了秘密的谈判，并委任埃米尔·奥利维尔（立法议会中最早的共和党反对派成员之一）领导政府。

第十八章 最后之战

在任职之前，奥利维尔曾犹豫不决，他不确定自己是否愿意在一个他一直反对的政权下工作，因此不得不作出一些妥协。当他最终接受职位时，他提出了其中一个条件：乔治-欧仁·奥斯曼必须辞职。奥斯曼是波拿巴党的成员，这是原因之一。值得注意的是，在 1850 年，奥利维尔居住在法国南部的瓦尔省，奥斯曼在任该省省长时，曾签发了对奥利维尔的逮捕令，如果奥利维尔没有逃到意大利，他可能会被监禁或被流放。虽然这件事已经过去二十年了，但奥利维尔仍然不可能与奥斯曼携手在同一政府下任职。

奥斯曼坚决拒绝了辞职的要求，他表示即使要走，那也必须是被解雇。尽管拿破仑三世原则上对奥斯曼依然信任，但奥斯曼明白他不得不这么做。于是，在 1870 年 1 月 2 日，奥利维尔成为政府首脑，皇帝根据 1870 年 1 月 5 日的法令，解除了乔治-欧仁·奥斯曼塞纳省省长的职务。经过长达十六年半的任期，奥斯曼终于离职了。

这十六年来，奥斯曼应对着众多敌对势力，但他展现了政治上的聪明才智，使他在一个备受瞩目的职位上的任职时间超过了第二帝国的任何一位部长。他的政治生涯之所以如此持久，是通过无数次幕后联盟、恳请、晋升、愤怒和争论而取得的。毫无疑问，这些都是他取得巨大成就的关键因素。而这次非凡的飞跃终于宣告结束了。

在市议会的最后一次会议上，即将离任的省长发表了一篇既有感伤之情又不乏典型的奥斯曼式虚伪的演讲。

> 诸位都很清楚，我早已盼望退休。但我一直希望在完成我们的工作、确保我们的伟大事业完全结束后，再迎接这个时刻。然而，事态的发展并不如我所愿。
>
> 经历了如此辛勤的努力后，有一件事让我感到宽慰，那就是我能够怀着皇帝的充分信任安然退休。同时，我也受到在场所有见证我工作的同僚的尊敬和喜爱。这种满足足以让我忘记许多不愉快的事情。
>
> 啊！先生们，担任法国公职确实需要勇气和奉献精神。在个人事业中，我们可以靠自身的努力和才能获得独立和财富，然而，为了公众利益而服务却经常只会带来痛苦和失望。[13]

奥斯曼在这个职位上继续待了几天，直到他的继任者亨利·谢弗罗（Henri Chevreau）结束罗纳省省长的职务后接替了他。1870年1月10日，奥斯曼搬出了办公室。第二天，他和妻子一同离开巴黎前往尼斯。

巴黎大改造是一项规模庞大的投资工程，耗资巨大。从1853年到1870年，总耗费为25亿法郎，超过了法国每年的国家预算，第二帝国时期的年度预算通常在21亿到24亿法郎之间。[14] 但需要指出的是，这些开支并非完全依靠国家预算，而是通过各种途径筹集的。从更容易理解的数量级来看，我们可以看到，17年来巴黎大改造的总花费并没有超过法国累计国内生产总值的1%。根据最新的法国国内生产总值计算，这意味着约 2450 亿美元的支出，大约每年 145 亿美元。[①] 值得注意的是，这还不包括由国家主导的其他项目，如歌剧院、司法宫、巴黎圣母院和塞纳河沿岸的堤岸及桥梁的修建等。此外，由拿破仑三世的"国事费"资助的工程，如卢浮宫的修缮，也未计入这个数字之中。

在所有的支出中，巴黎的道路工程占一半以上，达到了 13 亿法郎。建筑、公园、供水和污水处理基础设施以及其他各种费用共计达到了 8 亿法郎。融资费用，包括利息支付，占剩余的 4 亿法郎。

根据奥斯曼的估计，道路工程的超支金额在 4.6 亿到 4.7 亿法郎之间，超出了预算的 55%。他认为，这主要是由于征收委员会对私有财产所有者给予了过度补偿，以及委员会易受各种欺骗和操纵的影响。尤其是"第二网络"，它是迄今为止受到超支影响最为严重的公路网络，项目施工延续了整整 10 年，形成了恶性循环，加剧了超支问题。另一个因素是上诉法院和国家议会的决定，禁止市政府采用征收机制，即购买整块土地，然后以涨价后的市场价格将剩余土地卖出。奥斯曼认为，这是对市政府在现有城区实施大规模道路工程能力的公然削弱。

仅有 3 亿法郎（25 亿法郎总预算的一小部分）是通过出售土地和材料筹集而来的。此外，只有 1 亿法郎来自中央政府的资助。城市预算提供了大部分资金，达到了 10 亿法郎。剩下

---

① 根据法国 1990 年至 2006 年 GDP 计算。资料来源：世界发展指标数据库。

的资金来自新的债务，这使得巴黎市的债务达到了前所未有的水平。1853年奥斯曼上任时，巴黎市的总债务为1亿法郎。但1870年他离任时，这个数字已经增长到11亿法郎。11亿法郎中4.82亿法郎属于普通市政债务，5.66亿法郎为"秘密债务"，其中欠土地信贷银行4.66亿法郎，余下的1亿法郎是已经清算的巴黎公共事业基金会继承的债务。

奥斯曼对此并不感到震惊。他认为，让后代只承担总投资额25亿法郎的一半不到，是完全合理的，因为他们将从这些改善中受益。他坚信这笔投资会带来回报，城市规模扩大、活力增强、税收基础迅速扩大，这些都证明了这一点。在他离任时，巴黎市政府确实在日常财政上实现了年度盈余，可用于偿还债务。奥斯曼还认为，中央政府在巴黎的发展中获得了巨大利益：到1860年，中央政府从巴黎征收的税收每年增加超过1.2亿法郎，而整个第二帝国时期，中央政府为巴黎大规模改造支付的补贴总额仅为9500万法郎。

对奥斯曼来说，巴黎大改造的最大问题在于，遵照拿破仑三世的指令，没有征收任何新税。他在1869年10月30日的市议会上发表了以下观点：

> 如果我们在实施众多有益计划时，没有怀揣着雄心壮志，希望不给纳税人增加负担的情况下，也就是说，在不要求任何可能引起抱怨的税收负担下，为市民提供无尽的好处，而是决定像其他许多效仿巴黎的大城市一样，寻求额外的资源，通过特别捐款来分担这些好处的

成本，那么我们就可以避免许多麻烦和不公平的批评。[15]

奥斯曼过去是——而且将继续是——充满怨恨和抵触情绪的。"如果伏尔泰能够目睹如今的巴黎景象，他将很难理解，巴黎人并不支持实现了这些景象的政府，反而……会批评、反对、阻挠它，就像那些对政府为他们所做的一切没有任何感激之情的人一样"。[16]

****

1870 年，路易-拿破仑·波拿巴于二十多年前乘火车进入的这座城市——巴黎已经彻底改头换面。第二帝国的记者阿梅迪·德·塞塞纳（Amédée de Cesena）曾经写道："总有一天，历史将会证明，在不到四分之一世纪的时间里，法国的首都发生了奇迹般的变化：拿破仑三世时代的巴黎如同奥古斯都时期的罗马。"[17]

然而，事实证明德·塞塞纳错了。现在，广为流传的说法不是"拿破仑三世的巴黎"，而是"奥斯曼的巴黎"。令人难以置信的是，一位官员在整个规划确定之后加入了这个项目，却在后世的眼中取代了法国皇帝和新巴黎计划背后具有远见卓识的领导者。

在很大程度上，奥斯曼能够创造遗产源于他有机会记录下这个故事。在他生命的最后十年里，他已经不再那么有钱、孑然一身，撰写了三卷《奥斯曼男爵回忆录》(*Memoirs of Baron Haussmann*)。1890 年，即在他去世前的一年，前两卷出版，第三卷于他死后的 1893 年出版。虽然奥斯曼一再向拿破仑三世表示敬意，但回忆录的目的是毫不掩饰地公开他自己对巴黎大改造的贡献。尽管这本书以自我为中心，充斥着令人厌烦的细节和数字，但它产生了非常显著的影响。无数的作者将《奥斯曼男爵回忆录》作为主要或唯一的资料来源，缺乏对历史的辨析。

当然，奥斯曼的作用是实实在在的。他明白自己正处于正确的时机和位置，及时采取了一切必要的措施，以确保自己不会错失青史留名的机会。

奥斯曼深知自己并没有特殊的技术或艺术背景，但他的独特之处在于，在面对怀疑和恐惧的人们时，他展现了巨大的勇气，能够超越空洞的争辩，将思想付诸实际行动，不论有何种力量试图限制他的雄心壮志。

> 为巴黎开辟新道路以及整顿现有街道制定规范化规划，这个想法并不新鲜。然而，不幸的是，我们国家有一个坏习惯，即我们能够迅速认识到什么是好的，但随后对应该采取什么实际行动而陷入无休止的争辩；我们制订了宏大的计划，却只有在紧急情况下或在天才的推动下才会付诸实施。虽然我们确实需要进行一些改变，但如果没有自帝制建立以来的强大推动力，我们很可能会继续犹豫不决，不愿使巴黎的街道制度符合交通和公共和谐的需要。[18]

与此同时，奥斯曼的持久名声很大程度上归功于当时的历史环境。在19世纪60年代，政治反对派将他描绘成对骚乱和毁灭性后果负有责任的人，实际上帮助确立了他的名声。许多希望看到奥斯曼倒台的帝国人物，包括多位部长，也乐于将巴黎的工程计划与他联系起来。奥斯曼本人曾写道："所有反对这一想法的人，无论出于善意与否，都将我视为代表。他们之所以这样做，是为了能够自由地、不受惩罚地与这一构思作斗争，把它当作一个冒险家最爱的构想加以打击，这就好比通过译者来攻击作者。"[19]

奥斯曼的自我推销工作非常成功，甚至超乎意料。1947年，《密尔沃基日报》（*Milwaukee Journal*）发表了一篇生动而贴切的文章，总结了这种被广泛接受的叙述。

> 奥斯曼男爵被公认为史上最伟大的城市规划师之一，他在近一个世纪前重新设计了巴黎。1852年，他受到拿破仑三世的委托，手拿巨人保罗·班扬（Paul Bunyan）的巨大面包刀，毅然劈开了一座中世纪的城市。他在地图上准确地测量了每条街道的位置，决定在哪里开辟宽阔的林荫大道，并全力以赴实现他的设想。他将那些肮脏发霉的中世纪建筑物改建成宽敞的大道，让老鼠和冲动的市民的藏身处失去了遮掩。当革命爆发时，这些市民总会拿着长矛筑起路障。现在，他们再也没办法这么做了。[20]

这篇文章认为奥斯曼男爵是"有史以来最伟大的城市规划师"，这种说法或许过于天真。然而，其他博学多才的作家也提出了类似的观点，即奥斯曼男爵是城市规划学科的创始者之一，是"第一个从整体角度看待城市的人"[21]。

事实上，奥斯曼男爵并没有提出原创性的观点，七月王朝的城市规划者、拿破仑三世本人的"彩色计划"和西蒙委员会的记录中早已有所记载。奥斯曼在实际规划方面的贡献也相对有限，因为关键的城市轴线已经由他人确定。相比之下，奥斯曼更多地采取了机会主义的方法，并非具有远见的城市规划者。在解决社会问题方面，他几乎没有采用严谨的方法论，而其他人在那个时候已经开始这样做了。他的美学概念几乎仅限于系统性地将圆顶结构作为道路结束。奥斯曼有很多优点，但他更像是一个实干家，而非城市梦想家。

只有在一个意义上，奥斯曼才是一位伟大的城市规划师，他能够应对和整合城市发展中的各种突发事件，从而实现一个具有独特和可辨识特征的城市规划结果，满足时代的需求。他的价值不在于规划本身，而在于如何行动和处理现有问题，以敏锐甚至是愤世嫉俗的技巧来克服政治和金融上的障碍。从这个意义上来说，奥斯曼堪称最杰出的城市规划师。

****

1870年春天，皇帝的健康状况日益恶化。他抱怨说感觉膀胱内像被针刺一样。6月，医生杰尔曼·西（Germain See）给他检查后确信皇帝患有膀胱结石。在与医生们商议后，皇帝决定不进行探查性手术，因为担心手术可能致命。他们向拿破仑三世的随从们隐瞒了他们的怀疑，轻描淡写地描述了病情。

随着拿破仑三世身体状况日趋恶化之下，第二帝国也正迅速走向衰落。这个时候，一件看似不起眼的事件却成了引发最终浩劫的导火索——1868 年西班牙女王伊莎贝拉二世被废黜，引发了一系列连锁反应。在欧洲各国之间，有一种提议流传开来，即选派一位德国王子作为西班牙国王的继承人，这激怒了法国。尽管这个提议被撤回，但法国人坚持认为这还不够，他们要求威廉一世公开道歉。然而，普鲁士国王并没有打算让步。就在这时，俾斯麦巧妙地策划了一系列外交挑衅事件，与法国越来越高涨的好战情绪结合在一起。阿道夫·梯也尔保持了独立思考，他深刻地意识到普鲁士已经准备好与法国开战。"奥地利之所以灭亡，是因为它没有做好准备，"他警告道，"我们不应该重蹈覆辙。"[22]

战火的烈焰日益燃烧，局势变得愈发紧张。立法议会上的代表们发表着激烈的演讲，坚定表示法国别无选择，只能采取武力行动。战争部部长更是公开表示，法国军队已做好准备，要给普鲁士人一个深刻的教训，绝不容许任何意外发生。"绑在腿上的扣子一粒也没有少"。于是，1870 年 7 月 19 日，法国向普鲁士正式宣战。

军队一呼而起，拿破仑三世亲临前线。尽管他痛苦不堪，难以忍受马车的折磨，但仍努力尝试骑上马匹。然而，他的身体状况很差，小便失禁，因此必须由他人扶持至适当位置并穿上尿布，但他只能支撑很短的时间。显然，他无法为军事指挥提供任何帮助。

第二帝国的崩溃和其辉煌成就一样令人惊叹。截至 1870 年 9 月 1 日，由于法军最高统帅部一系列笨拙的误判，普鲁士军队将大部分法军以及皇帝本人困在色当镇。第二天,皇帝拖着病重的身躯在战场上徘徊,普鲁士的炮弹像雨点般落下。他坚定地认为,只有战死沙场才能保证他的王朝延续,或者至少保全他的荣誉。然而,在当天傍晚时分,他仍然活着,并且投降了。

消息在9月3日晚间传到巴黎,但欧仁妮依然不愿放弃摄政的职位。然而,当色当灾难的消息传播开来时,一群暴民聚集在杜乐丽宫门前,最终她被说服,在奥地利大使和意大利大使的协助下,她逃出了卢浮宫,跳上了圣日耳曼奥塞尔教堂前的一辆出租马车。与此同时,市政厅内,莱昂·甘必大、朱尔·法弗尔和朱尔斯·费里正在宣布帝国的终结,成立共和国,组建国防政府。

欧仁妮不知道该去哪里,她唯一的想法就是尽快离开市中心,避免被疯狂的人群发现。于是,她决定去一个名叫托马斯·埃文斯(Thomas Evans)的美国牙医家里,他住在皇后大道上,那里远离骚乱。埃文斯成功地将欧仁妮送到了多维尔,并借用了一艘小船,将这位前皇后安全地送到了英国。

与此同时,精疲力竭、还在尿血的拿破仑三世被俘,途径比利时,被囚禁在今天德国卡塞尔附近的威廉丘宫(Wilhelmshöhe Castle)。

在那个冬天,为了避免市内作战,普鲁士人在巴黎周围设立了营地。随着围困的延续,天气逐渐寒冷,巴黎人被逼到了极限。关于吃老鼠和猫的传闻四处传播,动物园中的大象、羚羊和骆驼也被当作食物送到了餐桌上。除了食品危机以外,更可怕的是燃料也极度短缺。煤炭和天然气耗尽后,人们开始砍伐树木，即使是香榭丽舍大道上的树木也无法幸免。营养不良和严寒导致许多人丧生。到了1871年1月底，由于居民的艰难生活境遇，每次试图反抗普鲁士军队的尝试都让法国付出沉重代价，停战谈判正式开始。1871年1月18日，在凡尔赛宫的镜厅举行的仪式上，威廉一世宣布建立统一的德意志帝国。1871年1月26日，双方签署了停战协议。

1871年3月，这位对德国人而言毫无价值的前法国皇帝终于获得了释放。他和家人被安顿在奇斯尔赫斯特，如今伦敦的布罗姆利区。然而，他的身体状况非常糟糕，只剩下不到两年可活。

1871年3月，凡尔赛的保守派反战的国家政府与坚决反对投降的巴黎共和党人之间的不信任达到了顶点。在德国占领者的监视下，巴黎宣布成为自治公社，随即内战爆发。

凡尔赛军队撤退后重新集结，于1871年5月21日星期日下午回到巴黎，成功突破了城市的防御工事。他们在凯旋门建立了阵地，并开始对驻扎在杜乐丽花园的联邦炮兵进行炮击。瞬间，巴黎变成了一座战场，炮弹在香榭丽舍大街上空飞过，犹如雨点般从蒙马特高地倾泻而下，步兵在林荫大道上激烈战斗。同时，更为专业的法国正规军从西面穿过城市，占领了蒙马特和蒙鲁日地区。到了周三，战争已经蔓延至了市中心。

1871年5月23日星期二晚上，女演员玛丽·科隆比耶（Marie Colombier）与她的朋友们站在圣日耳曼昂莱的露台上，远眺巴黎。在她后来的回忆录中，她生动地描绘了当时的场景：

巴黎的重生

当晚,我们注视着远处的巴黎,看到一束光渐渐扩大,形成了一团火焰,又散成成缤纷的红色,如同一条大绒毯覆盖了整个地平线。我们面面相觑,瞬间惊呼:"天啊!这些狂热分子竟敢纵火烧毁巴黎!"

火焰发出咆哮的低音,不断被干燥的步枪声打断……风裹挟着火星在我们头顶上旋转,仿佛是会计法庭上的羊皮纸,或者更准确地说,是第二帝国时代的历史,正在一页页地消失。这段既愚蠢又伟大的时代结束了!巴尔扎克在这个时代的奇幻冒险中实现的梦想也结束了。[23]

第十九章

共和国首都

第十九章 共和国首都

1871年5月29日，星期一，新的一周开始了，军队仍在城市北部和东部的最后要塞中清剿叛乱分子。囚犯队伍沿着香榭丽舍大街排开，被押往凡尔赛，有的将被监禁，有的将被驱逐出境，还有的将被处决。巴黎到处流传着公社成员犯下的恐怖行径，令人震惊。

总部位于凡尔赛的政府的反应极其恐怖，令人作呕。在这个血腥的一周中，约有17000至35000人丧生，其中包括许多妇女和儿童。考虑到死亡和被监禁、驱逐或流放的人数，几天内，巴黎的人口就减少了10万。[1]

战斗结束后，巴黎的居民们重新涌上街头，目之所及，令人心惊肉跳。街道上到处都是尸体，道路两旁的石块被掀开，用来筑造街垒。工人们忙碌不停，希望尽快清理掉这些尸体。无论走到哪里，都能看到血迹、弹孔和炮火的痕迹。左拉对此做了深刻的记录："过去的六天，巴黎就像一座巨大的墓地，我们没有足够的人力来掩埋这些尸体……整座城市宛如一片悲伤的墓地，火焰都无法净化人行道上弥漫的死亡气息。"[2]

大火严重破坏了巴黎的建筑物。皇家宫殿大部分被毁，卢浮宫的图书馆和珍贵的藏品被烧毁，幸好火势得到了控制，没有蔓延至其他建筑物。位于里沃利街和卡斯蒂廖内街交汇处的财政部也变成了一片废墟，皇家大道的大部分区域也被摧毁，建筑物纷纷倒塌。杜乐丽宫内部被完全烧空，但大部分的结构还在。

壮观的市政厅已经被彻底摧毁，连同位于维多利亚大道上的侧楼，里面珍藏的家具、艺术品、图书以及自从大革命以来的城市记录全数毁于一旦。抒情歌剧院，即现如今的城市剧院，已变成一座空洞的废墟。而在广场的另一侧，尽管夏特莱剧院也受到了大火的危害，但幸亏有英勇的消防员和工作人员，使其得以幸存。然而，塞瓦斯托波尔大道的建筑上，火势仍在蔓延。

西岱岛上的法院建筑群遭到了严重破坏，包括两座中世纪塔楼、刚刚竣工的约瑟夫–路易·杜克部分建筑以及警察总部。只有圣礼拜堂幸免于难，但周围都是一片废墟。一些恶意纵火者曾试图放火焚烧老主宫医院（对面的新医院正在建设中）和巴黎圣母院，但幸运的是，警觉的员工及时阻止了他们的行动。

左岸的奥赛宫曾是国家议会和会计院的驻地，然而，令人遗憾的是，它也被烧毁了。此外，包括里尔街和巴赫街在内的整条街道都被毁坏了，就连信托局也无法幸免。

城市中遍布着被烧毁的建筑物焦黑的废墟，包括位于水塔广场的联合百货公司、里昂火车站、高伯兰工厂、圣厄斯塔什教堂的部分区域，还有维莱特的仓库、商店、餐馆和咖啡馆等。整座城市的经济损失高达 10 亿法郎。

第十九章 共和国首都

过去一年来,巴黎经历了一系列令人震惊的悲剧。作为一个经历战败、饱受屈辱、四分五裂的国家的首都,巴黎仍然处于占领之下。然而,已经有一些人开始寻求重生的途径。在巴黎第六区,区长张贴了标语牌,上面写着:"现在,我们的任务是弥合悲伤,治愈伤口。内战造成了许多受害者,并加重了许多不幸。我们将在尽职尽责和热爱国家的指引下,勇敢地投入工作。我们必将逐渐从废墟中崛起。"[3]

在第三次尝试中,法国即将建立起一个持久的共和国。虽然政治共识尚未完全达成,但大家都渴望翻开新的一页。在某种程度上,民主制度已经成为默认的唯一选择。

****

在第三共和国初期,对于第二帝国对巴黎的改造,许多人持有否定的态度。1872年出版的拉鲁斯百科全书中的一篇文章很好地总结了当时的主流观点:

> (奥斯曼)以其独特的坚韧,不顾阻碍、批评和有关合法性的质疑,在没有监督的情况下进行了一系列备受谴责的信贷操作……如果他仅限于清理和美化巴黎,并谨慎有度地工作,我们也会对他表示赞赏。但他的行动中掺杂了政治意图,强制工人阶级迁居,导致租金上涨,给贫困人口带来灾难。此外,他试图同时推进多项事务,毫无理由地推翻富裕社区,给巴黎人带来了骚乱,巴黎人对此深感遗憾。[4]

马克西姆·杜·坎普等人则坚定地提醒人们回忆起这座城市所带来的各种好处：

> 为了避免法国首都"窒息"而死，我们必须完成这项巨大的清洁和通风工程。然而，遗憾的是，目前这项工程已经被停止了。这使我们的城市承担了过多的财政支出，经常需要作出痛苦的牺牲，但这是不可否认的。[5]

奥斯曼下台后的三年里，塞纳省陆续换了三位省长。亨利·谢弗罗忙于处理日益衰弱的帝国政权的政治问题，他的任期很短暂。朱尔斯·费里则陷入了管理一座被围困城市的极端困境。而莱昂·萨伊则专心致志地从围攻和巴黎公社的创伤中恢复过来，重新建立城市的财政秩序，恢复起被大火摧毁的出生、死亡和婚姻登记系统。在这段艰难的时期，重点并不在于推进建设项目或进行任何不必要的开支。

****

1873年10月28日晚上，位于巴黎佩勒蒂埃街的一栋建筑突然起火。这幢建筑已作为巴黎歌剧院的临时场所使用了整整50年。火势迅速蔓延，到了次日晚上，整座建筑已经完全被烈焰吞噬。

过去三年来，政府一直在激烈争论，考虑到国家和财政状况，为巴黎建造一座奢华的新歌剧院是否是一项当务之急或是正确的象征。然而，这座建筑已接近完工，以至于政府不清楚还有什么其他选择。面对歌剧院的宾客和捐款人突然失去了场所的困境，新歌剧院的开放变得非常急迫。因此，政府指示加尼耶尽快交付这座建筑。

新剧院之前的十四年建设过程中充满了各种挑战。第一次测试表明，除了沙质地形外，场地的地下水位也极高。因此，加尼耶需要开发创新的抽水和挖掘技术，并建立新的双层混凝土壳基础来应对这个问题。此外，还有其他许多困难需要克服：设计一个既精美又防火的大厅天花板；在人们对声学科学了解有限的情况下，解决大厅的声学问题成为令人头痛的难题；设计一个大小和深度适合观众和挑剔的音乐家的乐队演奏池；另外，在围攻、内战以及三个不同政权的更迭下完成建设，显然也是一个巨大的挑战。

随着开幕日的临近，还有无数琐碎的事情要处理。然而，加尼耶特别关注的是大楼梯的天花板。专门绘制战争场景的画家伊西多尔·皮尔斯（Isidore Pils）对加尼耶要求的神话主题感到有些困扰。"为什么他宁愿画整个军团，却不愿画维纳斯的躯干呢？"加尼耶开玩笑地说道。[6]当皮尔斯完成了天花板所需的四张画布时，加尼耶对这件作品并没有不满，但他担心它们会让空间显得太暗。而此时距离开幕只有两个月的时间了，为了评估整体效果，加尼耶决定立即开始将画布固定在天花板上。

随着这些画作固定完成，很明显，加尼耶的担忧不无根据，这些画作需要进行大量的重制。皮尔斯勇敢地爬上脚手架，继续着他的工作，在两个学生的帮助下，坚持在原地绘制画布。但是，一连几天在头顶上刷漆，不断地爬上爬下脚手架，这些工作让已经61岁的皮尔斯不堪重负，最终他病倒了。他只能让学生们独自完成这项工作。

这两位年轻人工作起来充满活力,边作画边唱歌,不顾午饭,频繁吸烟,甚至把模特带上脚手架的顶部来摆姿势,周围充斥着工地的敲打声和其他噪声。正式开幕的前一天,他们依然忙碌不停,加尼耶不得不强制让他们停下来。皮尔斯扶着医生的手臂走了进来,脚手架被移开了。他们抬起头,屏住呼吸。加尼耶回忆起那一刻:"一种愉悦的情绪在所有人中弥漫开来。非常完美、效果美轮美奂!这幅画柔和而闪亮!皮尔斯成功了!"[7]

当然,除了壮观的楼梯和天花板外,这座建筑还有更多的内容。门厅、前厅、休息室、舞蹈室、大厅、阳台、更衣室、排练室、图书室、机械设备、布景和服装空间、灯光设备——所有都经过了精心设计和组装,布满了装饰品、画作和雕塑。歌剧院不仅是加尼耶的杰作,它还展示了这个国家艺术的精髓,是一件完美无瑕的艺术品。

但有一件事让加尼耶感到烦恼,那就是外界对于歌剧院艺术作品的花费提出的批评:

> 这座伟大的歌剧院博物馆将永远作为法国绘画和雕塑学派的荣耀保存下来。我深信,外国人来到我们美丽的国家,并非为了研究我们的政治或者管理方式,而是为了欣赏我们的艺术作品。尽管我们经历了痛苦和悲伤,但艺术家们从不畏惧其他国家的霸权。因此,让我们毫不保留、广泛地展示这些作品,它们就是我们生

活的一部分。如果有些不幸的人开始在这方面提倡节约，那就让我们告诉自己，对一个国家而言，在艺术方面的节约就像给一个严重发烧的人节约奎宁一样，危险无比。[8]

1875年1月5日，人们怀着忐忑的心情等待着歌剧院的开幕。数周来，人们纷纷利用自己的关系争取门票。各部长和大使都计划出席。仍在凡尔赛宫召开会议的众议院甚至缩短了当天的日程安排，以便让议员们能够及时返回巴黎，参加晚间的歌剧院开幕仪式。

当时针指向晚上7点时，歌剧院广场上挤满了期待已久的人群。观众们第一次登上台阶，踏入了这座宏伟的建筑之中。他们穿过低矮的弧形前厅，经过拉莫（Rameau）、吕利（Lully）、格鲁克（Gluck）和亨德尔（Handel）的雕像，逐渐发现了休息室、楼梯间和门厅。

晚上7点45分，法国总统帕特里斯·德·麦克马洪（Patrice de Mac-Mahon）和夫人抵达了歌剧院博物馆。不久后，喇叭声宣告了伦敦市长的到来，他身着全套盛装郑重出席。楼梯上的煤气灯散发出夺目的光芒，石灰石、黑玛瑙、铜和各种大理石展现出温暖的色调展，这些材料都是加尼耶亲自跑遍了西班牙到瑞典的采石场挑选而来。每一个角落都装饰着精巧的雕刻作品，呈现出精湛的工艺。围栏、阳台和栏杆上到处都是华丽的建筑图案，柱子、柱顶和飞檐交织在一起，令人目不暇接。高高的圆顶天花板上挂着伊西多尔·皮尔斯绘制的阿波罗和俄耳甫斯，令人赞叹不已。

中场休息时，查尔斯·加尼耶走上大楼梯的平台。观众挤满了下方的地板、门厅，以及他周围和上方的阳台。现场掌声雷动，欢呼声不断。加尼耶容光焕发，异常激动，仿佛他自己刚刚扮演了《犹太女》（*La Juive*）中的男高音角色。在历史上，很少有建筑师能够像他这样直截了当地、以如此压倒性的方式获得公众的赞赏。

****

1873年5月，费迪南德·杜瓦尔（Ferdinand Duval）被委任为塞纳省省长，他将担任此职务长达六年。杜瓦尔在财政方面极为谨慎，但仍不断推动新道路、下水道和楼房的建设。尽管帝国与共和国在意识形态上存在差异，但巴黎的城市规划工作仍在不断进行。特别是现代化进程变得比以往任何时候都更加紧迫。在新的民主背景下，改善城市的愿景已经失去了政治上的敏感性。巴黎市民对建设一个有望成为世界之都的城市的热情与激情仍未减退。

杜瓦尔政府的第一批工程是被战争中断的两个主要工程：圣日耳曼大道和歌剧院大街。

圣日耳曼大道的中间部分，从圣多米尼克街到老喜剧院街，目前尚未修建，这部分可能引发争议，因为修建此路段可能会破坏左岸地区一些历史悠久的街道，特别是塔兰尼街和医学院街的一部分，以及圣日耳曼德佩修道院教堂的一些建筑物。此外，政府还计划在修建林荫大道的同时，在教堂前建造一个更大的广场，以取代较小的中世纪广场及其连接的街道。尽管存在争议，政府依旧坚持推进工程。圣日耳曼大道的修建于1874年重新启动，而东西向的左岸主要道路也在1877年完工。

1873年，拿破仑大道更名为歌剧院大街，但直到1875年，只有朝向歌剧院正面的短段才完工，长度约为100码。随后，歌剧院大楼开放后，人们意识到这条大道需要完善，以便为加尼耶的作品提供一个完整的视角。这形成了一个悖论：建筑选址是为了给规划中的道路提供视角，但人们记得最初的情况是相反的。1876年6月，完成这条大道的授权法令公布。征用工作在年底完成，随后开始施工。这是一项规模庞大的工程，需要进行大量土木工程，还需要摧毁一个工人阶级社区——穆兰高地。这条大道连接着卢浮宫、歌剧院和更远的圣拉扎尔火车站，尽管它实际上是在第三共和国时期建造的，却是第二帝国时期的标志性建筑之一。它直到建成三年后才对外开放，距离其动工已经过去了近30年。

许多新的街道都是在杜瓦尔及其继任者的领导下构思并建造的。实际上，在1870年之后的20年间，修建的街道总长度与第二帝国时期相当。其中一些新街道实际上是在奥斯曼任职塞纳省省长期间曾尝试但未成功的项目，如从共和国大街延伸到拉雪兹公墓的街道，该街道直到1897年才开通，拉斯帕伊大道于1906年完成，奥斯曼大道的最后一段直到1927年才完工。其他的一些街道则是全新的构思。

实际上，第三共和国政府反对的并非第二帝国实际的城市规划，而是参与其中的人物和政治体系。朱尔·西蒙是第二帝国的共和党代表之一，也是第三共和国的杰出人物，他是朱尔斯·费里的亲密盟友。他回忆起19世纪60年代的时光,说道:"任何针对我们的共同敌人的言论都对我们有利。然而,现在对我们来说,奥斯曼的账目是否夸大已经不再重要。他承诺让巴黎成为一座壮丽的城市,他完全成功了……我们今天只有一个愿望:通过自由来完成专制主义开创的事业。"[9]

实际上,第二帝国和第三共和国的城市规划项目在时间上有很大的重叠,并且在很多方面也保持了连续性。特别值得一提的是阿道夫·阿尔芬,他在整个19世纪80年代末一直担任各个城市行政部门的公共工程主管,与奥斯曼一起发挥了关键作用。因此,许多人认为第三共和国的城市规划计划都是奥斯曼风格的。

1878年,巴黎又举办了一次世界博览会,这标志着战后的恢复。与此同时,梯也尔和麦克马洪总统的过渡时期也接近尾声。在1879年,严谨的议会民主党人儒勒·格雷维(Jules Grévy)当选总统,在巩固国家新治理模式方面扮演了决定性的角色。

奥斯曼仍然健在,住在协和广场附近的当格拉斯街一所小公寓里。然而,在几次商业冒险失败和短暂回归政界后,他已经被完全边缘化了。他成了一个遗物,一个属于过去时代的人物,那个时代大部分的主要人物已经去世,他的言论似乎也已无足轻重。1891年1月,他在严寒中死于肺炎,享年81岁。近300人的游行队伍护送他前往最后的安息之地——拉雪兹公墓,但没有国民政府或市议会的代表出席。

第三共和国的成就构成了巴黎城市历史上一个独立而重要

的篇章。这些成就包括无数的街道和建筑物的兴建，交通系统的重大改进，如巴黎地铁的创立，以及一座高 300 米的金属塔的建成。它们巩固了第二帝国时期的改革成果，将巴黎转变成了一座现代化工业城市，使其成了一个伟大民主国家的首都。

结　语

纵观历史，法国的君王和总统们为巴黎兴建了众多纪念碑。然而，第二帝国则将整个巴黎打造成了一座宏伟的纪念碑。

这一伟大事业受到了一种极为强大的理念的主导：巴黎要成为全球人文主义的中心。用奥斯曼的话来说："这座巨大城市的目标是成为现代文明的先驱，科学和艺术的摇篮，建筑师和工程师的杰作，善治的典范，以及19世纪名副其实的罗马。"[1]那些推动巴黎改造的人不仅是在改造他们的城市，更是肩负着拯救人类的使命。

这座诞生于这一伟大事业中的城市如此连贯，以至于很容易让人误以为它完全出自拿破仑三世的"彩色计划"。而实际情况是，这个过程相当混乱。在不断变化的现实、政治和财政限制下，这些项目被不断修改。这项事业之所以获得成功，是因为省长奥斯曼所奉行的极其务实的精神。奥斯曼不仅对愿景坚持己见，在实现目标的过程中也采用了既精明又狡猾的手段。就像历史学家克里斯托弗·米德（Christopher Mead）所写的那样："第二帝国的巴黎揭示了其作为一个活跃城市所经历的不断变化和不确定状态的程度。"[2]

尽管存在一些不完善和即兴发挥的地方，第二帝国对巴黎的规划表现出惊人的大胆。与之前的规划相比，这些规划是如此激进，以至于在旧地图上，巴黎人很难准确地找到他们熟悉的广场和大道。通过观察那些尚未实施的街道，人们可以了解到这些项目的大胆性，例如，雷恩大街计划穿越历史悠久的左岸街区，从圣日耳曼德佩广场一直延伸到塞纳河。多年来，塞纳省省长推动类似项目几乎成为例行公事。

在纽约，巴黎的成功引起了一些人的嫉妒。"自（内战）以来，纽约的精英们就对巴黎痴迷不已，因为巴黎是拿破仑三世第二帝国的耀眼首都。他们逐渐脱离多个世纪对英国的喜好，热情地追求法国的一切事物，从林荫大道到舞会礼服，从康康舞到动产信贷银行。"[3] 最让纽约人为之迷倒的是巴黎那种毫不掩饰的自上而下的方式，当时纽约正在面临精英与大众之间关系紧张的局面。奥斯曼强大的且高度集中的权力，以及巴黎城市成功扩张到整个城市群的成功经验，在19世纪60年代关于纽约城市整合和治理的辩论中被广泛引用。一位纽约人曾写道："专制政府通常是糟糕的，但拿破仑三世在巴黎创造的奇迹……这让我们希望有个类似的人能来纽约当皇帝，至少当个十年左右。"[4]

但是，美国人从第二帝国巴黎学到的东西却是错误的。当时美国掀起了一股建设城市纪念碑的热潮，但美国人忽视了这样一个事实：在巴黎，美丽的不只是纪念碑，而是整座城市。巴黎的公共空间是由一个建筑师和工程师组成的城市管理部门精心设计和维护的，他们努力使每一个公园长椅和路灯都像第二帝国社会所希望的那样优雅。"美化城市"运动的发起人查尔斯·穆尔福德·罗宾逊（Charles Mulford Robinson）了解这一事实，并对美国人未能吸收这一优点感到沮丧。为了向他的同胞们解释需要把重点放在使这座城市形成的许多细节上，他描述了巴黎苗圃和园丁的工作、禁止在灯杆上张贴告示的规定、各种建筑物之间保持和谐的规定，以及该市维护行车大道和散步道的做法。当他提到孚日广场及其"永久禁止改变任何结构的形状或设计"时，他触及了问题的核心：为了共享空间的质量，人们愿意对私人权利加以限制。[5]法兰西第二帝国果断作出了这种社会选择，这才是巴黎城市环境质量的根本原因。

巴黎改造的原则是专制的，这是社会的倒退，毋庸置疑。金融和房地产交易，即使不是完全应该受到谴责，也是值得怀疑的。许多涉案人员道德败坏，令人震惊。巴黎大改造摧毁了具有无可替代的特色和历史的整个社区，颠覆了成千上万普通人的生活。一个人一旦了解了这段历史，在圣日耳曼大道上走过时，就不能不想起被人遗忘的塔兰尼街；在共和国广场上走过时，就不能不想起圣殿大道上熙熙攘攘的生活；在西岱岛上走过时，就不能不想起富裕的中世纪街区已经消失。毫无疑问，换了别人，巴黎大改造可以用一种更感性的方式来完成，而不必为了实现现代化的目标而盲目地牺牲这座城市的历史特征。

与此同时，巴黎正面临着一个新工业时代的挑战，当时的领导人能果断地挺身而出，值得我们钦佩。幸运的是，重建的质量总体上是高的。尽管我们在感情上仍然模棱两可，带有怀旧的色彩，但我们必须承认，通过他们的远见和工作质量，第二帝国的建筑师、工程师和管理者创造了我们也会喜欢的东西。

事实证明，第二帝国的巴黎是经得起时间考验的。它的结构至今仍然完好，没有大的变化。每天，数以百万计的人使用第二帝国时期修建的街道、火车站、公园、区市政厅和其他城市设施。游客们继续涌入这座城市，不仅为纪念碑而惊叹，也为整座城市而赞叹。巴黎的林荫大道仍然传达着世界公认的优雅、奢华和美丽的形象。

路易-拿破仑，这位不可思议的法国未来领导人，在1848年9月那个决定性的日子抵达北站，他的愿景最终成为现实，这真是非同寻常。最终，他成功地促成了资金、能源和人力资源的调配，永远改变了这个世界上最大城市之一的面貌。这个由拿破仑三世的愿景、奥斯曼的坚韧，以及整个社会的文化所创造的城市，成了一个现代、实用和美丽城市的原型，不同于我们所知道的或将会知道的任何城市。

巴黎的改造是一个令人惊叹的故事，它展示了伟大愿景与现实的交会。它提醒我们，伟大的愿景能够带来真正的改变。它激发着我们思考社会的城市愿景，促使我们反思，我们希望为子孙后代建造一个怎样的世界。

参考文献

第一章　凡尔赛的阴影

1. Voltaire, "Des Embellissements de Paris," in *Oeuvres complètes de Voltaire,* vol. 38 (Paris: Delangle Frères, 1827), p. 43.

2. Voltaire, "Observations sur MM. Jean Law, Melon, et Dutot; sur le commerce, le luxe, la monnaie et les impôts," in ibid., p. 30.

3. Voltaire, "Des Embellissements de Paris," p. 50.

4. Ibid., pp. 53–54.

5. Michel Ulysse Maynard, *Voltaire, sa vie et ses oeuvres,* vol. 1 (Paris: Am- broise Bray, 1867), p. 494.

6. Louis-Sébastien Mercier, *Tableau de Paris* (Hamburg: Virchaux et Com- pagnie; Neufchâtel: Samuel Fauché, 1781), pp. 57–60.

第二章　多变的世界

1. "Des Machines à vapeur locomotives," *Le Magasin pittoresque* 5 (1837): p. 387.

2. Marie-Louise Biver, *Le Paris de Napoléon* (Paris: Librairie Plon, 1963), p. 36.

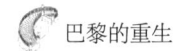

3. *Galignani's New Paris Guide* (Paris: Galignani, 1839), p. 148.

4. F. Hervé, *How to Enjoy Paris in 1842* (Paris: Amyot; London: G. Briggs, 1842), pp. 116–117.

5. Frances Trollope, *Paris and the Parisians in 1835* (London: Richard Bentley, 1836), p. 26.

6. Jörg Aufenanger, *Heinrich Heine in Paris* (Munich: Deutscher Taschenbuch Verlag, 2005), p. 40.

7. Marie-Christine Vila, *Paris musique* (Paris: Parigramme, 2007), pp. 134–35.

8. Octave Uzanne, quoted in ibid., p. 135.

9. James Fenimore Cooper, *Recollections of Europe* (Paris: Baudry's European Library, 1837), pp. 227–28.

10. Louis Léger, *Nicolas Gogol* (Paris: Bloud et Cie, 1914), p. 30.

11. Hervé, *How to Enjoy Paris in 1842*, pp. 47, 119.

12. Victor Considerant, *Destinée sociale* (Paris: Libraires du Palais-Royal, 1834), p. 462.

13. Jules Janin, *Un Eté à Paris* (Paris: L. Curmer, 1844), pp. 13–15.

14. *Galignani's New Paris Guide*, pp. 126–27.

第三章 工业时代的梦想家

1. Eric Anceau, *Napoléon III* (Paris: Tallandier, 2008), p. 43.

2. Louis-Napoléon Bonaparte, *L'Extinction du paupérisme* (Paris: Pagnerre, 1844), p. 11.

3. Anceau, *Napoléon III*, p. 15.

4. Alexis de Tocqueville quoted in ibid., p. 213.

5. Albert Dresden Vandam, *An Englishman in Paris* (London: Chapman & Hall, 1892), p. 154.

6. Joseph d'Arçay, *Notes inédites sur M. Thiers* (Paris: Paul Ollendorff, 1888), p. 166.

第四章 "王子总统"与巴黎

1. Victor de Persigny, *Mémoires* (Paris: Librairie Plon, 1896), p. 2.
2. *Discours, messages et proclamations de S. M. Napoléon III, empereur des Français* (Mirecourt: Humbert, 1860), p. 3.
3. Louis-Napoléon quoted in Pierre Pinon, *Atlas du Paris haussmannien* (Paris: Parigramme, 2002), p. 43.
4. *Discours, messages et proclamation de S. M. Napoléon III, empereur des Français*, p. 57.

第五章 新帝国

1. *Discours, messages et proclamation de S. M. Napoléon III, empereur des Français*, (Mirecourt: Humbert, 1860), p. 58.
2. Eric Anceau, *Napoléon III* (Paris: Tallandier, 2008), p. 207.
3. Ibid., p. 228.
4. Pauline von Metternich, "*Je ne suis pas jolie je suis pire*" (Paris: Tallandier, 2008), p. 36.
5. The duchess of Cobourg quoted in Guy des Cars, *Eugénie, la dernière impératrice* (Paris: Perrin, 2000), p. 245.
6. Albert Dresden Vandam, *An Englishman in Paris* (London: Chapman & Hall, 1892), p. 109.
7. Von Metternich, "*Je ne suis pas jolie je suis pire*," pp. 75–76.
8. Théophile Gautier, *Spirite* (Paris: Charpentier, 1866), pp. 22–23.
9. Emile Zola, *La Curée* (Paris: G. Charpentier et E. Fasquelle, 1895), pp. 17–18.

10. Christian Merruau, *Souvenirs de l'Hôtel de Ville, 1848–1852* (Paris: E. Plon et Cie, 1875), p. 365.

11. Anceau, *Napoléon III*, p. 294.

12. Merruau, *Souvenirs de l'Hôtel de Ville, 1848–1852,* p. 496.

13. Georges-Eugène Haussmann, *Mémoires du Baron Haussmann*, vol. 2 (Paris: Victor-Havard, 1890), p. 257.

14. Michel Chevalier, *Politique industrielle* (Paris: Religion Saint-Simonienne, 1832), p. 48.

15. Georges-Eugène Haussmann, *Mémoires du Baron Haussmann*, vol. 3 (Paris: Victor-Havard, 1893), p. 43.

16. Anceau, *Napoléon III,* p. 266.

17. Ibid., p. 313.

18. Henry Kepler, *Man About Paris: The Confessions of Arsène Houssaye* (New York: William Morrow, 1970), p. 224.

19. Merruau, *Souvenirs de l'Hôtel de Ville, 1848–1852,* pp. 375–78.

20. Duc de Persigny, *Mémoires du Duc de Persigny* (Paris: H. de Laire d'Espagny, 1896), pp. 238–39.

第六章　绝佳人选

1. Georges-Eugène Haussmann, *Mémoires du Baron Haussmann*, vol. 2 (Paris: Victor-Havard, 1890), p. 9.

2. Duc de Persigny, *Mémoires du Duc de Persigny* (Paris: H. de Laire d'Espagny, 1896), p. 253.

3. Ibid., p. 254.

4. Georges-Eugène Haussmann, *Mémoires du Baron Haussmann,* vol. 1 (Paris: Victor-Havard, 1890), p. 15.

5. Haussmann, *Mémoires du Baron Haussmann,* vol. 2, p. 84.

6. J. M. Gorges, *La Dette publique* (Paris: Guillaumin et Cie et Charavay Frères, 1884), p. 255.
7. Haussmann, *Mémoires du Baron Haussmann,* vol. 2, p. 196.
8. Ibid., p. 87.

第七章　大刀阔斧

1. Haussmann, *Mémoires du Baron Haussmann*, vol. 3, p. 54.
2. Georges-Eugène Haussmann, quoted in Pinon, *Atlas du Paris Haussmanien* (Paris: Parigramme, 2002), p. 55.
3. Haussmann, *Mémoires du Baron Haussmann,* vol. 2 (Paris: Victor-Havard, 1890), p. 191.
4. Ibid., p. 257.
5. Haussmann, *Mémoires du Baron Haussmann,* vol. 3, p. 40.
6. Ibid., p. 479.
7. Emile Zola, *Le Ventre de Paris* (Paris: Charpentier, 1876), p. 218.

第八章　建造帝国

1. Pierre Larousse, *Grand Dictionnaire universel du XIXe siècle,* vol. 5 (Paris: Administration du Grand Dictionnaire universel, 1869), p. 471.
2. *Galignani's New Paris Guide for 1867* (Paris: A. and W. Galignani and Co., 1867), p. 210.
3. W. Pembroke Fetridge, *Harper's Handbook for Travelers in Europe and the East* (New York: Harper & Brothers, 1868), p. 92.
4. Adolphe Démy, *Essai historique sue les expositions universelles de Paris* (Paris: Librairie Alphonse Picard, 1907), p. 92.

5. Georges-Eugène Haussmann, *Mémoires du Baron Haussmann,* vol. 3 (Paris: Victor-Havard, 1893), p. 490–91.

6. Ibid., pp. 496–97.

7. Marie-Jeanne Dumont, *Le Logement social à Paris, 1850–1930* (Liège: Mardaga, 1991), p. 11.

8. Catherine Granger, *L'Empereur et les arts: La liste civile de Napoléon III* (Paris: Ecole Nationale des Chartes, 2005), p. 89.

9. Letter from Prosper Mérimée, October 19, 1856, quoted in Louis Girard, *Napoléon III* (Paris: Fayard, 1982), p. 262.

10. Haussmann, *Mémoires du Baron Haussmann,* vol. 3, p. 55.

第九章　庆祝新城

1. Georges-Eugène Haussmann, *Mémoires du Baron Haussmann,* vol. 3 (Paris: Victor-Havard, 1893), p. 326.

2. Figures given in Maxime Du Camp, "Les Voitures publiques dans la ville de Paris, les fiacres et les omnibus," *Revue des deux mondes,* May 15, 1867, p. 343.

3. *Rapport sur l'exposition universelle de 1855* (Paris: Imprimerie Impériale, 1857), p. 403.

4. Imbert de Saint-Amand, *Napoléon III et sa cour* (Paris: Librairie Dentu, 1897), p. 405.

5. Albert Dresden Vandam, *An Englishman in Paris* (London: Chapman & Hall, 1892), p. 154.

6. Imbert de Saint-Amand, *Napoléon III et sa cour,* p. 444.

7. "The Peace Conference," *New York Times,* August 23, 1898.

第十章　一片废墟

1. Georges-Eugène Haussmann, *Mémoires du Baron Haussmann,* vol. 2 (Paris: Victor-Havard, 1890), p. 523.
2. Théophile Gautier, preface to Edouard Fournier, *Paris démoli* (Paris: Dentu, 1883), pp. 2–3.
3. Jean des Cars and Pierre Pinon, *Paris Haussmann* (Paris: Editions du Pavil- lon de l'Arsenal, 1991), p. 134.
4. Gautier, preface to Edouard Fournier, *Paris démoli,* p. 1.
5. Figure given in Maxime Du Camp, *Paris, ses organes, ses fonctions et sa vie* (Paris: Librairie Hachette et Cie, 1875), p. 120.
6. Both quotes are from "Le Cygne," in Charles Baudelaire, *Les Fleurs du mal* (Paris: Poulet-Malassis et de Broise, 1861), p. 204.
7. Charles Mangin, "Exposé et analyse du plan et projet présenté à l'Assemblée nationale avec les moyens d'en opérer l'éxécution," Paris, 1791, pp. 10–11.
8. Claude Dufresne, *Morny: L'Homme du Second Empire* (Paris: Librairie Aca- démique Perrin, 1983), p. 191.
9. Pierre Pinon, *Atlas du Paris haussmannien* (Paris: Parigramme, 2002), p. 87.
10. The constraint is quoted in ibid., p. 87.
11. "The Paris Exposition," *New York Times,* May 20, 1867.
12. Eric Hobsbawm, *The Age of Capital* (New York: Random House, 1975), p. 30.
13. Adolphe Démy, *Essai historique sue les expositions universelles de Paris* (Paris: Librairie Alphonse Picard, 1907), p. 81.
14. *Discours, messages et proclamations de S. M. Napoléon III, empereur des Francais* (Mirecourt: Humbert, 1860), pp. 134–35.

第十一章 《1.8 亿法郎协议》

1. Claude Dufresne, *Morny: L'Homme du Second Empire* (Paris: Librairie Académique Perrin, 1983), p. 193.
2. Georges-Eugène Haussmann, "Mémoire présenté au counseil municipal de Paris le 19 Mars 1858," *Journal des débats politiques et littéraires,* April 9, 1858.
3. Charles Simond, *Paris de 1800 à 1900,* vol. 2 (Paris: Librairie Plon, 1900), p. 519.
4. *Discours, messages et proclamations de S. M. Napoléon III, empereur des Français* (Mirecourt: Humbert, 1860), pp. 145–46.
5. Georges-Eugène Haussmann, *Mémoires du Baron Haussmann*, vol. 2 (Paris: Victor-Harvard, 1890), pp. 308–09.

第十二章 新城崛起

1. Pierre Lavedan, *Histoire de l'urbanisme à Paris* (Paris: Association pour la publication d'une histoire de Paris, 1975), p. 147.
2. Pierre Lepine, Preface to *Gabriel Davioud, architecte* (Paris: Délégation à l'action artistique de la ville de Paris, 1981), p. 3.
3. Eric Anceau, *La France de 1848 à 1870*, (Paris: Librairie Générale Francaise, 2002), p. 163.
4. Figure given in Jeanne Gaillard, *Paris, la ville* (Paris: L'Harmattan, 1997), p. 136.
5. Charles Barthélemy, *Le Deuxième Empire* (Paris: Librairie Blériot, 1889), p. 129.
6. Robin Middleton and David Watkin, *Neoclassical and Nineteenth Century Architecture* (London: Faber & Faber, 1987), p. 242.
7. Georges-Eugène Haussmann, "Mémoire présenté au conseil municipal de Paris le 19 Mars 1858," *Journal des débats politiques*

et littéraires, April 9, 1858.

8. Jean des Cars and Pierre Pinon, *Paris Haussmann* (Paris: Editions du Pavil- lon de l'Arsenal, 1991), p. 182.

第十三章　扩都与新纪念碑

1. Devincik quoted in Pierre Pinon, *Atlas du Paris haussmanien* (Paris: Pari- gramme, 2002), p. 71.

2. Pierre Casselle, "Napoléon III contre Haussmann?—Commission des "embellissements de Paris: Rapport présenté à l'empereur Napoléon III," Cahiers de la Rotonde, n. 23 (2000).

3. Georges-Eugène Haussmann, *Mémoires du Baron Haussmann,* vol. 2 (Paris: Victor-Havard, 1890), pp. 234–135.

4. Haussmann quoted in Pinon, *Atlas du Paris haussmanien,* p. 71.

5. Bernard Rouleau, *Villages et faubourgs de l'ancien Paris* (Paris: Le Seuil, 1985), p. 236.

6. Letter from Prosper Mérimée, November 27, 1860, quoted in Jacques de Brabant, *Achille Fould et son temps* (Pau: Editions Cairn, 2001), p. 384.

7. The background of the building of the Opéra and the avenue de l'Opéra is given in Christopher Mead, "Urban Contingency and the Problem of Representation in Second Empire Paris," *Journal of the Society of Architec- tural Historians* 54, no. 2 (June 1995): 138–74.

8. Gérard Fontaine, *Palais Garnier: le fantasme de l'Opéra* (Paris: Noesis, 1999), p. 93.

9. Jean-Michel Leniaud, *Charles Garnier* (Paris: Editions du Patrimoine, 2003), p. 52.

第十四章 四面楚歌的省长

1. *La Presse,* August 15, 1861.
2. *La Presse,* June 19, 1852.
3. Ibid.
4. *La Presse,* August 15, 1861.
5. Hippolyte Castille, *Les Frères Pereire* (Paris: E. Dentu, 1861), p. 41.
6. Jules Lechevalier Saint-André, *La Polémique et les affaires à l'occasion des grands travaux de Paris* (Paris: E. Dentu, 1861), p. 41.
7. *La Presse,* August 15, 1861.
8. Ibid.
9. Ibid.
10. Ibid.
11. Ibid.
12. Ibid.
13. *La Presse,* August 14, 1861.
14. *Archives diplomatiques,* vol. 3 (Paris: Amyot, 1861), pp. 393–94.
15. *Discours, messages, lettres et proclamations de S. M. Napoléon III, empereur des Français* (Mirecourt: Humbert, 1861), p. 178.
16. Our Paris Correspondence, *New York Times,* December 11, 1861.
17. Ibid.
18. L. Girard, *La Politique des travaux publics du Second Empire* (Paris: Colin, 1952), pp. 338–39.
19. Georges-Eugène Haussmann, *Mémoires du Baron Haussmann,* vol. 2 (Paris: Victor-Havard, 1890), p. 224.

20. Hippolyte Magen, "*Histoire du Second Empire* (Bordeaux: Bureaux des Journaux Illustrés, 1878), p. 332.
21. Georges-Eugène Haussmann, *Mémoires du Baron Haussmann,* vol. 3 (Paris: Victor-Havard, 1893), pp. 129–30.
22. *La Presse,* March 29, 1863.
23. Emile Ollivier, *L'Empire libéral,* vol. 10 (Paris: Garnier, 1905), p. 195.

第十五章　巴黎摇篮，夷为平地

1. Jean-Baptiste Antoine Lassus and Alfred Michiels, "Architecture religieuse et civile," in Paul Lacroix, *Histoire et description des mœurs en Europe,* vol. 5 (Paris: 1851), pp. 6–11.
2. "Semaine politique," *Revue nationale et étrangère politique, littéraire et scienti- fique,* August 24, 1867, p. 95.
3. Herveline Delhumeau, *Le Palais de la cité* (Paris: Cité de l'Architecture et du Patrimoine/MMF/Aristeas/Actes Sud, 2011), p. 115.
4. Georges Poisson in Jean-Marie Pérouse de Montclos, *Le Guide du Patri- moine: Paris* (Paris: Hachette, 1994), p. 72.
5. Georges-Eugène Haussmann, *Mémoires du Baron Haussmann,* vol. 3 (Paris: Victor-Havard, 1893), p. 535.
6. Pierre Larousse, *Grand Dictionnaire Universel du XIXe siècle,* vol. 4 (Paris: Administration du grand dictionnaire universel, 1869), p. 352.

第十六章　衰落先兆

1. Guy de Maupassant, "Menuet," in *Oeuvres complètes illustrées de Guy de Mau- passant, vol. 2* (Paris: P. Ollendorff, 1901), p. 81.

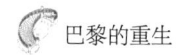

2. Letter from Georges-Eugène Haussmann to Gabriel Davioud, November 16, 1875, quoted in *Gabriel Davioud, architecte du Paris d'Haussmann* (Paris: Caisse nationale des monuments historiques et des sites, 1982), p. 10.

3. Quoted by Géraldine Texier-Rideau in *République, histoire d'une place,* study commissioned by the Urban Planning Department of the City of Paris, 2009, p. 17.

4. *Le Temps,* July 3, 1865.

5. Jacques de Brabant, *Achille Fould et son temps* (Pau: Editions Cairn, 2001), p. 284.

第十七章　魅力与衰败

1. Adolphe Thiers, *Discours parlementaires,* vol. 11 (Paris: Calmon, 1881), p. 91.

2. Napoléon III quoted in Hippolyte Magen, *Histoire du Second Empire* (Bordeaux: Bureaudes Journaux Illustrés, 1878), p. 402.

3. Taxile Delord, *Histoire du Second Empire,* vol. 3 (Paris: G. Baillière, 1874), p. 135.

4. Emile Zola, *L'Argent* (Paris: Flammarion, 2009), p. 288.

5. "The Paris Exposition," *New York Times,* May 14, 1867.

6. Théophile Gautier, "Revue des Théâtres," *Le Moniteur,* September 17, 1867.

7. "The Paris Exposition," *New York Times,* May 10, 1867.

8. "The Paris Exposition," *New York Times,* May 20, 1867.

9. "The Paris Exposition," *New York Times,* May 21, 1867.

10. Victor Hugo in *Paris-Guide* (Paris: A Lacroix, Verboeckhoven et Cie Editeurs, 1867), p. v.

11. "The Paris Exposition," *New York Times,* May 21, 1867.

12. Alfred Delvau, *Les Plaisirs de Paris* (Paris: Achille Faure Libraire-Editeur, 1867), p. 18.
13. Adolphe Alphand, preface to Georges-Eugène Haussmann, *Mémoires du Baron Haussmann,* vol. 3 (Paris: Victor-Havard, 1893), p. viii.
14. A Delvau, *Les Plaisirs de Paris*, p. 14.
15. *Galignani's New Paris Guide 1867* (Paris: Galignani, 1867), pp. 476–77.
16. Guy de Maupassant, "Ce cochon de Morin," in *Oeuvres complètes illustrées de Guy de Maupassant,* vol. 2 (Paris: P. Ollendorff, 1901), p. 12.
17. Emile Zola, *L'Argent,* p. 328.
18. Catherine Granger, *L'Empereur et les arts: La liste civile de Napoléon III* (Paris: Ecole Nationale des Chartes, 2005), p. 89.
19. Marie-Jeanne Dumont, *Le Logement social à Paris, 1850–1930* (Liège: Mardaga, 1991), p. 15.
20. Ibid.
21. Paulus, *Trente ans de Café-Concert* (Paris: Société d'Edition et de Publications, 1908), p. 73.
22. Pierre Larousse, supplement to *Grand Dictionnaire universel du XIXe siècle*; (Paris: Administration du Grand Dictionnaire universel, 1877), p. 977.
23. Ibid.
24. J. B. Duvergier, *Lois, décrets, ordonnances, règlements et avis du Conseil d'Etat* (Paris: Guyot et Scribe, 1867), p. 230.
25. David Van Zanten, *Designing Paris* (Cambridge: MIT Press, 1987), p. 231.
26. Pamphlet entitled "Les Folies Garnier," reproduced in Jean-Michel Leni-aud, *Charles Garnier* (Paris: Editions du Patrimoine, 2003), p. 61.

27. Eugène Viollet-le-Duc, *Entretiens sur l'architecture,* vol. 1 (Paris: A. Morel, 1863), p. 1.

28. John Summerson, *Heavenly Mansion and Other Essays on Architecture* (New York: W. W. Norton, 1963, p. 158.

29. Leniaud, *Charles Garnier,* p. 153.

30. François Loyer, "Le Triomphe de Louis XVI sous Napoléon III," in *L'Opéra et son quartier: Naissance de la ville moderne,* ed. François Loyer (Paris: Délégation à l' action artistique de la ville de Paris, 1997), p. 29.

31. Mark Twain, *The Innocents Abroad* (New York: Harper & Brothers, 1869), p. 154.

32. Mosette Broderick, *Triumvirate: McKim, Mead and White* (New York: Alfred A. Knopf, 2010), p.14.

33. Henri Cozic, *La Bourse mise à la portée de tous* (Paris: La Libraire Illustrée, 1885), p. 347.

34. Adolphy Démy, *Essai historique sue les expositions universelles de Paris* (Paris: Librairie Alphonse Picard, 1907), pp. 176–77.

35. "Paris During the Fetes," *New York Times,* June 28, 1867.

36. Letter from Maxime Du Camp to Gustave Flaubert, in Albert Thibau- det, preface to Gustave Flaubert, *L'Education sentimentale* (Paris: Editions Gallimard, 1965), p. 14.

第十八章　最后之战

1. Jules Ferry, "Les Aveux de M. le Préfet de la Seine," *Le Temps,* December 20, 1867.

2. Jules Ferry, *Les Comptes fantastiques d'Haussmann* (Paris: Armand Le Chevalier, 1868), p. 27.

3. Ibid., p. 26.

4. Ibid., p. 34.
5. Taxile Delord, *Histoire du Second Empire,* vol. 3 (Paris: G. Baillière, 1873), p. 325.
6. Hippolyte Magen, *Histoire du Second Empire* (Bordeaux: Bureaux des Jour- naux Illustrés, 1878), p. 490.
7. Taxile Delord, *Histoire du Second Empire*, vol. 5 (Paris: G. Baillière, 1875), p. 263.
8. Léon Gambetta, *Discours et plaidoyers politiques,* vol. 1 (Paris, Charpentier, 1881), p. 18.
9. J. B. Duvergier, *Lois, décrets, ordonnances, règlements et avis du Conseil d'Etat* (Paris: Guyot et scribe, 1869), p. 55.
10. Ibid., p. 58.
11. Henry Knepler, *Man About Paris* (New York: William Morrow, 1970), p. 294.
12. Quoted in Charles Barthélemy, *Le Deuxième Empire* (Paris: Librairie Blériot, 1889), p. 269.
13. Georges-Eugène Haussmann, *Mémoires du Baron Haussmann,* vol. 2 (Paris: Victor-Havard, 1890), p. 186.
14. L. Bouchard, "Les budgets du Second Empire et le régime financier en France," *Revue des deux mondes* 91 (1871): 212.
15. Haussmann, *Mémoires du Baron Haussmann*, vol. 2, p. 262.
16. Ibid., p. 533.
17. Amédée de Cesena, *Le Nouveau Paris* (Paris: Garnier Frères, 1863), p. 1.
18. Georges-Eugène Haussmann, "Mémoire présenté au conseil municipal de Paris le 19 Mars 1858," *Journal des débats politiques et littéraires,* April 9, 1858.
19. Haussmann, *Mémoires du Baron Haussmann*, vol. 2, p. 59.

20. Frances Stover, "The Man Who Remade Paris," *Milwaukee Journal,* July 15, 1947.

21. Françoise Choay, introduction to Georges-Eugène Haussmann, *Mémoires* (Paris: Editions du Seuil, 2000), pp. 34, 12.

22. Emile Ollivier, *Thiers à l'académie et dans l'histoire* (Paris: Garnier Frères, 1879), p. 11.

23. Marie Colombier, *Mémoires* (Paris: Flammarion, 1893), p. 318.

第十九章　共和国首都

1. Marc Ferro, *Histoire de France* (Paris: Editions Odile Jacob, 2001), p. 299.

2. Zola quoted in Jacques Marseille, *Nouvelle Histoire de la France* (Paris: Librairie Académique Perrin, 1991), p. 814.

3. *Le Temps,* June 1, 1871.

4. Pierre Larousse, *Grand Dictionnaire universel du XIXe siècle*, vol. 9 (Paris: Administration du Grand Dictionnaire universel, 1873), p. 108.

5. Maxime Du Camp, *Paris, ses organes, ses fonctions et sa vie* (Paris: Librairie Hachette et Cie, 1875), pp. 2–3.

6. Charles Garnier, *Le Nouvel Opéra de Paris*, vol. 1 (Paris: Ducher et Cie, 1878), p. 352.

7. Ibid., p. 355.

8. Ibid., p. 357.

9. Haussmann, *Mémoires du Baron Haussmann,* vol. 2, p. ix.

结语

1. Georges-Eugène Haussmann, *Mémoires du Baron Haussmann,* vol. 3

2. Christopher Mead, "Urban Contingency and the Problem of Representation in Second Empire Paris," *Journal of the Society of Architectural Historians* 54, no. 2 (June 1995): 156.

3. Edwin G. Burrows and Mike Wallace, *Gotham: A History of New York City to 1898* (New York: Oxford University Press, 1999), p. 1002.

4. From the *Real Estate Record and Builders' Guide*, 1868, quoted in ibid., p. 923.

5. Charles Mulford Robinson, "Municipal Art in Paris," *Current Literature* 31 July–December 1901): 271.

致　谢

在本书完成之际，我要衷心感谢所有研究人员。没有你们的辛勤研究，本书将无法问世。是你们的付出使巴黎的历史得以生动地呈现。我对你们的工作致以最高的敬意，并希望本书能抛砖引玉，激发更多人深入研究巴黎历史的许多迷人之处。

我还要特别感谢几位教授。几年前，他们点燃了我对这门学科的热情。我要特别感谢菲利普·格雷塞（Philippe Gresset）教授，他对城市历史有着广泛而深入的了解，对我影响深远。我还要感谢巴黎维尔曼建筑学院（现为马拉盖国立高等建筑学院）和巴黎贝尔维尔建筑学院（现为贝尔维尔国立高等建筑学院）的伯纳德·休埃（Bernard Huet）、让-雅克·迪普伊（Jean-Jacques Dupuy）和伊夫·博蒂诺（Yves Bottineau）三位教授，他们拥有丰富的知识和卓越的教学才能。

此外，我还要特别感谢我的经纪人威廉·克拉克（William Clark），他一直给予我鼓励和专业的指导。还有圣马丁出版社的编辑查尔斯·斯派瑟（Charles Spicer），他对我的手稿给予了信任，并对出版事业给予了无私的支持。我还要感谢在出版过程中，所有为本书作出贡献的圣马丁出版社员工。

最重要的是，我要由衷感谢那些通过言语和行动不断鼓励我、在这本书漫长的孕育过程中给予我信任和支持的人。

我要真诚地感谢米切琳娜·开罗（Michelina Cairo）和我的妹妹米拉贝尔·柯克兰（Mirabelle Kirkland），感谢她们在手稿的各个阶段给予我深思熟虑的意见。还要感谢我的母亲凯瑟琳·库萨热（Catherine Coursaget）在编辑和史实核查方面的帮助，以及我的父亲克里斯托弗·柯克兰（Christopher Kirkland）的支持和文学上的建议。

感谢瑞恩·费舍尔·哈巴吉（Ryan Fischer-Harbage）在早期过程中提供的不可替代的帮助和建议，以及大卫·唐纳德（David Downie）和艾伦·威廉斯（Ellen Williams）的全力投入。

对于这项研究，我要感谢巴黎市立历史图书馆、法国国家图书馆、福尼图书馆和巴黎市立图书馆网络的其他专业图书馆、法国国民议会图书馆和纽约公共图书馆的工作人员。感谢贡比涅宫第二帝国博物馆的洛尔·夏班（Laure Chabanne）、卡纳瓦雷博物馆的让-马里·布吕松（Jean-Marie Bruson），以及法恩伯勒的圣米迦勒修道院社区。

最后，我要感谢我的妻子和孩子们，感谢他们给予我的耐心和鼓励。